ANNALES DE L'INSTITUT DE PHILOSOPHIE ET DE SCIENCES MORALES

(UNIVERSITÉ LIBRE DE BRUXELLES)

La collection des *Annales de l'Institut de Philosophie et de Sciences Morales de l'Université libre de Bruxelles* est la lointaine descendante de la revue *Morale et Enseignement* fondée en 1951 sous la direction du professeur Jeanne Croissant-Goedert et sous-titrée : « Bulletin trimestriel publié par l'Institut de Philosophie de l'Université de Bruxelles ». De simple liasse de seize à vingt pages agrafées, elle est reliée et dotée d'une couverture à partir des n° 33-34 en 1960. Le n° 64 publié fin 1967 est le dernier de *Morale et Enseignement* proprement dit. La revue ne paraît pas en 1968. Elle revient sous le titre *Annales de l'Institut de Philosophie* et la direction du professeur Chaïm Perelman en 1969. « Morale et Enseignement » apparaît désormais comme une sorte de sous-titre, reconnaissance symbolique du passé, car un éditorial souligne qu'il ne s'agit plus de se limiter à « des problèmes de morale» mais bien de pouvoir « couvrir la totalité du champ de la philosophie ». Les volumes sont annuels et, à partir de 1974, édités par Ch. Perelman et J. Sojcher. En 1979, les *Annales* deviennent thématiques et sont éditées par J. Sojcher et G. Hottois. Nouveau rappel du passé, le premier volume est consacré à « Enseignement de la morale et philosophie ». En 1985, Gilbert Hottois devient le directeur de la collection qui quitte, en 1989, les Éditions de l'Université de Bruxelles pour être désormais publiée chez Vrin. C'est en 1992, avec le titre « H. Arendt et la Modernité », que les *Annales* acquièrent tout à fait leur allure actuelle : celle d'un livre collectif sur un thème ou un auteur traité par des spécialistes internationaux sous la responsabilité scientifique d'un coordinateur. Tout en continuant de privilégier la participation des philosophes de l'Université libre de Bruxelles, la collection s'est largement ouverte. La référence aux anciennes *Annales* n'apparaît plus qu'en pages intérieures. Il demeure cependant que depuis plus de soixante ans, la série de publications qui va de *Morale et Enseignement* à la collection d'aujourd'hui constitue un bon témoignage historique de l'activité philosophique à l'Université libre de Bruxelles.

LA PHILOSOPHIE
AU CŒUR DE L'ÉDUCATION
AUTOUR DE MATTHEW LIPMAN

DANS LA MÊME COLLECTION

Lumières et romantisme, 1989, 160 pages.

L'affect philosophe, 1990, 176 pages.

Philosophie de l'esprit et sciences du cerveau, 1991, 162 pages.

Hannah Arendt et la modernité, 1992, 176 pages.

Hans Jonas. Nature et responsabilité, 1993, 192 pages.

L'effet Whitehead, 1994, 220 pages.

Hegel aujourd'hui, 1995, 234 pages.

Temps cosmique et histoire humaine, 1996, 192 pages.

L'image. Deleuze, Foucault et Lyotard, 1997, 162 pages.

Gilles Deleuze, 1998, 192 pages.

Matières pensantes. Études historiques sur les conceptions matérialistes en philosophie, 1999, 176 pages.

Philosophie et science fiction, 2000, 156 pages.

Écrits posthumes de Sartre II, 2001, 208 pages.

Simondon, 2002, 208 pages.

Genre et Bioéthique, 2003, 192 pages.

Mensonge, mauvaise foi, mystification, 2004, 208 pages.

Philosophie comparée : Grèce, Inde, Chine, 2005, 192 pages.

Perspective. Leibniz, Whitehead, Deleuze, 2006, 172 pages.

Vie et expérimentation. Peirce, James, Dewey, 2007, 176 pages.

L'envers de la raison. Alentour de Canguilhem, 2008, 192 pages.

« Enhancement » : éthique et philosophie de la médecine d'amélioration, 2009, 224 pages.

Analyse et ontologie. Le renouveau de la métaphysique dans la tradition analytique, 2010, 204 pages.

Personne/Personnage, 2011, 214 pages.

Les philosophes et le futur, 2012, 288 pages.

Arrachement et évasion : Levinas et Arendt face à l'histoire, 2013, 190 pages.

ANNALES DE L'INSTITUT DE PHILOSOPHIE DE BRUXELLES

Directeur : Gilbert HOTTOIS

LA PHILOSOPHIE AU CŒUR DE L'ÉDUCATION AUTOUR DE MATTHEW LIPMAN

coordination scientifique

Marie-Pierre Grosjean

PARIS
LIBRAIRIE PHILOSOPHIQUE J. VRIN
6, place de la Sorbonne, V^e

2014

Imprimé en France

ISSN 0778-4600
ISBN 978-2-7116-2584-0

www.vrin.fr

INTRODUCTION

Matthew Lipman, après John Dewey, fut un ardent défenseur de la démocratie et un humaniste convaincu du rôle de la philosophie dans la formation de la pensée et de la personne.

Son œuvre appelle une réforme profonde de la conception de l'enseignement et de la formation des acteurs de l'éducation. À ses yeux, éduquer veut dire plus que transmettre des connaissances et développer des compétences[1]. En effet, on peut acquérir une habileté et l'utiliser de manière antisociale. La leçon à en tirer par le système éducatif est que l'exercice de la pensée devrait prendre place dans le contexte d'une discipline vouée à l'approche des réalités humaines avec des concepts spécifiques dont le sens reste toujours à élucider, ce qui favorise le jugement. Cette discipline n'est autre que la philosophie. Dans la ligne des défenseurs de l'humanisme, Lipman sollicite, outre le développement des connaissances et de la rationalité scientifique, l'exercice de la pensée, du jugement raisonnable.

L'apport pédagogique majeur de sa théorie est de faire de l'enfant un partenaire de l'action éducative; à l'instar des traditions pédagogiques de l'Antiquité et des communautés scientifiques actuelles, c'est un rôle de chercheur dans un groupe de pairs qui lui est assigné.

Lipman, après Kant, rejette l'opinion courante selon laquelle la philosophie ne concerne qu'une minorité de personnes, et cela, comme l'écrivait Hannah Arendt, pour les conséquences morales qu'implique une telle opinion, «L'on aurait besoin de la philosophie, l'exercice de la raison en

1. M. Lipman, Thinking in education, Cambridge University Press, 1990; trad. fr. N. Decostre, *À l'École de la pensée*, « Pédagagoie en développement », Bruxelles, De Boeck, 1995, 2006-2011.

tant que faculté de la pensée, pour prévenir le mal »[1]. Bien que Lipman ne se soit pas référé de manière explicite aux recherches sur les théories du choix social menées en économie politique dans les années 1950-1980, les discussions sur les moyens de formuler une règle de décision collective cohérente avec les intérêts subjectifs et les droits individuels sont néanmoins au centre de son programme pédagogique. Aujourd'hui, la pensée d'Amartya Sen éclaire sous un angle supplémentaire ce que veut dire penser pour Lipman et comment en faire l'apprentissage. Contre l'utilitarisme, les théories de John Rawls, de Robert Nozick, Amartya Sen ménage une place à l'intensité des préférences dans l'élaboration de la décision ; il s'intéresse aux préférences subjectives (cardinalité) plutôt qu'au classement des besoins (ordinalité) ce qui permet aux individus de créer leur propre base informationnelle et en conséquence, d'éveiller leurs capacités de convertir leurs ressources en libertés effectives et en bien-être.

Les « capabilities » revendiquées par Sen, lieux de liberté effective et de bien-être apparaissent ici comme des structures homologues aux jugements d'excellence forgés dans la communauté de recherche et le dialogue philosophique lipmaniens.

Au centre de la réflexion de Matthew Lipman sur l'enseignement et sur les modifications profondes à y apporter se loge la philosophie[2]. Les contributions formant ce volume apportent quelques éclairages sur la place qu'occupe actuellement la philosophie dans le cursus scolaire obligatoire et universitaire, sur les deux façons principales d'y envisager son enseignement ainsi que sur la nécessité, voire l'urgence, d'y introduire la pratique de la réflexion philosophique dès le début de la scolarité, lorsque l'on vise une éducation humaniste et une citoyenneté démocratique participative. Cette volonté pédagogique de transformer le système éducatif de manière à y ménager une place à l'exercice de la pensée fait écho à la question posée par Hannah Arendt et aux remèdes qu'elle a envisagés contre la « banalité du mal ». Après avoir pu constater, pendant le procès d'Eichmann à Jérusalem, les effets désastreux de l' inaptitude à penser, du manque de conscience et l'«extraordinaire superficialité »[3] qui caractérise l'agent de faits monstrueux commis à une échelle gigantesque s'est posée la question de l'origine du mal et des moyens d'en éviter la répétition :

1. H. Arendt, *Thinking and moral considerations : A Lecture*, Social Research, 38/3, 1971 ; *Considération morales*, trad.fr. M. Ducassou, Éditions Tierce, 1993.

2. M. Lipman, *La découverte d'Harry Stottelmeier. Aristote et les nouveaux jeunes philosophes*, trad. fr. P. Belaval, Paris, Vrin, 2001.

3. H. Arendt, *Thinking and moral considerations : A Lecture*, *op. cit.*, p. 25.

« L'activité de penser en elle-même, l'habitude de tout examiner et de réfléchir à tout ce qui arrive, sans égard au contenu spécifique et sans souci des conséquences, cette activité peut-elle être de nature telle qu'elle « conditionne » les hommes à ne pas faire le mal ? »[1].

Cette tension entre la connaissance et la pensée, l'intellect et le jugement étaient déjà à l'œuvre dans les dialogues socratiques, dans la philosophie de Kant ; on la retrouve aussi diversement exprimée par Dewey, Bachelard...

Pour Lipman, une société démocratique a surtout besoin de citoyens raisonnables. Comment dès lors leur apprendre à le devenir ? En veillant à ce que chaque aspect de l'apprentissage, à tout niveau, puisse être justifié rationnellement. « Des écoles plus raisonnables, cela signifie de futurs parents, de futurs citoyens et donc la société tout entière, y compris ses valeurs, plus réfléchis »[2]. Raisonnable, ne signifie pas simplement rationnel mais le terme désigne une rationalité nuancée par la pensée, capable de formuler un jugement. C'est la rationalité socratique que Lipman promeut dans son programme, celle d'Aristote, de Locke ou de Dewey, plutôt que la conception de l'autonomie que Kant a défendue au début de son ouvrage « Qu'est-ce que les Lumières ? ». Lorsque Kant plaide en faveur d'une société dans laquelle chacun penserait par lui-même au lieu de voir sa pensée dirigée par des motifs hétéronomes, c'est l'adhésion volontaire de chaque individu à des principes universellement généralisables qu'il a en vue. Or, dans les dialogues socratiques, les concepts, les vertus, les valeurs sont soumis à l'examen et confrontés à l'expérience; ils sont approchés à partir d'autres concepts, ce qui permet d'en approfondir le sens et de les expliciter plutôt que d'en donner une définition ou de les figer dans des abstractions. La Communauté de recherche et le dialogue philosophique prennent alors tout leur sens.

L'ensemble des contributions souligne la nécessité d'une construction sociale des connaissances et de la pensée impliquant la raison, l'imagination et la sensibilité éthique pour développer une citoyenneté démocratique. L'on s'y intéresse principalement aux fondements philosophiques des concepts-clés de l'œuvre de Lipman, la communauté de recherche et le dialogue philosophique tout en faisant état de leurs limites et des critiques dont ils sont l'objet.

Les auteurs mettent également en évidence l'interprétation qu'ils ont faite de la philosophie de l'éducation de Matthew Lipman à partir de divers

1. H.Arendt, *Thinking and moral considerations : A Lecture*, *op. cit.*, p. 27.
2. M. Lipman, *À l'École de la pensée*, *op. cit.*, p. 25.

pôles philosophiques ainsi que les courants de pensée sur lesquels Lipman s'est lui-même appuyé pour développer le programme de *Philosophie pour enfants* ; l'on mentionnera le pragmatisme de J. Dewey, C. S. Peirce, H. Putnam, la philosophie du langage de Wittgenstein, la philosophie analytique de Davidson, R. Rorty, la philosophie politique d'H. Arendt, l'herméneutique de Léonard Nelson, et plus récemment, la psychologie de J. Bruner, l'holisme de M. Nussbaum, David Carr, Amartya Sen.

L'on peut y voir approchées, de manière nuancée, différentes positions philosophiques exposées par Lipman dans son ouvrage théorique *Thinking in education*[1] ainsi que l'évolution qu'elles ont connue à partir de 2000 accordant une place croissante à la sensibilité et aux émotions dans la formation de la pensée et du jugement (*caring thinking*)[2], notamment ses idées concernant la réforme de l'enseignement, la formation des enseignants, la controverse à propos de la pensée critique, les débats au sujet de la démocratie… Plusieurs auteurs envisagent la relation entre philosophie et démocratie et démontrent l'intérêt du dialogue et de la délibération dans l'éducation à la citoyenneté démocratique.

L'on peut y trouver les bases d'une controverse à propos du pragmatisme de Lipman. L'un des auteurs, Sven Coppens, communique les résultats de l'analyse de *Mark, Recherche sociale*[3] pour mettre en évidence le pragmatisme de Lipman. Ann Sharp, Jen Glaser, Isabelle Jespers, Daniela Camhy… ont au contraire souligné l'ouverture de la pensée de Lipman aux grandes problématiques philosophiques de son temps, et à la richesse de son programme pédagogique tant du point de vue de l'apprentissage de la pensée que de celui de la citoyenneté démocratique, intrinsèquement reliés.

Les concepts lipmaniens de « Communauté de recherche » et de « dialogue philosophique » trouvent ici diverses interprétations contribuant à en approfondir la compréhension. Les contributions de Marina Santi, Jen Glaser et A. M. Sharp font état des modifications apportées par Lipman à sa philosophie de l'éducation dans le courant de l'année 2000 compte tenu de l'intérêt porté aux travaux de Bruner et Nussbaum tout particulièrement ; celles-ci sont exposées dans la seconde édition de

1. M. Lipman, *À l'école de la pensée*, *op. cit.*

2. La seconde édition, 2003, a été profondément remaniée.

3. M. Lipman, A. M. Sharp, *Mark, Social Inquiry*, IAPC, Montclair State College, N. J., 1980; trad. fr. N. Decostre, *Mark, Recherche sociale*, Berne, Peter Lang, 2009. C'est l'un des sept outils pédagogiques conçus par Lipman et A. M. Sharp ; il est destiné à des jeunes de 16-17 ans et porte sur le concept de justice. Il est traduit par Nicole Decostre.

Thinking in education (2003) sous le titre de *caring thinking* dont le rôle est estimé essentiel pour la formation du jugement pratique.

Plusieurs contributions présentent les résultats de recherches-actions, relatent des expériences de classe, présentent des extraits de dialogues philosophiques afin d'illustrer la mise en œuvre de la pédagogie de Lipman et de sa praxis philosophique dans des contextes diversifiés, questionnant ses limites et attestant son intérêt pour l'enfant, et la société.

L'on peut y lire deux grandes tendances marquant l'introduction de la philosophie au cœur de l'éducation dès le jeune âge ; d'une part, le « dialogue philosophique » empreint du pragmatisme de Matthew Lipman et de la conviction que le dialogue intersubjectif est la condition de possibilité d'une pensée dynamique, ouverte à l'altérité, et du jugement raisonnable ; d'autre part, le « dialogue socratique » d'inspiration néo-kantienne de Leonard Nelson fondé sur l'analyse commune de situations concrètes en vue d'en dévoiler les fondements (régression husserlienne) et les contradictions logiques, préalables à un consensus rationnellement acceptable.

Ann Sharp fait allusion aux divers mouvements de « pensée critique » qui se sont développés à partir des années 60 aux USA pour dénoncer leur faible contribution à l'exercice de la pensée. Elle rejoint ainsi l'analyse qu'en a faite Lipman dans *Thinking in Education*[1] et vient y apporter des arguments issus de la philosophie d'Hannah Arendt. La Communauté de recherche offre les conditions nécessaires à l'exercice de la pensée qu'il s'agisse de la formulation d'une diversité de points de vue particuliers à la première personne ou de la description du processus de la discussion voire de sa cohérence logique.

Dans *À la rencontre de l'autre. Apprendre à juger, dans une classe transformée en Communauté de recherche*, A. M. Sharp explore l'expression d'H. Arendt et met en évidence l'une de ses implications pour l'éducation : ce n'est pas la généralité mais la multiplication des particularités qui rend possible le jugement critique. A. S. dénonce le préjugé sur lequel repose la vision traditionnelle de la pensée critique et considère que l'accent mis sur la distanciation et l'abstraction constitue un obstacle au jugement. La Communauté de recherche est le lieu qui crée les conditions de possibilité du dialogue philosophique, celui où l'on apprend à « entrer dans l'univers de l'autre ». Raconter une histoire devient un ingrédient essentiel de l'éducation quand les jeunes y prennent non

1. M. Lipman, *À l'École de la pensée*, *op. cit.*, p. 129-153.

seulement le risque de partager leurs points de vue mais celui de faire état de leur participation au dialogue dans lequel ils se sont engagés.

Si la philosophie se caractérise par le dialogue et requiert l'usage des mots, c'est essentiellement une sagesse, « un engagement concret dans un certain mode de vie ». Dans « Éducation morale et pratique de la sagesse », Maughn Rollins Gregory recense les grands courants pédagogiques auxquels se rattache la formation morale dans les écoles américaines depuis le début de la scolarité jusqu'à l'enseignement universitaire. Il constate que l'enseignement supérieur s'intéresse tantôt à l'histoire des idées, tantôt à la déontologie ; la méta éthique et l'analyse critique des systèmes étant généralement inscrites aux programmes des doctorats. L'éthique est rarement développée au niveau de l'enseignement obligatoire. C'est l'éducation aux valeurs de la société, la valorisation et/ou le conditionnement des comportements adéquats et l'éducation du caractère dans un esprit behavioriste qui y dominent. L'approche psychopédagogique et l'évaluation empirique des résultats en référence aux normes sociales y sont les plus répandues. Il répertorie également plusieurs dispositifs pédagogiques pour l'éducation morale, ceux-ci nous sont bien connus, et en examine la pertinence quant au développement de la pensée. Le programme de clarification des valeurs qui peut sembler trop individualiste a le mérite de mettre l'élève au centre de ses apprentissages. Les programmes d'éducation à la pensée critique dérivent de la philosophie analytique et tiennent compte des apports de la psychologie du développement, tout particulièrement de l'œuvre de Lawrence Kohlberg, pour qui le développement moral de l'enfant est envisagé selon le même schème que son développement cognitif, c'est-à-dire à travers des stades progressifs. Il note que le plus souvent, ces programmes se concentrent sur des dilemmes moraux et des questions éthiques, substituant ainsi le discours sur l'éthique à la vie éthique. Maughn Gregory estime donc que l'ensemble de ces programmes contribue effectivement à l'éduction morale quoique de manière partielle lorsqu'ils sont pris isolément.

Partant du principe que, comme toute matière d'enseignement, l'éthique concourt à la formation de la personne d'une manière spécifique, il en relève les caractéristiques essentielles en revisitant les grandes écoles de philosophie de l'Antiquité.

Pour Maughn Gregory, la Philosophie pour Enfants présente une véritable originalité par rapport à l'ensemble des programmes recensés. Elle renoue avec la philosophie antique telle qu'elle est interprétée dans l'œuvre de Pierre Hadot et de Martha Nussbaum et présente une alternative à la scolastique et à la sophistique. Dans l'Antiquité, « Sophistes et philosophes s'affrontaient. Alors que les premiers cherchaient à briller par les subtilités de la dialectique ou la magie des mots, les seconds demandaient à leurs disciples un engagement concret dans un certain mode de vie »[1].

Dans « Esprit, langage et éducation : l'apport de Donald Davidson », Laurance Splitter adapte la thèse davidsonienne de la triangulation au contexte éducatif. Celle-ci lui permet de caractériser la position épistémologique de l'enseignant et de mettre en évidence l'appauvrissement culturel généré par une pédagogie didactique : dans cette forme d'éducation, l'enseignant transmet directement la connaissance ; il joue ainsi un double rôle de communicateur de savoir et de source de connaissance objective ; le triangle de la communication se trouve derechef réduit à une ligne, ce qui est préjudiciable à la formation de la pensée.

L. Splitter explicite la relation établie au travers de son expérience personnelle entre la philosophie analytique et la Communauté de recherche. Il se réfère plus particulièrement aux vues de Strawson et de Davidson sur la notion de personne et à leur critique respective du dualisme cartésien. Splitter trouve dans la philosophie analytique les moyens de dépasser l'opposition subjectif/objectif et de pallier aux effets dévastateurs d'une éducation reposant sur la conviction que les croyances et les valeurs appartiennent exclusivement à la vie privée et à la personne subjective alors que celles-ci appartiennent au monde public de l'histoire. Il en tire les conséquences pour l'éducation : il est important de rendre les croyances et les valeurs éprouvées dans des contextes spécifiques par les élèves, accessibles à eux-mêmes et à d'autres. La communauté de recherche en est la condition de possibilité.

Dans « Développer une communauté de recherche internationale », Daniela G. Camhy conclut par le constat que la recherche philosophique est un objectif éducatif qui répond aux défis de la mondialisation et de la multi culturalité et en conséquence, de l'éducation.

Partant d'un projet conduit en Autriche avec des enfants réfugiés (+/-600), Daniela Camhy analyse la signification des notions de « communauté de recherche » et de « dialogue » dans des contextes multiethniques. Elle souligne avec pertinence que la notion de dialogue est à prendre au sens philosophique, celle-ci renvoie au modèle de la maïeutique socratique. Ici, l'attention est attirée sur la connotation philosophique du dialogue socratique et l'enrichissement de sens dont il est porteur dans la philosophie de Lipman : la relation entre enseignant/élèves

1. P. Hadot, *La philosophie comme manière de vivre*, Paris, Albin Michel, 2001.

qui prend le caractère d'un dialogue face à face est abandonnée au bénéfice d'une stimulation de la curiosité à propos des représentations linguistiques des idées et des concepts, des jeux de langage chers à Wittgenstein et du plaisir qu'ils procurent, ce qui rend possible de nouveaux degrés de liberté dans la perception du monde.

Daniela Camhy démontre que la notion de « communauté de recherche » trouve une définition originale dans l'œuvre de Lipman. Elle s'attache à en décrire les caractéristiques par une comparaison avec l'idée qui en est dessinée dans l'épistémologie et la philosophie de l'éducation de J. Dewey ainsi qu'avec son concept dont on trouve la première occurrence dans l'œuvre de C. S. Peirce. La communauté de recherche est davantage qu'un groupe de personnes réunies pour parler, le dialogue est plus qu'une conversation : tous deux impliquent l'exercice de compétences spécifiques dont les principales sont l'engagement dans une procédure de recherche philosophique, la reconnaissance que la recherche est une pratique sociale plutôt qu'une démarche individuelle, la participation au dialogue entendu comme un exercice qui encourage la pensée réflexive et qui a pour effet l'intégration personnelle par la communication cognitive, émotionnelle et sociale à partir de diverses représentations du monde.

La notion d'intégration, sera approchée comparativement à celle d'assimilation dans le cadre d'une discussion sur l'inclusion sociale dans la contribution de Marina Santi « Pour une philosophie inclusive ? »

Dans la première partie de sa contribution, Marina Santi s'efforce de définir la notion d'inclusion en prenant en compte la terminologie de la Communauté internationale et la signification qui lui est donnée par les protagonistes de l'éducation inclusive et du développement personnel. Elle en fait un principe régulateur antagoniste de l'exclusion, plutôt qu'un idéal. Dans la seconde partie, elle se pose la question de savoir si la philosophie peut être considérée comme une activité inclusive et sous quelles conditions. La réponse est positive et trouve confirmation dans la philosophie de John Dewey et de son inspiration hégélienne ; la philosophie y est considérée comme une pratique d'investigation rationnelle, réflexive ancrée dans l'expérience, prenant en compte l'incertitude et l'instabilité ainsi que la radicalité de sa propre recherche. Le dialogue, en tant que forme constitutive du philosopher, vient confirmer l'hypothèse d'une philosophie inclusive dont la Philosophie pour enfants représente un modèle. Marina Santi multiplie les arguments permettant d'expliciter cette hypothèse, notamment 1) l'interdépendance et la réciprocité entre les participants d'une Communauté de recherche sont favorisées par le dialogue et sont en même temps des conditions de son développement ; la Communauté de recherche encourage les actes responsables au sens de Bakhtin (1993) favorables à la construction d'une identité plurielle, laissant une place aux existences individuelles en interaction; 2) L'ouverture dialogique à l'altérité et à l'étrangeté est la condition et le pont jeté vers l'inclusion; le philosopher nous contraint à reconnaître la valeur de l'altérité, nécessité spéculative du dialogue et procédure génératrice de nouvelles possibilités; 3) la Communauté de recherche constitue un espace offrant à tous les participants la capacité d'exercer un jugement critique (capababilities de Nussbaum).

Isabelle Jespers dans «Citoyenneté démocratique et délibération comme processus émancipateur chez Matthew Lipman et Amartya Sen» s'efforce de mettre en relation la conception de la citoyenneté démocratique de deux philosophes contemporains attachés à promouvoir les libertés individuelles tout en étant attentifs aux inégalités sociales existantes. Tous deux ont de l'éducation une vision qui donne à la philosophie un rôle de premier plan, tant dans le développement de la réflexion que dans sa contribution à l'émergence d'un esprit démocratique. Tous deux plaident pour l'exercice de la délibération en commun et la participation au débat public; ils partagent la vision d'une citoyenneté axée sur la pratique et prenant en compte les contextes sociaux imprégnés des valeurs et des conditions de vie variables et propres à toute société.

Isabelle Jespers mentionne également les débats qui ont opposé communautaristes et libéraux aux U.S.A. et au Royaume-Uni ces dernières années autour de la diversité culturelle. Critique de l'utilitarisme, A. Sen a posé la question ontologique de la capacité réelle de choisir en des termes nouveaux. Il plaide pour un élargissement du nombre de participants au débat public, ce qui demande une préparation, une éducation. De la même manière, Lipman préconise l'apprentissage de la participation aux décisions collectives dès le plus jeune âge.

À l'école, la Communauté de recherche représente ainsi l'égale opportunité d'exprimer «les préférences» subjectives et des valeurs universelles; elle est, en conséquence, le lieu privilégié pour éviter les pièges du «solitarisme», du «communautarisme» et du «relativisme» dénoncés par A. Sen. La réduction de l'identité, voire son effilochement, lié à ces attitudes s'y trouve contrés par le recours à la délibération raisonnée et le questionnement.

Jen Glaser dans « L'imagination incarnée dans la recherche philosophique» s'appuie sur diverses traditions philosophiques pour construire un cadre conceptuel permettant l'analyse d'une discussion philosophique. Elle définit des critères permettant d'y observer diverses occurrences de l'imagination. L'on sait que la philosophie s'est intéressée diversement à l'imagination. Jen Glaser y relève trois grandes questions : 1) Comment passer d'expériences sensorielles à une pensée conceptuelle (donner forme) ? 2) Comment penser à partir d'une autre perspective que celle qui est connue (rompre avec la forme) ? 3) Comment pouvoir connaître des choses que l'on n'a jamais soi-même expérimentées ? Jen Glaser mentionne ensuite trois axes de références philosophiques dont elle circonscrit les limites dans des situations de dialogue philosophique : 1) L'imagination conceptuelle. Hume, Kant, se sont intéressés au rôle de l'imagination dans notre compréhension du monde ; Wittgenstein a distingué « avoir une image » de l'« activité d'imaginer » et explicité la formation des concepts; Jen Glaser observe que dans une Communauté de recherche, le rôle de l'imagination peut être envisagé comme le fait de « se faire une image » par le jeu réciproque des expériences particulières relatées à travers des exemples et les généralisations qui en sont tirées ; 2) L'imagination sociale. Hannah Arendt a développé l'idée d'une imagination socialc, cellc qui permet non seulement la généralisation des points de vue particuliers mais aussi l'abstraction de la pensée à partir de détails, « aller à la rencontre de l'autre » ; pour Jen Glaser ces deux démarches imaginatives rendent possible la pensée critique et sont centrales pour la délibération démocratique. Sohail Inayatullah, dans son étude du champ actuel d'études de futurologie a distingué trois dimensions épistémiques de l'imagination ; si l'imagination sociale y est à l'œuvre, l'imagination morale en est absente. Dans la Communauté de recherche, émerge une quatrième dimension épistémique du futur ; l'imagination y est engagée dans la tâche normative de construction d'un monde de qualité ; on opte contre les choses telles qu'elles sont en fonction de notre vision du bien ; 3) L'imagination relationnelle. David Carr a développé une étude phénoménologique ayant pour objet l'expérience corporelle relationnelle. J. G. estime que de ces actions communes se dégagent des structures organisationnelles de la pensée qui nous permettent de comprendre le lien entre Communauté de recherche philosophique et participation dans une démocratie délibérative. La situation de « rencontre de l'autre », encouragée par l'expérience corporelle de participation, « suscite un méta-schème relationnel dans lequel ma capacité à apprécier la signification de quelque chose exige de moi que je prenne en compte l'expérience d'autres aussi bien que la mienne ». Dans cette situation, chacun fait aussi l'expérience de la simultanéité, méta-schème, structure organisatrice de la pensée, qui sous-tend la capacité de pensée complexe comme, l'ironie, le paradoxe…

Sven Coppens s'est attaché à repérer « Quelques tendances idéologiques du programme de philosophie pour enfants. Analyse de « Mark, Recherche sociale ». Les contributions dont il est fait état ci-dessus viennent relativiser ses conclusions et nourrir la question concernant la place du dialogue, des concepts et des mots dans l'acte pédagogique, plus particulièrement.

Au terme d'une étude ayant pour objectif de détecter les présupposés idéologiques à l'œuvre dans l'un des romans de Lipman ainsi que dans le guide pédagogique d'accompagnement, Sven Coppens plaide pour un élargissement du concept lipmanien qui prenne en compte les systèmes philosophiques autres qu'anglo-américains. Se faisant le porte-parole des critiques de spécialistes de la philosophie avec les enfants comme Ekkerhard Martens (Université de Hambourg) et Karren Murris (formatrice d'enseignant-e-s en Grande-Bretagne), Sven Coppens se demande si l'on peut pratiquer la philosophie à un niveau international sans y intégrer les philosophies orientales et les résultats des critiques postmodernistes de la raison. Fort de l'analyse de *Mark* et du guide pédagogique d'accompagnement, Sven Coppens estime que Lipman y promeut essentiellement la méthode scientifique et l'analyse du langage, ce qui donne de la philosophie une vision unidimensionnelle. S'intéressant aux sources philosophiques du programme, il en arrive à la conclusion que les questions épistémologiques qui y sont traitées valorisent essentiellement l'analyse logico-linguistique qui s'inscrit dans la ligne de Wittgenstein et de Russel ; les thèmes psychologiques et sociologiques sont traités comme des faits sociaux et approchés selon une méthode structuro-fonctionnelle dans la tradition durkheimienne ; les sujets juridiques, politiques voire éthiques sont traités à partir des principes développés par les penseurs du contrat social comme J. J. Rousseau et J. Locke et avec les outils conceptuels constructivistes de J. Rawls.

Marie-France Daniel communique les résultats de ses recherches dans le domaine de la Philosophie pour enfants.

Dans « Dialogue philosophique, pensée critique dialogique et conscience humaine. Comment la Philosophie pour enfants donne une voix aux adultes analphabètes », Marie-France Daniel communique les résultats d'une recherche dont l'objectif a été de « stimuler le dialogue et la pensée critique chez un groupe de participants qui éprouvaient de la difficulté à lire et à écrire ». Le cadre conceptuel de la recherche a été établi en s'appuyant sur le concept de praxis développé par le philosophe Paolo Freire et sur les conceptions de la pensée définies par John Dewey et par les pragmatistes Lipman, Rorty et Weber. Les verbatim sont analysés à partir de la typologie du dialogue philosophique établie dans une précédente recherche[1] et sur les niveaux de conscience présentés par Valdivieslo[2]. Le but de la recherche consistait à déterminer si les ateliers de Philosophie pour enfants avaient une incidence sur la pensée des adultes analphabètes et sur la manière qu'ils ont de se comprendre et d'appréhender le monde. M.F. Daniel observe qu'après une année de praxis philosophique les participants ont évolué sur plusieurs plans sans pour autant faire preuve d'attitudes reliées à l'intersubjectivité et au dialogue critique. Cette conclusion confirme la thèse de Morin (200) selon laquelle « la communication n'apporte pas nécessairement la réciprocité ou la compréhension intersubjective. » Pour que les apprentissages se poursuivent vers le dialogue critique, l'intersubjectivité et la conscience sociale il faut une praxis hebdomadaire pendant deux années consécutives au moins.

La contribution de Félix Garcia Moriyon apporte un éclairage complémentaire sur le concept de dialogue philosophique.

Dans « Le dialogue philosophique », Felix Garcia Moriyon projette de mieux orienter la tâche de l'enseignant et de lui communiquer des critères permettant une auto-évaluation de sa pratique pédagogique. À cet effet, Félix Garcia se penche sur la réflexion philosophique occidentale et tente d'en exposer les caractères distinctifs tout en essayant de mettre en évidence son enracinement dans la vie quotidienne. Remontant aux origines de la réflexion philosophique occidentale et aux dialogues socratiques, il distingue deux niveaux de questionnement dont seul le second est marqué d'un caractère philosophique, « ces questions secondes s'adressent à des problèmes de caractère général dans lesquelles est questionné le sens des concepts que nous manions ou la valeur de vérité des réponses que nous leur donnons ».

Félix Garcia fait une analyse du film *Matrix* afin d'illustrer ce qu'implique l'activité philosophique.

Il rappelle le caractère novateur de l'œuvre de Lipman qui a mis l'accent sur le fait qu'il faut amener très tôt l'enfant à penser philosophiquement, car il en est capable. Il souligne que le programme de « Philosophie pour enfants » repose sur la conviction que la philosophie est une activité de prédilection pour développer la pensée critique, créative et solidaire dont a besoin la société aujourd'hui. Il évoque les deux dispositifs

1. M.-F. Daniel *et al.*, « Modeling the development process of dialogical critical thinking in pupils aged 10 to 12 years », *Communication Education*, 54(4), 2005, p. 334-354.

2. S. Valdivieslo, « Functional literacy, functional illeteracy : The focus of an ongoing social debate », *Convergence*, 39 (2-3), 2006.

clés que sont le dialogue philosophique comme fil conducteur des activités qui se déroulent dans la classe et la communauté de recherche comme modèle d'organisation ; tous deux peuvent prendre place dans toutes les disciplines.

À partir de la lecture des diverses contributions formant ce volume, l'on peut conclure que la philosophie de M. Lipman trouve son fondement dans une réflexion sur l'institution scolaire, ses méthodes et plus généralement, sur l'éducation. Le matériel pédagogique qui s'en inspire a pour finalité de transformer les classes d'enfants de la maternelle à la fin de l'enseignement secondaire en communautés de recherche, pour favoriser la pratique du dialogue philosophique et conséquemment, le développement de la pensée et du jugement.

Ce projet de révolution du système éducatif est légitimé par le constat de l'insuffisance des réformes pédagogiques introduites à partir des années 1970-1980 sous la dénomination de pensée critique, aussi bien dans le domaine scientifique qu'éthique; il met en exergue la nécessité d'exercer la pensée dès le plus jeune âge dans le cadre d'une discipline spécifique, la philosophie. L'école, en tant qu'institution éducative, se doit de transmettre des savoirs, de développer des compétences dans diverses disciplines mais encore de développer la pensée, l'art du jugement.

La communauté de recherche et le dialogue constituent les deux concepts clés de la philosophie de l'éducation de Lipman. Forgés dans le sillage du pragmatisme de Peirce et de Dewey, ils portent les marques de l'influence de la philosophie de la culture d'H.Arendt, de la philosophie du langage de Wittgenstein, de l'herméneutique de Merleau-Ponty sans oublier les racines socratiques et aristotéliciennes. À partir de 2000, la philosophie de Lipman a pris une orientation nouvelle en s'ouvrant à l'holisme de Nussbaum, de Sen. Se trouvent ainsi confirmées les intuitions de jeunesse et l'importance des émotions et de la sollicitude dans la formation du jugement.

Dès lors, la philosophie trouve sa place dans l'éducation dès le plus jeune âge en tant que discipline spécifique dont la finalité est de développer la pensée dans ses trois dimensions critique, créative et vigilante. La Communauté de recherche et le dialogue en constituent les outils essentiels. La philosophie renoue ainsi avec la pratique socratique mettant au premier plan sa dimension sociale et éthique.

Marie-Pierre GROSJEAN
Diplômée en philosophie de l'Université Libre de Bruxelles,
Maître-assistante à la H. E. de Mons-Hainaut,
spécialiste de la Philosophie pour Enfants

À LA RENCONTRE DE L'AUTRE
APPRENDRE À JUGER, DANS UNE CLASSE TRANSFORMÉE EN COMMUNAUTÉ DE RECHERCHE

INTRODUCTION

Une dure leçon à tirer de l'histoire contemporaine, avec ses innombrables pertes de vies humaines dans des guerres ne répondant à aucune nécessité, c'est qu'on ne peut avoir une idée de ce qui convient aux autres, qui sont différents, sans savoir ce qu'eux-mêmes estiment bon pour eux. Penser que c'est possible constitue une grave erreur – une erreur de jugement. En réalité, ce n'est que par le dialogue qu'on peut y parvenir. Pour comprendre leur vision personnelle des choses, ce à quoi ils accordent de la valeur, ce qu'ils trouvent souhaitable, ainsi que leurs raisons, il est nécessaire de leur consacrer du temps, de leur parler, de les écouter. Sans savoir comment ils peuvent raconter concrètement leurs histoires personnelles dans une situation donnée, sans savoir quelle perception eux-mêmes ont de nous, de notre propre point de vue ainsi que de notre bagage culturel, il est impossible de comprendre ce qui leur convient. C'est vrai a fortiori lorsqu'il s'agit de populations entières.

Sommes-nous condamnés à refaire encore et toujours la même erreur ? Ou, comme le chante Pete Seeger : « When will they ever learn ? ». Qu'est-ce que mieux juger exige de nous quand il s'agit de relations avec autrui ?

Pour Peirce, la marque d'une bonne pensée critique, c'est la volonté et la capacité de s'auto corriger. Repenser les institutions économiques, politiques, militaires, sociales n'est toutefois pas suffisant. Une autocorrection véritable exige que l'on révise totalement le système éducatif, qu'on le refonde en transformant les classes traditionnelles en communautés de recherche.

> C'est devant le problème de l'éducation que nous décidons si nous aimons assez le monde pour en assumer la responsabilité et pour, par là même, le sauver de la ruine vers laquelle il ira inévitablement s'il ne se rénove pas, ne se rajeunit pas, ne se renouvelle pas. C'est encore face à l'éducation que nous décidons si nous aimons assez nos enfants pour ne pas les exclure de notre monde en les laissant livrés à eux-mêmes, pour ne pas les priver de chances d'entreprendre du neuf, du non prévu par nous, mais pour les préparer à la tâche de renouveler ce monde que l'on a en partage [1].

Pourquoi une telle refonte s'impose-t-elle ? Pour de multiples raisons : amener les enfants à avoir une pensée créative, critique et vigilante ; les aider à maîtriser les outils leur permettant de réfléchir, de dialoguer et de chercher ensemble ; les aider à devenir sensibles à la dimension logique, esthétique et éthique de leur vie quotidienne ; leur offrir un espace public où éduquer leurs émotions et où pratiquer un mode de vie qui soit, par nature, à la fois pluraliste, multiculturel et démocratique ; les rendre conscients de la dimension philosophique de l'expérience humaine. Toutes réponses faisant partie d'un objectif plus large : celui de les aider à élaborer de meilleurs jugements quand il s'agit de relations avec d'autres gens, d'autres religions, d'autres cultures, d'autres peuples, d'autres États.

Que signifie produire un jugement meilleur ? Comment se changer ? Faut-il que certaines choses soient mises en place au préalable ? Peut-on y parvenir seul(e) ou a-t-on besoin d'autrui ? Quel rôle joue le dialogue dans un tel processus ? Dans quelle mesure importe-t-il de partager son point de vue avec d'autres, qu'ils soient ou non d'un autre sexe, d'une autre langue, d'une autre culture, d'une autre religion ? Jusqu'où convient-il que l'on apprenne à tenir compte des particularités de leurs vies pour mieux comprendre leur vision du monde ? Est-ce important de comprendre ce qui, à leurs yeux, est bon, a de la valeur, est souhaitable ? De comprendre ce qui les met en colère, les désespère, les irrite ou les blesse ? Et, à supposer qu'on en ait pris conscience, comment se changer ? Si, en plus, on est éducateur ou éducatrice, comment aider les enfants à le faire aussi, d'une manière qui soit efficace ?

Comme tout art, le bon jugement ne peut s'enseigner directement [2]. Cependant, un enseignant bien formé peut créer dans une communauté de

1. H. Arendt, *Between Past and Future*, Enlarged ed., New York, Penguin, 1977, p. 234 ; trad. fr. P. Lévy, *La Crise de la culture*, « Folio Essais », Paris, Gallimard, 1989.

2. S. Smith, « Education for Judgment. An Arendtian Oxymoron ? », *in* G. Mordechai (ed.), *Hannah Arendt and Education : Renewing Our Common World*, Boulder Co., Westview Press, 2001, p. 68 ; E. Young-Bruehl, *Hannah Arendt : For Love of the World*, New Haven, Yale University Press, 2004.

recherche les conditions permettant aux enfants de pratiquer les compétences liées à un tel type de jugement. Aller à la rencontre de l'autre, s'enquérir de son univers, c'est ce que font les participants à ce type de communauté lorsqu'ils échangent leurs points de vue et essaient de jeter des ponts entre leurs diverses manières de comprendre une situation donnée. On apprend à voir le monde avec ses propres yeux tout en se mettant à la place d'autrui.

Travail délicat et de longue haleine qui peut, selon les circonstances, prendre la forme d'une construction à partir des idées de chacun, générer des alternatives, susciter des contre-exemples, faire déceler des idées sous-jacentes, créer de nouvelles métaphores, tout en s'enquérant à chaque fois des raisons et en les soumettant à un examen critique. Jeter un pont peut parfois se faire, parfois pas. Malgré tout, une telle recherche dialogique, avec sa distanciation, son effort pour relier, son argumentation, son dialogue et sa narration d'une histoire, est essentielle pour apprendre comment faire de bons jugements. Sans elle, les enfants ne pourront jamais raconter l'histoire du dialogue partagé qui a transformé à la fois leur façon de penser et leurs sentiments, ouvrant leur esprit jusqu'à leur faire émettre des jugements plus subtils, plus nuancés, plus soucieux des autres, plus sages, en un mot : des jugements de qualité.

PRENDRE DU RECUL, IMAGINER, ALLER À LA RENCONTRE DE L'AUTRE

Hannah Arendt espérait trouver une réponse partielle au problème du bon jugement dans *La Critique du jugement* de Kant. Bien que Kant se soit cantonné au jugement esthétique, elle pensait qu'on pouvait l'utiliser pour la compréhension de tout jugement. Kant trouve important de prendre du recul pour réfléchir tout en prenant en même temps en considération d'autres points de vue. Pour lui, le produit fini, le jugement, serait celui que ferait n'importe qui dans une situation analogue.

Pour Arendt, au contraire, celui qui a à énoncer un jugement n'est jamais n'importe qui. La personne qui juge est uniquement elle-même, dans un contexte spécifique, à un moment spécifique, en un lieu spécifique. Pour elle, il manque quelque chose à la vision de Kant. Elle considère que faire un bon jugement, c'est une démarche active. Activité qu'elle désigne par aller à la rencontre de l'autre. Ce qui signifie expérimenter intentionnellement les mondes de gens différents ayant des points de vue différents, écouter attentivement leurs histoires, essayer de se figurer la vision du monde de là d'où ils viennent ainsi que le fait qu'ils puissent considérer comme bizarres les autres et leurs idées.

Ce n'est pas tout. Avant d'arriver à un jugement, reste à créer, à se raconter à soi-même l'histoire de cette rencontre dans toute sa complexité. Plus large sera l'éventail de points de vue, plus le jugement aura de chances d'être fondé.

> Plus j'ai présents à l'esprit les points de vue d'autres gens quand j'ai à évaluer un problème donné et mieux je peux m'imaginer ce que je ressentirais ou penserais à leur place, plus forte sera ma capacité à me figurer les choses et plus valide sera le jugement auquel j'aboutirai [1].

Pour Arendt, créer des espaces publics où réfléchir ensemble de manière active sur des problèmes communs permettrait d'élargir les points de vue et, dès lors, d'émettre des jugements mieux fondés. Pour elle, une telle réflexion en commun constitue la meilleure chance de créer un monde humain. Personne ne peut y arriver seul. Cela suppose dialogue, empathie et capacité à se raconter.

> Si le souffle de la pensée (...) vous a secoué, vous tirant de votre léthargie,
> Vous rendant bien éveillé et bien vivant, vous comprendrez alors que
> Vous n'êtes devant rien d'autre que des problématiques,
> Dont le mieux qu'on puisse en faire,
> C'est de les partager [2].

Un jugement bien fondé n'est possible, pour Arendt, qu'au sein d'une communauté, là où prennent place dialogue et réflexion en commun. Juger bien, ce n'est pas parvenir à un concept universel. C'est au contraire aboutir, par le dialogue, la prise de distance, la rencontre et la narration de sa propre expérience, à une conception englobant les divers points de vue. Narration à soi-même de l'histoire de la rencontre, de la perspective multidimensionnelle dans laquelle on s'est trouvé, tout en restant soi-même et en assumant la responsabilité du jugement final.

Alors que bien juger implique, pour Kant, de s'abstraire de la situation contingente pour penser comme le ferait n'importe qui, cela signifie pour Arendt ressentir et penser à partir d'une pluralité de points de vue en même temps. Pour elle, pas question d'abstraire. Il s'agit d'apprendre comment

1. H. Arendt, *Between Past and Future*, *op. cit.*, p. 241 ; *La crise de la culture*, *op. cit.*

2. H. Arendt, *The Life of the Mind*, M. McCarthy (ed.), New York, Harcourt Brace Jovanovitch, 1978, p. 17; trad. fr. L. Lotringer, *La Vie de l'esprit*, Paris, P.U.F., 1981.

focaliser son attention sur les particularités d'une situation qui permettent d'ouvrir davantage son esprit. Comme elle le dit dans ses conférences, une pensée imaginative est « étroitement liée au particulier, aux conditions spécifiques des points de vue que l'on doit envisager pour arriver à se faire son jugement personnel »[1].

Si, pour Kant, un jugement est inclusif parce qu'il est général, pour Arendt par contre, il ne le sera que s'il découle d'un dialogue de la communauté, d'une écoute active et attentive, d'imagination, de la spécificité et de la multiplicité de détails intervenant à mesure que les divers points de vue sont partagés entre tous dans un espace public sûr. Aller à la rencontre des autres implique prendre en compte des opinions divergentes pour se faire une idée personnelle. En fin de compte, le jugement se situe dans la relation aux multiples points de vue envisagés. C'est un processus qui est toujours dialogique. Le jugement final n'est pas fait en imaginant ce que « les gens » pourraient dire, mais en entraînant sa propre imagination à entrer dans l'univers d'autrui[2], à ouvrir son esprit à la manière dont le monde est envisagé à partir d'autres perspectives et à raconter du mieux qu'on peut son expérience dans son intégralité.

Dès sa jeunesse déjà, Arendt s'était rendu compte que, pour comprendre ce que pense une personne, il faut également comprendre *comment* elle pense. Et qu'en outre, pour comprendre si cette pensée est proche des réalités, il importe de comprendre aussi comment elle se comporte lorsqu'elle parle ou discute avec d'autres, c'est-à-dire quel est son « intérêt pour le monde en général, lequel reste non humain dans le sens premier du terme tant que ne parlent pas de lui des êtres véritablement humains »[3].

Il convient de prendre en considération le fait que derrière chacun de ces points de vue réside une vision du monde qui doit être comprise de l'intérieur. Il ne suffit pas d'être spectateur : on doit y pénétrer et l'appréhender du point de vue de l'autre. Même si c'est là une tâche difficile, elle est accessible à tout un chacun, particulièrement aux enfants qui n'ont pas encore étouffé leur pouvoir d'imagination. Il s'ensuit qu'éduquer à mieux juger implique de les aider à exercer leur imagination à la rencontre de l'autre, pas seulement pour pouvoir « revivre un moment de l'histoire par

1. H. Arendt, *Lectures on Kant's Political Philosophy*, R. Beiner (ed.), Chicago, University of Chicago Press, 1982, p. 44; trad. fr. M. Revault d'Allonnes, *Juger*, Paris, Seuil, 1991.

2. *Ibid.*, p. 43.

3. H. Arendt, *Eichmann in Jerusalem, A Report on the Banality of Evil*, New York, Viking, 1968, p. 93; trad. fr. L. Lotringer, *Eichmann à Jérusalem*, Paris, P.U.F., 1981.

personne interposée », mais aussi, particulièrement pour garçons et filles en plein développement, pour arriver à comprendre des points de vue variés à propos de problèmes d'importance : points de vue spécifiques de certains condisciples appartenant à des contextes spécifiques, différences spécifiques avec eux mais aussi unicité de leur propre point de vue. Aller à la rencontre de l'autre leur fait accomplir un bond prodigieux vers la compréhension en leur offrant une occasion, non seulement de visiter des territoires étrangers, mais aussi d'en recevoir des idées [1].

Pouvoir aller à la rencontre de l'autre, c'est ce qui fait la différence entre des enfants qui ne sont capables de penser que d'un point de vue unique et ceux qui ont appris une démarche importante qui se fait en deux étapes : 1) ils ont appris à prendre en considération d'autres points de vue par le dialogue et 2) ils se sont entraînés à se raconter à eux-mêmes l'histoire de ce dialogue qui, dans un espace public, a rendu accessibles à chacun les divers points de vue.

La métaphore utilisée, aller à la rencontre de l'autre, vise à encapsuler l'activité intellectuelle d'imagination à laquelle se livrent les enfants quand ils se rencontrent pour discuter de sujets d'importance et qu'ils intègrent ensuite le dialogue dans un processus de narration d'une histoire qu'ils se racontent à eux-mêmes avant de juger. Ce travail de l'imagination combine pensée critique, pensée créative et pensée vigilante. Il s'agit en effet pour chaque participant de jeter des ponts entre les divers points de vue, de comprendre les sentiments de ceux dont les opinions et visions du monde viennent de leur contexte, d'éprouver de l'empathie à leur égard et de se soucier de leur développement, tout en restant soi-même et en utilisant ses facultés critiques pour aboutir à un jugement… C'est là l'essentiel pour en arriver à des jugements meilleurs.

Arendt considère que prendre du recul pour regarder les choses en perspective avant de juger constitue un acte de courage et d'imagination. Cela implique en effet de nous débarrasser de manière active de nos préjugés et idées fausses pour comprendre, avoir le courage d'essayer de jeter un pont au-dessus du gouffre qui nous sépare, de façon à percevoir et à comprendre ce qui, à première vue, peut sembler tellement étrange, voire farfelu. Cette activité consistant à repousser à l'arrière-plan certains éléments au profit d'autres, laissant tomber l'un ou l'autre détail et en ajoutant d'autres, imaginant à quoi ressemble le monde pour l'autre comme pour soi-même, c'est, par bien des côtés, similaire à ce que Nelson

1. C. Toibin, « A thousand Prayers », *New York Review of Books*, vol. 53, n° 19, 30 novembre 2006, p. 51.

Goodman a appelé « faire des mondes ». Travail assidu de reconstruction, entrepris dès que l'on veut comprendre l'ensemble.

> Alors que connaître superficiellement peut dresser des barrières artificielles et qu'être trop proche peut déformer, entrer dans l'univers de l'autre, réfléchir et se raconter ensuite à soi-même l'histoire de cette visite est une garantie de jugements mieux fondés [1].

Dans la mesure où élaborer des jugements permet de vivre avec les autres dans ce monde partagé avec eux, créer des occasions permettant d'encourager l'art de faire de bons jugements est vital pour amener les jeunes à vivre dans une société mondialisée, où la compréhension mutuelle est essentielle.

RENCONTRER L'AUTRE ET EN FAIRE LE RÉCIT

Une manière de développer – dans une certaine mesure tout au moins – chez les enfants cette aptitude à entrer par imagination dans l'univers de l'autre, c'est de lire une bonne littérature leur donnant l'occasion d'entrer dans deux aspects à la fois : dans la perspective elle-même et dans les circonstances qui déterminent cette perspective. Il ne s'agit pas seulement d'avoir accès à des modes de pensée différents, mais d'essayer de comprendre pourquoi des gens pensent comme ils pensent, pourquoi ils agissent comme ils le font et ce à quoi ils attachent de l'importance. De bons romans sont des œuvres qui aident à comprendre les variétés, non seulement de pensée, mais également de ressenti. Ils permettent de saisir comment d'autres perçoivent et ressentent le monde.

Voici un extrait du dernier ouvrage de Doris Lessing, *Time Bites: Views and Reviews*. Alors que, dans les sociétés occidentales, la plupart des gens voient dans la jeunesse l'âge d'or et considèrent la vieillesse comme une déchéance, voici ce qu'écrit une vieille dame de 87 ans :

> C'est comme si un voile ou un écran émoussant la vie s'est évaporé et, comme Miranda, vous aurez envie de dire : « Nous vivons dans le meilleur des mondes ! » Si nous ne nous rappelons pas avoir éprouvé de tels sentiments, c'est que, plus jeunes, l'habitude ou la pression de la nécessité nous en a empêchés. Nous sommes pris, parfois ébranlés, quand l'invraisemblance de nos vies nous tombe dessus comme une fièvre. Tout est marquant. Les gens, la vie et les faits se présentent à nous avec

1. G. Nelson, « Understanding and Politics », *Partisan Review*, Boston University, 20, juillet-août 1953, p. 377-392.

> l'immédiateté d'acteurs d'un splendide film héroïque auquel nous croyons participer.
> On nous a pourvus d'yeux neufs [1].

Lessing, qui ne croyait pas à cet « âge d'or de la jeunesse », frémit à l'idée même de revivre ses dix aussi bien que ses vingt ans. Tout en admettant qu'elle a rapetissé de quelques centimètres, pour elle « vieux » conserve sa beauté. Pensez au nombre de gens, dans les sociétés occidentales modernes, qui trouveraient cela une bien étrange conception…

La méthode à la fois plus inclusive, plus conviviale et plus active qui y est liée consiste à transformer les classes traditionnelles en communautés de recherche offrant aux enfants les conditions nécessaires pour développer la faculté d'imaginer, essentielle pour entrer dans l'univers de l'autre et pouvoir en faire le récit. Ceci peut commencer très tôt, dès que les enfants acquièrent le langage. Avec le langage, viennent l'intérêt et la capacité de se raconter.

De telles communautés développent en outre des aptitudes à bien raconter, à écouter, à partager des points de vue, à éprouver de l'empathie et de la sympathie envers des gens de milieux et de cultures différents, tout en apprenant à exercer ensemble une pensée critique et créative. Les enfants, rapidement devenus conscients de la dimension éthique, logique, esthétique, sociale et politique de leur expérience, peuvent commencer à réfléchir aux procédés démocratiques qu'ils utilisent lorsque les idéaux régulateurs de la classe sont l'équité et la qualité.

La communauté de recherche est un lieu sûr où tester des idées et explorer ensemble ce qu'elles impliquent, les affirmations qui les sous-tendent et leurs conséquences. Elle est un monde en soi où peuvent être explorés des points de vue et des valeurs alternatifs – des mondes alternatifs – tandis que chaque enfant se sensibilise en même temps à la complexité des visions du monde propres à chacun. C'est un lieu bienveillant et imaginatif où l'on peut se sentir libre de raconter sa propre histoire, d'écouter soigneusement celle des autres, d'apprendre comment être à l'écoute de gens très différents de soi-même et comment se soucier des procédures d'une communauté de recherche respectueuse, profondément humaine, permettant de faire progresser la recherche commune.

Une communauté de recherche de cette espèce pourvoit les enfants de conditions pour autre chose encore. Dans l'esprit d'Hannah Arendt, elle

1. J. Leonard, « The Adventures of Doris Lessing », *New York Review of Books*, vol. 53, n° 19, 30 novembre 2006, p. 42.

offre un espace public où exercer leur imagination pour pratiquer le plus largement possible cet art d'entrer dans le monde de l'autre avec empathie et sensibilité, tout en s'appropriant en même temps les aptitudes à bien raconter, étape essentielle dans l'apprentissage d'un jugement meilleur.

Dans *After Virtue*, Alasdair MacIntyre associe la narration aux moyens de se situer dans la société par un processus de compréhension critique. Comme Arendt, il considère qu'il s'agit là d'un outil pédagogique pour mieux comprendre qui l'on est. Pour lui, l'unité de ce moi en devenir « réside dans l'unité d'un récit qui relie naissance / vie / mort comme, dans un récit, début / milieu / fin »[1]. En le motivant à essayer de s'attaquer à ses croyances à propos de la réciprocité, du devoir, de la responsabilité, de l'identité, raconter donne à l'individu le sentiment de qui il est. Dans la communauté de recherche, les récits que se font les enfants à propos des dialogues auxquels ils prennent part ne sont pas déterminés par la culture dans laquelle ils se trouvent et rien ne les pousse à dévaloriser le caractère unique ou différent que représente cette culture.

Essayer d'envisager un problème à partir de perspectives multiples ne vise pas le détachement. Rencontrer l'autre, c'est s'aventurer, avec sa propre sensibilité et son souci de l'autre, dans un monde étranger, tentant de le comprendre de l'intérieur et, en conséquence, de tisser la pluralité des points de vue auxquels on a eu accès à travers une histoire. Histoire qui ne doit pas avoir de sens que pour soi, mais pour celui qui l'écoute, pressé d'en dégager le sens qu'elle a pour lui ou pour elle.

Le matériel utilisé pour susciter le dialogue philosophique en classe constitue des modèles de narration. Son rôle dans le dialogue en communauté de recherche, c'est de modéliser une assemblée de jeunes qui prennent le risque de partager leurs points de vue. Les enfants sont ainsi encouragés à élargir leur compréhension du monde et d'eux-mêmes. Raconter une histoire devient donc un ingrédient essentiel de leur éducation.

On a beaucoup écrit sur le pouvoir éducatif de la narration pour amener les enfants à prendre conscience d'autres perspectives que les leurs. On l'a, par contre, très peu fait à propos du pouvoir d'histoires comme matériel scolaire pour motiver les enfants, non seulement à penser de manière critique ou éthique, mais à se raconter à eux-mêmes des histoires à propos de leur participation à cette communauté dialogique dont ils font partie.

1. A. MacIntyre, *After Virtue*, Notre Dame, University of Notre Dame Press, 1981, p. 191 ; trad. fr. L. Bury, *Après la vertu*, Paris, P.U.F., 2013.

CE QUE N'EST PAS UNE BONNE FAÇON DE RACONTER

Vous êtes-vous déjà trouvé dans une situation où l'on vous demande de répondre par un oui ou par un non, ou que l'on exige de vous une définition, alors que vous vous savez incapable des deux ? Et où vous vous entendez alors répondre : « Laissez-moi vous raconter une histoire. » Vous espériez apporter ainsi quelque éclaircissement à la question, éclaircissement devant évidemment être compris par la personne qui vous l'a posée. Sachant qu'une réponse explicite aurait été simpliste, erronée, ou pire, malhonnête, vous avez préféré donner une réponse implicite. Raconter une histoire « révèle le sens sans commettre l'erreur de le préciser »[1]. Selon Walter Benjamin, Arendt fait la distinction entre donner de l'information qui vise à expliquer, parfois même à définir, et raconter une histoire. Il considère que l'information est « catapultée en même temps qu'une explication. (...) La moitié de l'art de la narration, c'est de garder l'histoire libre d'explication lorsqu'on la reproduit »[2]. Un bon narrateur laisse à son auditoire le loisir d'assigner un sens et, dès lors, de permettre à l'histoire une expansion, une qualité de signification dont est dépourvue la simple information. Cela se fait souvent dans le détail, en illustrant et en analysant soigneusement les diverses parties qui forment le tout.

Ce sont ces mêmes compétences qui sont inclues dans l'art de bien juger. Avant d'y parvenir, il faut entrer dans l'univers de l'autre afin de recueillir le matériel brut d'une histoire valable. Cela signifie retourner en arrière jusqu'à un espace auquel on a, en imagination, rangé divers points de vue portant sur une situation donnée. Juger est pour Arendt, on l'a dit, toujours spécifique à un lieu et à un moment. Ce qui veut dire qu'il est nécessaire que les enfants apprennent comment se positionner en tant que narrateurs, qu'ils tâchent de prendre en considération tous les points de vue des protagonistes, tout en essayant de jeter un pont sur certains pour arriver à une sorte de sens à découvrir alors pour eux-mêmes. Travail ardu, mais travail dans lequel les enfants peuvent exceller à condition qu'ils aient l'occasion de participer en classe à une communauté de recherche. Parce qu'ils sont moins socialisés et plus imaginatifs que la plupart des adultes et parce que, comme le dit Doris Lessing, « nos cerveaux sont modelés pour raconter des histoires », ils n'ont pas les difficultés qu'ont des gens plus

1. H. Arendt, *Men in Dark Times*, New York, Harcourt Brace Jovanovitch, 1968, p. 105; trad. fr. E. Adda, *Vies politiques*, Paris, Gallimard, 1974.

2. W. Benjamin, *Illuminations*, H. Arendt (ed.), New York, Shocken Books, 1969, p. 89.

âgés à entrer dans d'autres mondes et à construire des histoires à propos de cette expérience.

En écoutant les divers points de vue, ils s'efforcent d'amenuiser les distances de ce qui, au premier abord, leur a paru étrange ou non familier et de construire des ponts entre leurs propres points de vue, forcément subjectifs, et ceux des autres. Avec le temps, grâce à un entraînement, ils peuvent développer la capacité de considérer ces points de vue non familiers comme s'ils étaient les leurs. Ils s'efforcent aussi de regarder à partir de ces perspectives non familières comme s'ils le faisaient à partir des leurs. « Si je pensais comme Molly, comment me sentirais-je en cet instant ? » « Quelle différence peut entraîner la manière dont je vais répondre à cette question si je la fais interagir avec d'autres ? » Raconter une histoire porte l'imagination des enfants jusqu'à ses limites ultimes, les pousse à dépasser leurs petits mondes subjectifs et à entrer dans d'autres mondes, non en tant que quelqu'un autre, mais en tant qu'eux-mêmes, avec une profondeur et une compréhension qui semblent grandir à chaque instant.

Comme la poésie, la narration d'histoires d'enfants va du particulier au général, en essayant de saisir le caractère unique de l'expérience. L'art de l'histoire dépend de la précision avec laquelle l'enfant présente la spécificité d'une expérience de façon à ce que l'auditeur le sente vraiment au centre de l'expérience. Une fois là, c'est comme si l'on est entré dans le monde de l'autre, comme lorsqu'un enfant qui joue le rôle du chien ou du chat devient l'animal pendant un moment afin de bien le représenter. Et pourtant, quand il joue l'animal, il est toujours lui-même étant l'autre. Certains, comme Thomas Nagel, par exemple, dans son désormais classique « What is to Become a Bat ? » [1] estiment que c'est impossible. Peut-être a-t-il oublié ce que c'est qu'être un jeune enfant qui s'amuse à faire l'expérience du monde des chiens, de celui des chevaux ou des baleines, fût-ce un bref instant.

Dans l'esprit d'Arendt, cette sorte de narration n'est pas un témoignage. C'est davantage que raconter l'histoire de la manière dont le narrateur voit le monde. C'est plutôt, comme le fait remarquer Walter Benjamin, une tentative d'engager le lecteur à trouver pour lui-même un sens à l'histoire en entrant dedans, en faisant des comparaisons, en y apportant des contre-exemples. Ce qui signifie qu'il se pose constamment

1. T. Nagel, « What is to Become a Bat ? », *Philosophical Review*, 1974; trad. fr. P. Engel, « Quel effet cela fait-il d'être une chauve-souris ? » dans *Questions mortelles*, Paris, P.U.F., 1983.

cette question: «Comment verrais-tu le monde si tu le voyais de ma place?». Celui ou celle qui entre ainsi dans l'univers d'un autre est invité(e) dans sa culture pour dialoguer avec les multiples perspectives rencontrées, sans cesser de les comparer et de les opposer entre elles et avec la sienne, tout en essayant en même temps de trouver du sens à l'histoire dans son intégralité.

À propos d'entrer dans l'univers de l'autre, Lisa Jane Disch fait deux distinctions importantes[1]. Elle précise que cela ne signifie pas simplement aller y faire un tour ni non plus une parfaite assimilation de la perspective de l'autre. Faire l'un ou l'autre serait supprimer la pluralité et la différence, constituants essentiels d'un bon jugement. Le touriste, où qu'il aille, est un spectateur détaché. Pour lui, tout est toujours affaire de «moi» et «eux». Avant de partir en voyage, il cherchera avant tout à savoir s'il jouira du même confort que chez lui. S'il en est privé, il peut devenir anxieux, difficile.

Il est clair que, pour Arendt aussi, entrer dans l'univers de l'autre n'est pas une démarche visant à s'assimiler totalement, «à se forcer à se sentir chez soi dans un endroit qui ne l'est pas en adoptant ses coutumes»[2]. Une telle assimilation porte en elle l'oubli de soi, celui d'où l'on vient, tout en supposant d'énormes efforts pour devenir un natif de la culture étrangère. Pour se raconter à soi-même l'histoire d'un événement d'un point de vue qui ne lui est pas familier, l'enfant doit apprendre comment s'y positionner en tant que personne, en tant que lui-même ou elle-même comme narrateur ou narratrice. Il/elle ne peut ni rester à part de la multiplicité des perspectives ni s'y identifier totalement.

> Ce processus consistant à entrer dans l'univers de l'autre n'adopte pas aveuglément les vues réelles de ceux qui sont ailleurs et voient le monde d'une autre perspective. Il ne s'agit pas d'empathie, même si j'ai essayé d'être ou de sentir comme quelqu'un d'autre (...) Il s'agit plutôt d'être et de penser avec ma propre identité là où je ne suis pas réellement[3].

Entrer dans l'univers de l'autre, c'est voyager vers un lieu nouveau, laissant derrière soi ce qui est familier tout en résistant à la tentation de se sentir totalement chez soi dans ce monde nouveau. Comme le touriste, celui qui veut adopter le mode de vie de l'étranger gomme la pluralité. Le

1. L. J. Disch, *Hannah Arendt and the Limits of Philosophy*, Ithaca, Cornell University Press, 1994, p. 158.

2. *Ibid.*, p. 159.

3. H. Arendt, *Between Past and Future*, *op. cit.*, p. 241; trad. fr. P. Lévy, *La Crise de la culture*, *op. cit.*

premier s'efforce de rester lui-même en prenant ses distances, comme s'il se disait : « Cela ne ressemble pas à là d'où je viens. » Avec ces lentilles de spectateur, l'autre ne peut lui paraître qu'exotique, bizarre, farfelu. Quant à la personne qui veut s'assimiler totalement, elle porte des lunettes de spectateur voulant s'identifier totalement à la nouvelle culture, afin d'éviter d'être désorientée ou pour échapper à elle-même ou à son lieu d'origine.

Entrer dans l'univers de l'autre est une tâche hasardeuse. Il est en quelque sorte nécessaire de maîtriser l'art d'avoir des idées personnelles, mais à la place de quelqu'un d'autre, en se permettant de faire l'expérience de la désorientation et de l'inconfort, prérequis nécessaire pour comprendre de quoi le monde a l'air pour quelqu'un d'autre et quel regard on a soi-même sur lui. Des philosophes traditionnels ont voulu transcender leur propre contexte, qu'il s'agisse de leur lieu ou de leur époque, pour envisager les choses du point de vue d'autrui, c'est-à-dire, comme l'a dit Spinoza, « sub species de eternitas ». Entrer dans l'univers de l'autre est quelque chose de tout différent. Cela suppose pouvoir imaginer ce qu'on pourrait ressentir et penser comme si l'on est l'un des personnages des histoires partagées dans la communauté de recherche.

Il existe d'importantes connexions entre entrer dans l'univers de l'autre, raconter et avoir une bonne compréhension critique de soi-même par rapport aux autres. Dans son essai sur Isaac Dinesen, Hannah Arendt fait remarquer que ceux qui savent bien raconter possèdent une manière bien à eux de prendre leurs distances et de jeter des ponts, qualités indispensables à une pensée critique de qualité. Cet art exige en effet qu'ils acquièrent la pratique de se trouver simultanément dans un endroit du monde situé en quelque sorte à côté d'eux. Pour elle, ce n'est donc pas la généralité mais la multiplication des particularités qui compte pour que soit possible une compréhension critique.

Cette conception d'Arendt de la compréhension critique est tout à fait originale. Seyla Benhabib soutient que « dans la conception kantienne du jugement réflexif, réduite par Kant lui-même – à tort selon Arendt – au seul domaine esthétique, Arendt a découvert une procédure pour assurer une intersubjectivité valide dans le domaine public »[1]. Bien que de nombreux philosophes contemporains aient défendu l'idée que la pensée critique implique que l'on développe l'imagination, la vision traditionnelle met l'accent, au nom de la rigueur et de la bonne argumentation, sur l'abstraction et la distanciation. Cette rigueur ne peut être satisfaite que

1. S. Benhabib, *Situation of the Self*, New York, Routledge, 1992, p. 132.

dans la mesure où l'individu a pris de la distance par rapport à ses intérêts particuliers. Un tel désintéressement permet de penser en termes de ce qui est bon pour tous, pour n'importe qui. Et c'est là qu'est leur grande erreur.

Comme on l'a vu, Arendt pense que le travail de compréhension critique visant de meilleurs jugements consiste à entrer dans l'univers de l'autre et à raconter une histoire, mais de manière à ce que le lecteur se sente motivé à avoir une pensée critique, avec imagination et en se faisant sa propre opinion. Dish relève que, pour Arendt, entrer dans l'univers de l'autre se fait en deux étapes : la première consiste à se distancier de ce qui est familier et à s'exposer à des points de vue et perspectives différents, non familiers, peut-être même choquants. Le but, c'est alors d'arriver à une égalité entre soi et les autres en devenant soi-même un autre à soi-même. La seconde, c'est qu'en entrant dans l'univers de l'autre, on a des perspectives différentes, ce qui développe un intérêt pratiquement égal en multipliant les histoires dans lesquelles on s'imagine être acteur, constamment intéressé à jeter entre elles des ponts, pour arriver finalement à un récit riche et complexe qui ne perd pas son caractère unique pour chacune des parties. Résulte de tout cela une œuvre d'art. C'est un art de qualité puisqu'il se caractérise à la fois par l'unité, l'équilibre et la complexité, par une texture riche et parce qu'il exprime la pluralité des perspectives [1].

CONCLUSION

Pour Arendt, « juger est une activité importante – sinon la plus importante – permettant de partager le monde avec autrui » [2]. Juger est une faculté publique. C'est ce que nous faisons quand nous évaluons publiquement le monde. Nos jugements affectent ceux qui nous entourent. Des jugements informés sont soumis à des normes qui découlent de la validité de perspectives élargies plutôt que de perspectives étroites, relevant de l'esprit de clocher. Dans la mesure où nos jugements évaluent le monde et où l'éducation devrait viser à former au meilleur jugement en préparant les enfants à œuvrer à rénover le monde que l'on a en commun, l'encouragement et l'amélioration du bon jugement devrait être le but premier de l'éducation [3]. Tâche qui peut se poursuivre par la transformation des classes en communautés de recherche où proposer aux enfants les conditions dont ils ont besoin pour cultiver leur imagination, leur réflexion

1. L. J. Disch, *Hannah Arendt and the Limits of Philosophy*, *op. cit.*, p. 160.
2. S. Smith, « Education for Judgment. An Arendtian Oxymoron ? », art. cit., p. 221.
3. *Ibid.*

et les compétences du dialogue. C'est dans des communautés de ce genre qu'ils pourraient pratiquer l'art de juger, en apprenant comment soumettre ces jugements à la recherche en commun et en pratiquant l'art de l'autocorrection.

Partie de la conception de « mentalité élargie » proposée par Kant dans sa *Critique du jugement*, Arendt la transforme d'une manière telle qu'elle peut prendre aujourd'hui une importance pédagogique dans la communauté de recherche. Avoir une mentalité élargie veut dire être capable de vivre dans un monde globalisé, de prendre en considération des points de vue particuliers pour ensuite, sur le modèle complexe de la bonne narration d'histoires, s'engager dans l'art de bien juger. Ceux qui savent bien raconter utilisent les pouvoirs de leur imagination pour entrer dans les multiples points de vue inclus dans l'histoire. Ils sont à même d'entrer dans l'univers d'un autre et de s'en raconter ensuite à eux-mêmes l'histoire au travers de leurs propres yeux. Pour Arendt, ils s'impliquent en agissant et en pensant avec leur identité comme si elle était ailleurs.

Il ne s'agit pas de relativisme culturel, mais bien de pluralisme. La capacité de penser à partir d'une pluralité de perspectives et la nécessité de s'engager dans un dialogue avec d'autres sont des prérequis pour tout jugement fondé[1]. Arendt considère que, dans le processus, l'impartialité fonctionne comme idéal régulateur. Étant donné que chacun voit le monde de sa propre perspective, une impartialité totale est en contradiction avec le fait même d'être humain. C'est cependant un idéal auquel la communauté doit œuvrer dans la mesure où cela représente une large compréhension plutôt qu'un point de vue étroit, celui d'un petit esprit[2].

Tâche complexe pour des enfants, dont ils sont pourtant plus que capables si on leur en donne un minimum de chances. Avec la maîtrise de la narration, on découvre la profonde richesse de l'expérience humaine. Ce sont les enfants qui pourraient y exceller car, pour la plupart, ce sont eux qui sont le plus proches de la vie imaginative. Des enfants qui entrent dans l'univers d'un autre comprennent à quel point le monde paraît différent avec des optiques différentes. Cette idée d'entrer dans l'univers de l'autre ne prétend pas qu'un consensus de l'humanité entière soit un jour possible, sans toutefois en exclure la possibilité, en tout cas pas celle d'une meilleure compréhension.

1. N. Levinson, « The Paradox of Natality: Touching in the Midst of Belatedness », *in* G. Mordechai (ed.), *Hannah Arendt and Education: Renewing our Common World*, *op. cit.*, p. 35.

2. S. Smith, « Education for Judgment. An Arendtian Oxymoron ? », art. cit., p. 91.

Entrer dans l'univers de l'autre, dialoguer et raconter une histoire, tout cela a une signification éducative dans l'éducation contemporaine parce que, même si des croyances, des coutumes, des mœurs peuvent être irréductibles les unes aux autres, elles ne sont pas nécessairement incompatibles. Pourquoi déterminerions-nous d'avance ce que vont découvrir des enfants qui cherchent ensemble et vivent la communauté de recherche comme une forme de vie multiculturelle, pluraliste ? L'important, c'est qu'ils finissent par se comprendre eux-mêmes en relation avec d'autres et avec le monde, sans considérer inchangeable leur place dans celui-ci. Il convient de les exposer à d'autres mondes de manière à les rendre plus aptes à imaginer de nouvelles relations, de nouvelles solutions, de nouvelles possibilités pour l'avenir[1].

L'idée que défend Arendt, c'est que les histoires sont des comptes rendus variés d'un monde partagé, non connaissable en lui-même, mais néanmoins une condition de notre existence. C'est très différent de certains postmodernes qui pensent que les perspectives variées de gens de cultures différentes sont radicalement incompatibles. Il n'existe pas de raison a priori d'affirmer que la communauté de recherche produira un consensus sur des problèmes philosophiques tels que la nature de la justice ou la liberté. Cependant, il n'existe pas non plus de raison a priori permettant d'affirmer que les différences rendent impossible pour les enfants ou les adultes de se comprendre mutuellement. Et qui sait ? Dialoguer, entrer dans l'univers de l'autre, se soucier des autres et se raconter, tout cela pourrait rendre possible la résolution de problèmes mondiaux (ceux qui nous affectent tous directement) en imaginant ensemble d'autres possibilités avec lesquelles nous pourrions tous nous entendre.

Faisons-en le vœu !

Ann Margaret SHARP
IAPC (Institute for the Advancement of Philosophy for Children)
Montclair N. J.
Traduit par Nicole Decostre

1. N. Levinson, « The Paradox of Natality : Touching in the Midst of Belatedness », art. cit., p. 21.

ÉDUCATION MORALE ET PRATIQUE DE LA SAGESSE[1]

> « Crois-tu que ce que tu tentes de définir soit de peu d'importance ? Cela ne concerne-t-il pas plutôt toute la manière de conduire sa vie, la façon dont chacun puisse vivre pleinement la sienne ? »
>
> Platon, *La République*, I

INTRODUCTION

Au risque de généraliser en ignorant les exceptions importantes, je distinguerai dans mon analyse de l'état actuel de l'éducation à l'éthique les manières de l'aborder dans l'enseignement supérieur de celles du primaire et du secondaire : les premières, discursives et académiques, se focalisent sur la connaissance et sur l'analyse rigoureuse de matières sans se soucier le moins du monde de savoir si les élèves (ou les enseignants) mènent une vie éthique ; les secondes par contre, pour la plupart des programmes d'inculcation de valeurs, visent tellement à doter les élèves de croyances et de conduites éthiques qu'elles finissent par devenir non académiques, dénuées de perspective historique, de profondeur philosophique et de méthodes de recherche sur les valeurs. Je montrerai pour ces deux démarches ce que j'y vois de positif avant de proposer une alternative que je crois plus prometteuse.

1. Une version précédente de ce texte a été présentée au « Precollege Ethics Symposium », avec le soutien de la « Squire Foundation à l'occasion de la dix-huitième rencontre annuelle de l'« Association for Practical and Professional Ethics », qui s'est tenue à l'Hôtel Hilton (à Cincinnati, dans l'Ohio) le 6 mars 2009. Je remercie Joanne Matkowski, Michael Pritchard et les journalistes de *Teaching Ethics* pour leur éditorial et leurs intéressants commentaires à propos de versions antérieures de cet essai.

APPROCHES ACADÉMIQUES

La démarche le plus couramment rencontrée dans des facultés de philosophie, dans des programmes d'études sociales ou dans des écoles professionnelles, est purement académique, à la fois classique et conventionnelle, faite surtout d'approches historiques et d'approches thématiques ou appliquées. L'éthique comme histoire des idées morales et politiques (ou esthétiques) et des penseurs, est traitée comme ayant un contenu : un savoir historique et théorique, des questions toujours susceptibles de remise en cause et, en parallèle, une recherche exégétique et théorique permanente. Quant aux cours thématiques, leur méthodologie consiste à utiliser l'étude d'un cas précis pour appliquer la théorie morale à des événements ou à des problèmes de vie controversés. Même s'ils sont susceptibles d'être un jour confrontés à certains d'entre eux, les étudiants savent qu'ils seront évalués pour la finesse de leur analyse plutôt que pour leurs progrès dans leur capacité ou disposition à prendre des positions éthiques fondées dans leur vie personnelle. Une troisième approche de l'éducation philosophique à l'éthique, le plus souvent réservée aux programmes de doctorat, c'est la méta-éthique, où des théories opposées sont étudiées de manière conceptuelle et logique, pour glisser ensuite vers l'épistémologie et/ou la théorie critique dans le but de déterminer comment les évaluer.

Épisodiquement, des professeurs de philosophie soulèvent le problème de l'inefficacité éthique de cours d'éthique. Pour Paul F. Camenisch, par exemple, les objectifs des programmes de cours philosophiques d'éthique se limitent généralement à des résultats cognitifs ou à la capacité de discuter de problèmes moraux[1]. Et voici ce qu'écrit James B. Gould : « Trop souvent (...) un enseignement de l'éthique semble avoir pour objectif (...) une connaissance théorique de la morale comme fin en soi »[2]. Quant à Edmund Pincoffs, il critique la notion selon laquelle « l'affaire de l'éthique ce sont des « problèmes », c'est-à-dire des situations dans lesquelles il est difficile de savoir ce qu'on doit faire » et qu'il désigne par « dilemmes moraux »[3]. Christina Hoff Sommers regrette que, dans des cours d'éthique, « des étudiants débattent de l'avortement, de la peine capitale, des cellules souches, des transplantations chirurgicales, alors qu'ils n'apprennent quasiment rien sur la bienséance, sur l'honnêteté, la responsabilité ou l'estime

1. P. F. Camenisch, « Goals of Applied Ethics Courses », *The Journal of Higher Education*, 1986, 57, p. 496-497.

2. J. B. Gould, « Better Hearts : Teaching Applied Virtue Ethics », *Teaching Philosophy*, 2002, 25, 1.

3. E. Pincoff, « Quandry Ethics», *Mind, New Series*, 1971, 80, p. 552.

de soi »[1]. Observations renforcées par le *Statement on Teaching* Philosophy de l'« American Philosophical Association » :

> Une éducation philosophique implique (...) que l'on parvienne à apprécier et à appréhender des méthodes, des questions / problèmes et des traditions philosophiques (...) et (...) que l'on développe chez les élèves des compétences analytiques, critiques, interprétatives et évaluatives dans leur réflexion à propos de problèmes divers, de textes historiques et de questions ordinaires que l'on peut qualifier de « philosophiques »[2].

A) *Une éducation philosophique à l'éthique*

1. Dans l'enseignement supérieur

Éduquer à l'éthique au moyen de la philosophie présente des avantages : les jeunes acquièrent une base historique, théorique et méta-théorique, une pratique de l'analyse de textes, de la construction et de la critique d'une théorie, ainsi que nombre d'autres processus intellectuels.

Forces devenant cependant des entraves dès que le discours se fait *purement académique* au sens où il ne se rattache à rien, dès que *l'étude* de l'éthique cesse de se rapporter au *comportement* éthique d'une personne ou d'un mode de vie donnés. Comme Aristote l'a répété à plusieurs reprises : « La recherche éthique ne vise pas une connaissance théorique. (...) Ce n'est pas pour savoir ce qu'est la vertu que nous faisons une recherche, mais pour nous améliorer (...) »[3]. Ou encore : « Notre objectif n'est pas de savoir ce qu'est le courage mais d'être courageux, de savoir ce qu'est la justice mais d'être justes, de même que nous souhaitons être en bonne santé plutôt que de pouvoir en donner une définition... »[4]. Un article récent d'une revue de philosophie déclare les professeurs de philosophie d'aujourd'hui :

1. C. H. Sommers, « Teaching the Virtues », *Imprimis*, 1991, p. 20.

2. APA, « APA Statements on the Profession : The Teaching of Philosophy », *Proceedings and Addresses of the American Philosophical Association*, 1998, p. 69, 96-100, cité dans J. B. Gould, « Better Hearts: Teaching applied Virtue Ethics », *Teaching Philosophy*, 2002, 25, 1.

3. Aristote, *The Nicomachean Ethics*, trans. D. Ross, Oxford, Oxford University Press, 1998, cité par M. Nussbaum, *The Therapy of Desire, Theory and Practice in Hellenistic Ethics*, Princeton, Princeton University Press, 1994, p. 70-74; trad. fr. J. Tricot, *Éthique à Nicomaque*, Paris, Vrin, 1990.

4. Aristote, *Constitution d'Athènes*, éd. et trad. fr. G. Matthieu et B. Haussoullier, Paris, Les Belles Lettres, 1941; et *Éthique à Eudème*,éd. et trad. fr. E. Lavielle, Paris, Press Pocket, 1999.

> …peu dévoués à l'amour de la sagesse. Ce n'est que de manière purement « académique » qu'ils aspirent aux qualités morales. Moins souvent encore font-ils preuve de qualités d'excellence morale. C'est même le contraire : c'est triste à dire, mais on ne peut mieux décrire nombre de philosophes, ou de gens qui se font passer pour tels, que comme des ambitieux de bas étage, des snobs qui essaient de briller, des consommateurs avides [1].

Jugement hâtif, direz-vous. Pourtant, le professeur d'éthique le moins bon ne peut être traité d'hypocrite, étant donné qu'exhorter ses élèves à vivre bien ne fait pas partie de ses responsabilités professionnelles[2]. Comme on peut le lire dans un autre article récent : « À un étudiant qui s'inscrit à un cours de philosophie dans l'espoir que cela améliorera sa vie, on dira sans doute qu'il ne doit rien en attendre »[3].

Pierre Hadot nous rappelle que c'est au Moyen Âge que l'éthique philosophique a commencé à se réduire après la fermeture des écoles philosophiques gréco-romaines, quand les « exercices spirituels » où ils avaient été inventés ont été détournés pour être utilisés dans les monastères chrétiens, et quand le discours philosophique a été réduit à un échafaudage théorique pour la théologie dans les universités de la Chrétienté[4]. L'érudit manquant de sens commun ou de vertu pratique était déjà la cible de reproches dans la littérature de sagesse de la Renaissance. Voici ce qu'écrivait en 1532 Guillaume Budé dans *De Philologia* : « Il est déplorable de constater que des gens très instruits et compétents techniquement ont un sens philosophique peu développé, particulièrement du point de vue éthique. Qui n'a jamais fait l'expérience du manque total d'humanité, de la petitesse et de la paresse d'esprit de certains d'entre eux ? On les dit instruits, et certes, ils le sont. On ne peut les considérer pour autant comme honnêtes ou perspicaces »[5]. Beaucoup plus tard, à un siècle de nous, John Dewey a déploré la tournure académique qu'avait prise la philosophie, la pressant de « se reprendre » en « cessant d'être un moyen de traiter les problèmes des philosophes pour devenir une méthode, cultivée par des

1. P. Fosl, « Show me the money », *The Philosopher's Magazine*, 2009, p. 44, 81.

2. Il y a évidemment des enseignants qui le font, implicitement ou explicitement. Voir notamment J. B. Gould, « Better Hearts : Teaching Applied Virtue Ethics », art. cit., p. 1-25 ; J. P. Whitman, « Exploring Moral Character in a Philosophy Class », *Teaching Philosophy*, 1998, 21, p. 171-182.

3. M. Vernon, « Philosophy and the Art of Living », *Philosophy Now*, Septembre/Octobre 2008, p. 32.

4. P. Hadot, *La Philosophie comme manière de vivre*, Paris, Albin Michel, 2001 ; et *Qu'est-ce que la philosophie antique ?* Paris, Gallimard, 1995.

5. E. F. Rice, *The Renaissance idea of wisdom*, Westport, Greenwood Press, Conn., 1973, p. 151-152.

philosophes, pour s'occuper des problèmes humains »[1]. Et pas plus tard qu'en 2008, Hilary Putnam a rappelé au public de l'APA que :

> Réfléchir à nos modes de vie (…) a toujours été une fonction essentielle de la philosophie. (…) Les vieilles questions « Est-ce que je vis comme je suis censé vivre ? »; « Ma vie est-elle plus que vanité, ou pire, simple conformisme ? »; « Est-ce que je fais tout ce que je peux pour atteindre (…) mon moi, pas encore atteint mais accessible ? » font toute la différence dans la vie[2].

2. En dehors du milieu académique

Depuis plusieurs années, la philosophie comme mode de vie a été davantage prise au sérieux en dehors du monde académique qu'en son sein, dans des programmes de philosophie pratique et appliquée[3] comportant notamment une guidance philosophique[4] (pratique qui a donné naissance à deux journaux : l'*International Journal of Applied Philosophy* et l'*International Journal of Philosophical Practice*), les cafés philosophiques[5], des retraites pour pratiquer le dialogue socratique, la *Philosophie pour Enfants*[6], une vaste production de livres destinés au grand public[7], des

1. J. Dewey, « The Need for a Recovery of Philosophy », *in* J. A. Boydston (ed.), *The Middle Works of John Dewey, 1899-1924*, Vol. 1, 1899-1901; trad. fr. P. Di Mascio, *Reconstruction en philosophie*, Université de Pau, Éd. Farrago, 2003 ; Essays, *The School and Society, The Educational Situation*, University of Illinois Press, Carbondale, II, 1917, p. 3-48.

2. H. Putnam, « 12 Philosophers – And Their Influence on Me », *American Philosophical Association Proceedings and Addresses*, 2008, p. 82.

3. M. J. Laverty, « Philosophy for Children and/as Philosophical Practice », *International Journal of Applied Philosophy*, 2004, p. 18, 141.

4. *Cf.* E. D. Cohen, *What would Aristotle do ? : self-control through the power of reason*, New York, Prometheus Books, Amherst, 2003 ; A. Ellis and R. A Harper, *A new guide to rational living*, Englewood Cliffs, N. J., Prentice-Hall, 1975 ; L. Marinoff, The big questions: how philosophy can change your life, New York, Bloomsbury, 2003; trad. fr F. Faure, *La Philosophie, c'est la vie*, éd. Table Ronde, 2004 ; P. B. Raabe, *Philosophical counseling : Theory and practice*, Westport, Conn., Praeger, 2001.

5. L'organisme américain le plus important qui soutient les cafés philosophiques est la *Society for Philosophical Inquiry* dirigée par Christopher Phillips, auteur de *Socrates Café : A Fresh Taste of Philosophy*, New York, W. W. Norton & Co., 2001.
Cf. http://www.philosopher.org/en/Socrates.Cafe.html

6. *Cf.* http://www.montclair.edu/iapc, (14/02/09).

7. J. Baggini, *What's it all about ? : philosophy and the meaning of life*, Oxford, New York, Oxford University Press, 2005 ; A. De Botton, *The Consolations of philosophy*, New York, Pantheon Books, 2000 ; T. Eagleton, *The Meaning of Life*, New York, Oxford University Press, 2007 ; C. Phillips, *Six Questions of Socrates : a Modern-day Journey of Discovery Through World Philosophy*, New York, W. W. Norton, 2005 ; C. Phillips, *Socrates in love : philosophy for a die-hard romantic*, New York, W. W. Norton & Co., 2007 ;

programmes radiophoniques [1], des sites Internet [2], des symposiums publics ouvrant à des non philosophes des points de vue philosophiques susceptibles de donner davantage de sens à la vie.

Bien que ces initiatives visant une éducation morale prennent place en dehors du milieu scolaire, elles sont académiques dans la mesure où elles utilisent un contenu historique et théorique ainsi que des pratiques philosophiques (raisonnement critique, étude de textes classiques, introspection, dialogue public…).

Ces programmes ont fait l'objet de critiques : en rendant l'éthique philosophique accessible aux non philosophes (voire aux enfants…), ils renonceraient à la finesse de l'analyse et à la rigueur de l'argumentation qui font que l'éthique est philosophique. Mark Vernon répond judicieusement que si la philosophie pratique doit éviter la banalité, simplicité ne veut pas dire banalité, et communiquer clairement ne signifie pas niveler par le bas [3].

Effectivement, dans la mesure où le discours éthique consiste à expliquer ce qu'est une vie de qualité, à la justifier, à s'y exhorter soi-même et à exhorter les autres, simplicité de la théorie et clarté de la communication sont des qualités, comme le conseille Aristote dans ses deux livres sur l'éthique : Nussbaum puise dans l'*Éthique à Eudème* et dans l'*Éthique à Nicomaque* pour présenter la position d'Aristote pour lequel l'argumentation éthique doit, comme la médecine, être aussi claire et cohérente que possible et ne pas devenir trop abstraite lorsqu'elle traite de l'expérience éthique humaine [4]. Cependant, ce qui sous-tend la plupart de ces critiques de la philosophie pratique, c'est que l'éthique philosophique n'est plus censée remplir ces fonctions morales.

M. Vernon, « Philosophy and the Art of Living », *Philosophy Now*, Septembre-Octobre 2008, p. 32-33 ; M. Vernon, *Wellbeing*, Stocksfield, Acumen, 2008.

1. Voir notamment : www.whyradioshow.org, t. 1, (14/02/09), le programme philosophique radiophonique de Jack Russell Weinstein : « Why ? » de l'Université du Nord Dakota.

2. Par exemple :
http://www.maverickphilosopher.typepad.com/maverick_philosopher et
http://www.markvernon.com/friendshiponline/dotclear, (15/02//09)

3. M. Vernon, « Philosophy and the Art of Living », art. cit., p. 33.

4. M. C. Nussbaum, *The Therapy of Desire : Theory and Practice in Hellenistic Ethics*, *op. cit.*, p. 71-73.

B) *Approches thématiques*

Dans les services sociaux et dans les écoles professionnelles, l'éducation à l'éthique a pour but de faire prendre conscience aux étudiants de problèmes et de cas moraux propres à leurs activités et de les mettre au courant des codes éthiques que ces professions ont développés en vue d'une auto-régulation[1], ainsi que des points importants des règlements qui rendent passibles de poursuites et même criminels certains types de mauvaise conduite professionnelle. Ils sont donc censés cultiver des points de vue et engagements éthiques spécifiques à la profession. Par exemple, le College of Education and Human Services où je travaille déclare qu'il est de sa mission d'inclure « la préparation de professionnels (...) engagés dans la poursuite de la justice sociale et dans la promotion de l'accès pour tous à l'instruction et à la croissance en respectant des différences sociales, culturelles, économiques et individuelles » et « qui comprennent leur rôle en préparant et en aidant des individus et des groupes à devenir des participants actifs et critiques au progrès d'une démocratie politique et sociale »[2].

La portée de l'éducation éthique professionnelle est donc à la fois plus vaste que l'éthique philosophique proprement dite par le fait qu'elle n'engage pas uniquement les étudiants dans un raisonnement moral, mais aussi dans une conduite et des valeurs éthiques spécifiques, et plus étroite par le fait qu'elle se limite à l'activité professionnelle. Et à ce propos, Waithe et Ozar constatent que, contrairement aux cours d'éthique philosophique ou théologique qui ne prétendent pas instiller des valeurs spécifiques, « quand une école professionnelle (...) certifie qu'un(e) étudiant(e) a accompli un travail satisfaisant, cela signifie qu'il/elle répond aux normes de préparation nécessaires à sa pratique professionnelle. En conséquence, les personnes qui feront appel à lui/elle peuvent supposer que le/la praticien(ne) en question agira en conformité avec le corpus de connaissances adéquat et avec les valeurs propres à sa profession »[3].

Toutefois, même si le lien éducation éthique / engagement et comportement éthique est plus clairement souligné dans les écoles professionnelles que dans les facultés de philosophie, la nature et l'efficacité de

1. A. Abbot, « Professional Ethics », *The American Journal of Sociology*, 1983, p. 88, 856.

2. CEHS, « College Mission & Goals », Montclair State University, Montclair, s.d.

3. M. E. Waithe and D. T. Ozar, « The Ethics of Teaching Ethics », *The Hastings Center Report*, 20, 1990, p. 17-19.

ce lien sont loin d'être claires[1]. D'un côté, comme le démontre Abbot, les codes éthiques professionnels sont destinés à garantir à la profession « le contrôle de la qualité, le monopole et un statut social élevé », en même temps qu'ils doivent protéger et servir la clientèle[2], objectifs dont aucun n'est nécessairement lié à un progrès moral personnel. D'autre part, des thèmes concernant la prise en charge des clients et le service au public proposés dans une éducation éthique professionnelle sont souvent annihilés par le programme (à peine) caché de libre service qui prévaut dans des écoles professionnelles ou dans les écoles de commerce, comme en a fait la critique récemment Frank Rich dans le *New York Times*[3]. Un troisième problème, identifié par l'analyste de l'économie mondiale pour l'Union des Banques Suisses, Prabhu Guptara, c'est que l'éthique professionnelle s'est dissociée, en théorie aussi bien qu'en pratique, de valeurs personnelles :

> La plupart des gens dans le monde actuel ne perçoivent pas que leurs valeurs – d'où qu'elles leur viennent – ont un lien particulier avec leur pratique professionnelle. Ils se contentent de pratiquer une bonne éthique professionnelle, qu'ils soient musulmans, hindouistes, bouddhistes, chrétiens, athées, ou quoi que ce soit d'autre. Ils ne se posent pas réellement la question de savoir d'où leur vient cette éthique des affaires ou de la profession. (…) Seule une petite minorité essaie de débrouiller des questions du genre de celles-ci : « Est-ce vraiment une bonne façon de m'enrichir ? », « Est-ce que je ne gagne pas trop d'argent ? », « Quel est l'impact de mon affaire sur la clientèle ? (…) sur mes fournisseurs ? (…) sur l'environnement ? » « Comment accorder la richesse que j'empile avec mes responsabilités envers un monde qui est dans un extrême dénuement ? »[4]

Guptara nous recommande de nous demander comment peuvent – et devraient – être reliées nos orientations religieuses et morales, nos pratiques éthiques personnelles et sociales, nos approches du travail, y compris notre éthique professionnelle. Par opposition à l'éducation éthique professionnelle qui, habituellement, définit et construit la signification d'une éthique du travail sans relation avec des valeurs personnelles ou avec une prise en compte holistique d'une vie chargée de sens.

1. *Ibid.*
2. A. Abbot, « Professional Ethics », art. cit., p. 873.
3. F. Rich, « Awake and Sing ! », *New York Times*, New York City, April 12 th 2009, p. 8.
4. P. Guptara and K. Tippett, « The Gods of Business », *Speaking of Faith*, Vol. 2009, American Public Media, 2006, transcription d'un entretien radiophonique.

L'ÉDUCATION À L'ÉTHIQUE
DANS L'ENSEIGNEMENT PRIMAIRE ET SECONDAIRE

Le mot « éthique » apparaît à peine dans les programmes qui précèdent l'enseignement supérieur. À sa place, on trouve les mots « valeurs » (dans le sens de valeurs morales), « citoyenneté » et, bien sûr, « caractère » [1]. Pour Camenisch, cette différence d'appellation reflète une différence dans les objectifs d'une éducation morale entreprise par des disciplines différentes. Il considère « raisonnement moral », « sentiments, valeurs et engagements moralement adéquats » ainsi que « choix et actes moraux » comme « trois cibles passablement distinctes, si pas totalement séparables » d'une éducation morale. Il ajoute que les cours de philosophie insistent en général sur le raisonnement moral et qu'ils utilisent le terme d'« éthique », alors que des programme issus de la psycho-pédagogie « mettent davantage l'accent sur les dimensions affectives de la vie morale » et « parlent de "valeurs" » [2]. Cet auteur ne mentionne pas le fait, évident mais problématique, que l'éducation aux valeurs, qui vise à formater les sentiments et les comportements moraux, s'adresse la plupart du temps à des enfants plus jeunes, alors que l'éducation éthique, limitée au raisonnement moral – qui, elle, évite de formater les *croyances* morales – s'adresse presque exclusivement aux grands adolescents et aux adultes.

A) *L'éducation aux valeurs*

L'éducation aux valeurs est une entreprise florissante. Aux États-Unis, quarante-trois États ont publié des lois l'imposant ou l'encourageant [3], en utilisant un langage dont voici l'exemple du Tennessee :

> Dans toutes les écoles publiques, l'enseignement doit (…) aider tous les élèves à développer des valeurs positives et à mieux se conduire en leur apprenant à agir en harmonie avec ces valeurs et à devenir de bons citoyens, aussi bien à l'école que dans leur communauté et dans la société [4].

1. Je parle ici de l'enseignement public américain. Beaucoup d'écoles privées relient ces matières à une éducation religieuse.

2. P. F. Camenish, « Goals of Applied Ethics Courses », *Journal of Higher Education*, 1986, 5, p. 496-97.

3. « Character Education Legislation », page internet de Character Education Partnership (02/09/09), http://www.character.org/charactereducationlegislation.

4. Tennessee Code Annotated 49-6-1007(a), *in* H. Brimi, « Academic Instructors or Moral Guides ? Moral Education in America and the Teacher's Dilemma », *The Clearing House*, 2009, 82, p. 125-130.

Quant au New Jersey où je vis, il aligne les objectifs de l'éducation aux valeurs avec des normes de contenu. Il recommande, par exemple, que l'éducation à la santé envisage la santé sociale et émotionnelle, le développement du caractère, ainsi que les relations sexuelles ; que les études sociales promeuvent les valeurs américaines et la citoyenneté ainsi que les connexions entre toutes les cultures ; que l'apprentissage de la vie (en famille comme en dehors) enseigne la pensée critique, l'autogestion et l'éthique (le mot est lâché !) [1].

Ces sortes de réglementations génèrent et développent – et sont à leur tour générées et développées par elles – des myriades d'institutions, de groupements de défense, de groupes de recherche, de conférences, d'articles spécialisés, de bourses, de ventes de programmes.

1. Transmission des valeurs

Cette démarche ressemble davantage à une autoroute, comparée au petit sentier que je désignerai par « recherche à propos des valeurs ». Les valeurs à inculquer n'ont pas à être remises en question ni soumises par les éducateurs à la critique (encore moins par les élèves).

a) *Programmes* behavioristes

1° Programmes *prenant pour cibles des comportements à haut risque* comme le racket, le suicide, l'appartenance à un gang, ou une sexualité non contrôlée, par exemple : *Drug Abuse Resistance Education*, la campagne *Just Say No*…

Caractéristiques :

(a) Axés sur une *modification du comportement* de façon explicite : ainsi que le fait observer Hunter Brimi, « le comportement y est dépeint tout simplement comme bon ou mauvais » et, « plutôt que de permettre aux élèves de s'engager dans (…) un raisonnement moral (…), on attend d'eux qu'ils fassent ce qu'on leur dit : résister à la drogue, s'abstenir de sexe, adhérer à tout comportement reconnu comme correct et adapté » [2].

1. NJCCE, N.J.C.f.C.E., « New Jersey Core Curriculum Content Standards : Alignments with Character Education / Social Emotional Learning », Rutgers, Piscataway, The State University of New Jersey, 2007.

2. H. Brimi, « Academic Instructors or Moral Guides? Moral Education in America and the Teacher's Dilemma », *op. cit.*, p. 128.

* Note de la traductrice : engagements récités chaque matin par haut-parleur dans toutes les classes et dont voici un exemple, trouvé sur Internet : « *Je crois en moi-même et en ma capacité à toujours faire de mon mieux. Je crois que je dois traiter les autres comme j'aimerais qu'ils me traitent. Je crois en la puissance de mon héritage qui est le fondement sur*

(b) Utilisent toutes sortes de stimuli / réponses comme moyens de *conditionnement* pour motiver un comportement adéquat et éviter un comportement à risque : slogans, badges, T-shirts, compétitions au niveau national, discours persuasifs, exhortations faites à soi-même*, films répulsifs, statistiques de choc, démonstrations policières, meetings scolaires.

(c) *Contenus* lourds : comment l'alcool affecte le système nerveux, quelles méthodes de contraception sont fiables pour prévenir le sida, tristes statistiques de tragédies d'adolescents…

2. Éducation du caractère

Approche la plus courante, de loin celle qui fait à l'heure actuelle l'objet du plus de recherches et qui est la plus grassement financée.

Caractéristiques :

(a) Elle est *behavioriste* aux trois sens du terme : vise la modification du comportement en utilisant des stratégies motivantes et en dispensant un contenu souvent intéressant.

(b) Ce qui l'en distingue : elle vise à modifier d'autres aspects du caractère que simplement le comportement : la *conception morale* ainsi que le *sens moral*[1]. Elle est essentiellement une *approche éthique de la vertu* dans la tradition d'Aristote[2]. Elle comporte bien plus que des objectifs strictement comportementaux (« ne te drogue pas », « participe au vote », « protège-toi dans tes rapports sexuels ») : devenir responsable, se soucier de l'autre, être honnête, correct, respectueux, développer une éthique de travail rigoureuse, etc.[3]

(c) Même si cet accent mis sur les vertus humaines semble tendancieux *du point de vue philosophique* du fait qu'il n'accorde pas la même place aux deux autres théories éthiques majeures (l'utilitarisme et la déontologie) qui traitent de l'éthique de la vertu dans la plupart des cours d'éthique de l'enseignement supérieur, l'éducation du caractère est capable *d'éviter la partialité religieuse* et *culturelle* en défendant des vertus à

lequel je suis. Dès lors, je m'engage à bien étudier et à être fier de moi-même et de mon école. »

1. T. Lickona, E. Schaps and C. Lewis, « CEP's Eleven Principles of Character Education », in *Character Education Partnership*, Washington, D.C., 2007, p. 78, cité dans H. Brimi, « Academic Instructors or Moral Guides? Moral Education in America and the Teacher's Dilemma », *op. cit.*, p. 129.

2. *Ibid.*, p. 128.

3. T. Lickona *et alii*, « CEP's Eleven Principles of Character Education », *op. cit.*, p. 1.

large spectre transculturel et en ayant recours à des sources littéraires du monde entier et datant de milliers d'années[1].

(d) De plus, en situant un comportement souhaitable dans une notion plus *holistique* de la personne (une personne qui pense et ressent ce qu'elle fait), l'éducation du caractère *passe pour être moins manipulatrice* que les approches strictement comportementales. C'est en tout cas la manière dont la littérature à propos de l'éducation du caractère décrit les fins et les moyens éducatifs pour chacun des « aspects cognitifs, émotionnels et comportementaux de la vie morale »[2] :

(1) *du point de vue cognitif*: non seulement la personne vertueuse sait ce qu'on attend d'elle, mais elle a appris à comprendre les vertus, ce qui suppose une étude appropriée de la littérature, de l'histoire et de la philosophie, la pratique de l'analyse conceptuelle, de la discussion en groupe ainsi que la réflexion personnelle ;

(2) *du point de vue émotionnel* : elle se soucie réellement des valeurs et des autres, ce qui implique une aptitude à « développer des capacités d'empathie, à entretenir des relations attentionnées, (...) à pouvoir exprimer ses sentiments, à avoir une écoute active »[3] ;

(3) *du point de vue comportemental* : apprendre à se comporter de manière vertueuse exige des occasions d'exercer sa sagesse dans la pratique, c'est-à-dire de pratiquer réellement des vertus dans des situations concrètes : travail en groupe, division du travail, obtention d'un consensus, résolution de conflit, solution créative de problèmes[4]. Le contexte le plus favorable pour une telle pratique est une communauté où règnent la sécurité, la justice, l'empathie, la coopération – ce que sont censées être les classes et les écoles dans la littérature concernant l'éducation du caractère[5].

Si j'ai mis l'éducation du caractère dans la catégorie d'une approche de transmission de valeurs, c'est parce que :

1) Ses programmes, bien qu'engagés dans le raisonnement moral, admettent à peine, voire pas du tout, le fait que l'expérience enfantine est

1. Le gourou de l'éducation du caractère, Thomas Lickona, a été jusqu'à déclarer que certaines vertus humaines sont « objectivement bonnes » et restent immuables : T. Lickona, « Character education : Seven crucial issues », *Action in Teacher Education*, 1998, 20, p. 77-84.

2. T. Lickona, E. Schaps and C. Lewis, « CEP's Eleven Principles of Character Education », *op. cit.*, p. 1.

3. *Ibid.*, p. 1.

4. *Ibid.*, p. 2.

5. *Ibid.*, p. 2-3.

chargée d'ambiguïté morale. De plus, c'est en minimisant la pluralité des valeurs au sein de groupes culturels et entre eux qu'a été obtenue une notion unifiée et consistante des vertus considérées comme « fondamentales ». Sans oublier le fait qu'ils n'admettent pas davantage que les significations et les pratiques associées aux vertus traditionnelles changent au cours du temps et qu'une compréhension plus approfondie peut compliquer l'engagement dans les valeurs plutôt que le renforcer. Pour Pritchard, par exemple, même si une éducation morale multiculturelle peut aider les élèves « à mieux accepter et respecter ceux dont les croyances et les pratiques diffèrent des leurs, (...) il y a à cela des limites. On peut tomber sur de profondes différences de valeurs ou découvrir qu'il n'y a pas de terrain d'entente possible. Cela aussi doit être pris en considération dans une éducation morale »[1]. De plus, ces programmes ne donnent pas l'occasion aux élèves d'exprimer des doutes ou des critiques à l'égard des valeurs proposées, ni de pratiquer une recherche éthique ouverte. Les vertus constituant le caractère souhaité sont le plus souvent prédéfinies dans le matériel préconisé par le programme ; la seule réflexion attendue de la part des enfants, c'est comment les appliquer le mieux ; le « sens moral » escompté se limite à apprécier ces qualités dans leur totalité. C'est très certainement d'un faux raisonnement de l'adulte que dérive ce manque de reconnaissance de la complexité et de l'ambiguïté de l'expérience éthique enfantine ;

2) elle se livre à une rigoureuse *évaluation* empirique. Voici ce qu'on peut lire à ce sujet dans *Eleven Principles of Effective Character Education* :

> Pour être efficace, une éducation du caractère doit comporter un effort visant à évaluer la progression par des méthodes à la fois qualitatives et quantitatives. Trois grandes catégories de résultats méritent l'attention :
> (a) Le caractère de l'école : dans quelle mesure l'école devient-elle une communauté plus à l'écoute, plus active ? (...)
> (b) Le progrès du personnel scolaire comme formateurs du caractère : dans quelle mesure l'équipe adulte (enseignants, administrateurs et l'ensemble du personnel) a-t-elle développé une compréhension de ce qu'elle peut faire pour encourager le développement du caractère ? (...)

1. M. S. Pritchard, « Moral Diversity and Moral Education », *Analytic Teaching*, 1995, 15, p. 11-18.

(c) Le caractère de l'élève : dans quelle mesure les élèves manifestent-ils une compréhension des valeurs éthiques fondamentales, s'y engagent-ils et agissent-ils sur elles ? (...) [1]

Les types de données les plus communément utilisées pour mesurer le succès des programmes d'éducation du caractère sont des enquêtes scolaires[2] et des statistiques telles qu'« interventions administratives, suspensions, retenues, expulsions »[3]. Prendre de tels indicateurs comme preuve de progrès moral est problématique d'un point de vue scientifique. C'est pourtant considéré comme une alternative rentable à la recherche plus sophistiquée qui serait nécessaire pour produire des diagnostics scientifiquement valables de constructions psychologiques associées à des vertus – ce qui, de toute façon, serait philosophiquement et politiquement marqué. Et, bien sûr, que la méthode la plus commode pour évaluer l'éducation du caractère soit sa conformité aux valeurs conventionnelles ne trouble pas vraiment une bonne partie de la corporation enseignante, des politiciens, des parents...

b) *Clarification des valeurs*

Le besoin et la capacité des jeunes à saisir l'ambiguïté et le pluralisme de la morale, à confronter leurs doutes moraux en toute honnêteté, à critiquer les normes conventionnelles, à s'engager dans une recherche constructive et éthiquement ouverte, sont traités directement par certains aspects de la recherche sur l'éducation aux valeurs. On en trouve un exemple dans le programme de clarification des valeurs, développé dans les années 1960[4]. Ce programme guide les élèves dans une recherche personnelle visant à découvrir et à construire leurs propres valeurs, à faire de leurs croyances, valeurs et actes un ensemble ou à lui donner une cohérence. La méthode préconisée est une discussion libre, habituellement

1. T. Lickona, E. Schaps and C. Lewis, « CEP's Eleven Principles of Character Education », *op. cit.*, p. 6.

2. P. M. Brown and V. G. Stillson, « New Jersey Center for Character Education Finds Positive Results Across the State », *Character Education and Civic Engagement, Technical Assistance Center, E-Newsletter*, 2008, 3, p. 3.

3. H. Brimi, « Academic Instructors or Moral Guides? Moral Education in America and the Teacher's Dilemma », *op. cit.*, p. 129.

4. *Cf.* L. E. Raths, M. Harmin and S. B. Simon, *Values and Teaching*, Charles E. Merrill, Columbus, OH, 1966, seconde édition, 1978. *Cf.* aussi S. B. Simon, L. W. Howe and H. Kirschenbaum, *Values Clarification : A Handbook of Practical Strategies for Teachers and Students*, Revised Edition, Warner Books, New York, 1995; trad. fr. S. B. Simon, *À la rencontre de soi-même, 80 expériences de clarification des valeurs*, Québec, Institut de Développement Humain, 1972.

autour d'une situation hypothétique proposée par l'enseignant(e) qui évite strictement de défendre ses propres vues morales ou celles de la culture dominante. Voici un extrait des discours des concepteurs de ce programme :

> Nous devons écouter les jeunes comme on ne l'a jamais fait. Après leur avoir posé des questions à propos de leurs idées, de leurs buts, de leurs croyances, nous devons entamer un dialogue avec chacun. (…) Les enfants doivent avoir la liberté d'exprimer leurs intérêts personnels, leurs propres objectifs, leurs croyances et attitudes, ainsi que tout autre indicateur de valeurs[1].

Même si la clarification des valeurs met davantage l'accent sur le processus de détermination des valeurs que sur le contenu des valeurs particulières choisies et clarifiées par les élèves, le programme fonctionne plus à un niveau thérapeutique qu'à un niveau intellectuel. On attend des enfants qu'ils choisissent parmi diverses alternatives les valeurs dans lesquelles s'engager et qu'ils justifient publiquement leur choix, mais pas qu'ils développent une argumentation pour les appuyer, ni qu'ils les défendent contre une critique de leurs pairs, d'avance découragée. Ce manque de rigueur intellectuelle a été critiqué, à juste titre.

La clarification des valeurs a cependant une qualité : elle est centrée sur l'élève. Si cette démarche peut sembler trop individualiste, considérez les lacunes des programmes de transmission de valeurs par rapport à toute réaction personnelle significative. Demander aux élèves de « penser par eux-mêmes » à propos du problème des valeurs leur confère la dignité d'agents moraux et met en lumière le fait qu'une recherche minutieuse dans ce domaine doit être, au moins jusqu'à un certain point, privée et personnelle.

B) *Approche de la pensée critique*

Une conception de recherche totalement différente est ce que j'appellerai l'approche de la pensée critique : les élèves sont initiés à des méthodes de raisonnement critique leur permettant d'aboutir à des jugements moraux fondés, particulièrement du point de vue de la logique.

Nombre de ces programmes dérivent de la philosophie analytique, avec son penchant à définir les concepts philosophiques et à y trouver les relations logiques. L'attention toute particulière qu'ils portent à des concepts tels que ceux de personne, d'esprit, d'amitié, de droits, de

1. *Cf.* L. E. Raths *et alii*, *Values and Teaching*, *op. cit.*

communauté ou de justice constitue un supplément appréciable par rapport au contenu comparativement plat de la plupart des programmes de transmission de valeurs.

Ils trouvent aussi des informations dans la psychologie du développement, particulièrement dans l'œuvre de Lawrence Kohlberg, pour qui le développement moral des enfants est envisagé comme un aspect de leur développement cognitif, caractérisé par une sophistication qui croît à travers des stades prévisibles[1]. Ces théories du développement moral influencées par les théories des stades de développement cognitif ne proposent cependant rien pour les jeunes enfants, considérés comme incapables de réflexion sur la morale. Voici ce qu'en pense Pritchard :

> Les théories de stades impliquant que les enfants vivent dans un univers moral totalement différent de celui des adultes encouragent une attitude condescendante à l'égard de leur réflexion morale et découragent un dialogue moral authentique entre enfants et adultes[2].

Plus gênant encore, à l'instar des programmes de cours philosophiques sur lesquels ils sont souvent calqués, beaucoup se concentrent exclusivement sur des *dilemmes moraux*, sur des questions éthiques et sur d'autres activités cognitives, négligeant ainsi les aspects émotionnels, interpersonnels et comportementaux du développement moral. Ils considèrent le produit du raisonnement éthique comme propositions profondément raisonnables qui ne sont même pas nécessairement des croyances, substituant ici encore le discours *sur* l'éthique à la vie éthique.

C) *La Philosophie pour Enfants*

On pourrait considérer ce programme avec lequel je travaille, la *Philosophie pour Enfants*, comme une approche de pensée critique de l'éducation aux valeurs. Il présente toutefois de sensibles différences.

Ses caractéristiques :

1) L'accent est mis sur la *pensée critique*, mais aussi sur une pensée *créative et vigilante*, orientée vers les *valeurs en tant qu'outils* pour une *recherche philosophique*[3].

1. L. Kohlberg, C. Levine, A. Hewer, *Moral Stages : A Current Formulation and a Response to Critics*, Karger, Basel, New York, 1983.

2. M. S. Pritchard, « On Becoming a Moral Agent : From Aristotle to Harry Stottlemeier », *Thinking : The Journal of Philosophy for Children*, 1991, 9, p. 16-24.

3. M. Lipman, *À l'École de la pensée*, *op. cit.*, chap. 11-13.

2) *Objectif*: la recherche vise à aboutir non à des propositions rationnelles, mais à des «*jugements* éthiques, sociaux, politiques et esthétiques (...) appliqués directement à des situations vécues»[1]. Si l'on attend de ces jugements qu'ils soient *guidés par la raison*, c'est-à-dire basés sur des arguments solides et sur des preuves tangibles, ils sont en outre censés être *raisonnables*, ce qui veut dire informés par des perspectives multiples et diverses et dont on est responsable devant une communauté de pairs[2].

3) La *communauté de recherche*: notion pragmatique rendue opérationnelle afin de faciliter ces aspects sociaux de la recherche, en tant que cadre pour un *dialogue* en classe[3]. Elle utilise en outre dans une large mesure la théorie d'apprentissage social préconisée par Mead, Vygotsky, Bruner et d'autres[4].

Si ce protocole est centré sur l'élève, puisque chaque recherche débute par les *questions des enfants* et se termine par leurs jugements, le fait qu'on y insiste sur la critique venant de pairs et sur leur collaboration évite l'individualisme radical de la clarification des valeurs. L'optique de ce programme consistant à *suivre la discussion là où elle mène* et à considérer la recherche comme un processus *autocorrectif* combine ouverture progressiste et rigueur méthodologique traditionnelle.

4) Une grande attention est apportée à l'analyse de *concepts philosophiques* et elle va au-delà en aidant les enfants à identifier ces concepts lorsqu'ils se présentent à eux dans d'autres cours ou dans leur vie. C'est ce que nous appelons développer une «*oreille philosophique*»[5].

5) Ce programme tente en outre, dans les romans qui le composent, de reconstruire des aspects significatifs de *l'histoire de la philosophie*,

1. *Ibid.*, p. 268 (dans l'édition 2006).

2. M. Gregory, *Philosophy for Children Practitioner Handbook*, Montclair, N.J., Institute for the Advancement of Philosophy for Children, 2008.

3. R. Fisher, «Philosophical Intelligence: Why Philosophical Dialogue is Important in Educating the Mind.», *in* M. Hand (ed.), *Philosophy in Schools*, Continuum International, New York, 2008, p. 96-104; M. Gregory, *Philosophy for Children Practitioner Handbook op. cit.*; D. Kennedy, «Communal Philosophical Dialogue and the Intersubject», *International Journal for Philosophical Practice*, 2004, 18, p. 203-18.

4. A. Reznitskaya, «Empirical Research in Philosophy for Children: Limitations and New Directions», *Thinking: The Journal of Philosophy for Children*, 2005, 17, p. 4-13; A. Reznitskaya, R. C. Anderson, T. Dong, Y Li, I.-H. Kim and S.-Y. Kim, «Learning to Think Well: Application of Argument Schema Theory to Literacy Instruction» *in* C. C. Block and S. Paris, (eds), *Comprehension Instruction: Research-Based Best Practices*, New York, Guilford Press, 2008, p. 196-213.

5. M. Gregory, *Philosophy for Children Practitioner Handbook*, *op. cit.*, p. 1.

offrant une série d'alternatives théoriques à des questions philosophiques importantes.

Pour conclure sur ce chapitre de l'éducation à l'éthique dans l'éducation primaire et secondaire, je dirai que tous ces programmes sont intéressants à plus d'un titre. J'estime que les quatre choses les plus importantes que beaucoup d'entre eux ont bien saisies – et qui manquent la plupart du temps dans la formation éthique de l'enseignement supérieur – sont les suivantes :

a) ils envisagent l'individu de façon holistique, en tenant compte de ses dispositions tant émotionnelles que comportementales et en incluant des compétences cognitives et de pensée ;

b) ils trouvent des occasions de traiter des valeurs dans l'ensemble du curriculum et de la communauté scolaire ;

c) beaucoup d'entre eux donnent aux enfants des occasions d'exercer leur jugement éthique, tout au moins au cours de ce dont ils font l'expérience à l'école ;

d) certains sont centrés sur l'élève dans la mesure où ils attendent d'eux qu'ils élaborent leurs propres opinions et engagements axés sur les valeurs.

En bref, contrairement aux cours académiques d'éthique, beaucoup de ces programmes scolaires traitent directement de ce qu'Alfred North Whitehead a appelé en 1929 « l'art de vivre » :

> L'éducation consiste à guider l'individu vers une compréhension de l'art de vivre ; et, par art de vivre, je veux dire la réalisation la plus complète d'une activité variée exprimant les potentialités de l'être confronté à son environnement réel. (…) Chaque individu incarne une aventure de l'existence. L'art de vivre, c'est la conduite de cette aventure[1].

ENSEIGNER L'ÉTHIQUE, QU'EST-CE ?

Comme j'espère l'avoir montré, chacune de ces approches de l'éducation à l'éthique que j'ai décrites a ses aspects positifs, même si ce que nous considérons comme positif dépend évidemment de ce *à quoi* nous pensons que doit servir une éducation à l'éthique.

1. A. N. Whitehead, *The Aims of Education and Other Essays*, New York, The Free Press/ MacMillan, Inc., 1929, 1967, p. 39.

A) *Pourquoi enseigner l'éthique ?*

Est-ce pour s'assurer que les élèves respecteront un certain code de conduite ? Pour les mettre en rapport avec des théories éthiques influentes ? Pour en faire d'intelligents solutionneurs de problèmes éthiques embrouillés ? Pour en faire des professionnels de l'éthique ?

Je maintiens que ces objectifs sont tous secondaires. Qu'en est-il des autres matières, pour lesquelles on ne se pose pas la question, comme la science, la littérature, les mathématiques ou l'histoire ? Si on les enseigne, c'est qu'on estime qu'elles offrent à la fois un contenu et des modes de réflexion susceptibles d'améliorer leur vie, de la rendre plus réalisable et de lui donner plus de sens, quasiment dans l'immédiat et pour toute leur vie, qu'ils poursuivent ou non des études supérieures. Savoir lire, écrire, calculer, être initié aux sciences, à l'histoire et à la littérature, rend plus conscient des sens possibles de l'expérience, plus capable de penser et d'agir en donnant *davantage* de signification aux expériences. C'est pareil pour l'éthique.

La dimension éthique de nos expériences fait partie de la *signification* qu'on leur donne et, comme l'ont enseigné les pragmatistes, cette signification est infinie. À mesure que l'on devient plus sensible à cette dimension, on discerne non seulement des problèmes éthiques mais aussi le caractère unique de situations concrètes dans lesquelles on se trouve. La manière dont on y réagira aidera à en déterminer le résultat éthique, c'est-à-dire à la fois les qualités éthiques dont nous – ou d'autres – faisons preuve et les compétences éthiques qui constituent notre bagage pour les expériences futures. Par « qualités éthiques », j'entends que l'indulgence, la justice, la solidarité, le souci de l'autre, la fidélité, ainsi que d'autres idéaux éthiques – aussi bien que les anti-idéaux, comme la cruauté, l'avarice, la mesquinerie, la tricherie – ne sont pas simplement des concepts ou des propositions avec valeurs de vérité, mais des qualités ressenties de l'expérience pouvant être évaluées sur cette base[1]. Leur valeur est de la nature du beau / laid, du vrai / faux, du bien / mal[2].

1. Ceci, je l'ai appris de John Dewey, particulièrement de sa *Theory of Valuation*, Chicago, University of Chicago Press, 1939.

2. Voir M. Gregory, « Pragmatist Value Inquiry », *Contemporary Pragmatism*, 2006, 3, p. 107-128.

B) *Préalable indispensable*

Admettre que l'expérience de l'enfant présente déjà cette dimension. Même tout jeunes, les enfants sont confrontés quotidiennement à des problèmes et à des situations éthiques, que ce soit dans le bus, ou au réfectoire, dans la cour de récréation, sur le terrain de jeux, dans la classe, dans la rue, ou encore, chez eux. Souvent même, c'est avec plus d'acuité que les adultes qu'ils perçoivent les qualités éthiques des situations et qu'ils les ressentent. C'est d'ailleurs parfois leur indignation ou leur joyeuse exubérance qui attire notre attention sur ce qu'il y a d'éthique dans les situations de vie ou de travail que nous partageons avec eux. C'est là quelque chose qu'ils ont à nous apprendre.

Ce que nous avons à leur apprendre, c'est qu'au plus ils auront pris conscience de l'infinitude, quantitative comme qualitative, de possibilités de signification éthique de leurs expériences et plus ils apprendront à faire intelligemment de la recherche à propos de cette signification, plus ils seront aptes à trouver des réponses à leurs problèmes et situations éthiques de manière satisfaisante, appropriée et valable, pour eux comme pour nous. Comme l'a dit Dewey, on ne vit qu'un seul moment: le moment présent. Essayer de répondre valablement à ce qui est problématique dans cette expérience immédiate est la seule façon d'apprendre comment faire à l'avenir avec davantage de compétence[1].

C) *Pour une vie de qualité*

L'idée d'une éducation ayant pour but une vie de qualité et, indirectement, un progrès académique et professionnel, est un jugement de valeur qui a été fait par des philosophes de l'éducation depuis des siècles. Socrate doit sa célébrité à sa critique d'une éducation centrée sur des objectifs matériels et terre-à-terre au détriment de la sagesse, qu'il entendait par cultiver sa propre harmonie ainsi que celle de la collectivité. Il aspirait à une éducation qui nous aide à comprendre comment adapter nos désirs et nos actes de manière à donner sens et but à notre vie. Vieil objectif éducatif que nous rappelait Whitehead en 1929 :

> La sagesse réside dans la manière dont on détient la connaissance. Elle concerne le traitement de la connaissance, le choix qu'on y fait pour décider de questions qui se présentent, son utilisation pour ajouter de la valeur à notre expérience immédiate. (...) Il est impossible d'être sage sans une base

1. J. Dewey, *Experience in Education*, New York, Collier Books, 1938, 1967; trad. fr. G. Deledalle, *Expérience et Éducation*, Paris, Armand Colin, 1990.

> de connaissances, alors qu'on peut facilement acquérir de la connaissance et rester dépourvu de sagesse[1].

Dans *Qu'est-ce que la philosophie antique ?* Pierre Hadot fait une distinction entre les Sophistes et Platon : alors que les premiers réclamaient un entraînement des jeunes gens à la politique, Platon ne se satisfaisait pas d'une formation de citoyens qualifiés mais souhaitait que l'on forme des êtres humains, dotés d'une connaissance inséparable de l'amour du bien et capables d'une transformation personnelle intérieure[2].

Sternberg déplore le fait que « pour de nombreux parents et éducateurs, l'éducation est davantage vue comme voie d'accès (...) vers l'obtention (...) des meilleures références possibles pour un avancement socio-économique de l'individu. Elle est moins envisagée comme moyen d'aider la société que comme moyen d'aider l'individu à jouir de ce que la société peut offrir, socialement, économiquement et culturellement »[3]. Or, une éducation centrée exclusivement sur la connaissance et sur les compétences nécessaires au succès socio-économique ne fait pas qu'exclure l'éducation à la sagesse : elle se fait à son détriment, en renforçant des forces culturelles, politiques et tout particulièrement économiques, tendant à formater les élèves en individus agressifs, rivalisant sans réfléchir dans la poursuite de désirs manipulés par le marché. C'est vrai aussi pour la philosophie académique, y compris pour l'histoire de l'éthique.

D) *Éducation à l'éthique et pratique de la sagesse*

Sur les fins et les moyens d'une éducation à l'éthique, les *traditions* de sagesse de la philosophie gréco-romaine de *l'Antiquité* ont beaucoup à nous apprendre. Je mentionnerai ici cinq caractéristiques communes à leurs écoles, dont j'estime qu'elles doivent intervenir dans l'éducation à l'éthique dans tout le curriculum.

Caractéristiques :

1. Étude et pratique d'une vie de qualité

La sagesse, *sophia*, à laquelle aspiraient des philosophes qui se distinguaient des autres, constituait une vie particulière : une vie digne d'être vécue. Voici ce qu'écrivait Aristote à ce propos :

1. A. N. Whitehead, *The Aims of Education and Other Essays*, *op. cit.*, p. 30.
2. *Cf.* P. Hadot, *Qu'est-ce que la philosophie antique ?* Paris, Gallimard, 1995.
3. R J. Sternberg, « Schools should nurture wisdom », *in* B. Z. Presseisen (ed.), *Teaching for intelligence*, Skylight Training and Publishins, Arlington Heights, IL, 1999, p. 55-82.

> Une fois (…) établi que toute personne capable de vivre en fonction de l'objectif qu'elle s'est fixé doit avoir en vue un noble projet de vie (…) sur lequel concentrer son attention dans toute sa conduite (étant entendu qu'il est totalement fou de ne pas réguler sa vie en fonction d'un objectif), il est indispensable de décider d'abord, en son for intérieur, sans se hâter et sans désinvolture, ce qui, dans ce dont on dispose, correspond à une vie de qualité et quelles sont les conditions indispensables pour y arriver [1].

Pierre Hadot nous explique que, tout au long de l'Antiquité, la sagesse a été considérée comme une manière de vivre : un état radicalement différent de celui des autres gens dans lequel se trouve un individu, celui d'une sorte de surhomme. Les antiques traditions de sagesse consistaient en modes de vie comportant des habitudes alimentaires et des exercices, la maîtrise de ses désirs, l'encouragement de passions acceptables, l'amitié qui en vaut la peine, des attitudes adéquates devant la mort, ainsi que d'autres aspects du souci de soi-même, de la communauté, de l'étranger et du monde naturel. Si la philosophie est cette activité permettant à des philosophes de s'entraîner à la sagesse, un tel exercice doit nécessairement consister à être, à agir, à envisager le monde d'une manière spécifique et pas seulement à parler ou à faire des discours dans le même sens. Et donc, si elle n'est pas simplement un discours, mais un choix de vie, une option existentielle, un exercice vivant, c'est parce qu'elle est désir de sagesse [2].

La leçon que j'en tire, c'est que l'éducation à l'éthique doit s'efforcer de devenir l'*étude autocorrective* de la manière dont il convient de vivre, combinée avec des *pratiques* autocorrectives exigées par une telle démarche.

2. Rôle limité attribué à la connaissance et à la pensée discursive

Comme l'a fait remarquer Martha Nussbaum à propos des écoles hellénistiques : « Pratiquer la philosophie, ce n'était pas une technique intellectuelle à part visant à afficher son savoir, mais un art universel absorbé dans la lutte contre la misère humaine » [3]. D'un côté, ces écoles pratiquaient une variété d'exercices intellectuels [4] qui, c'est évident, pro-

1. Aristote, *Éthique à Eudème*, *op. cit.*

2. *Cf.* P. Hadot, *La Philosophie comme manière de vivre*, Paris, Albin Michel, 2001.

3. M. C. Nussbaum, *The Therapy of Desire : Theory and Practice in Hellenistic Ethics*, *op. cit.*, p. 3.

4. Le catalogue qu'en fait Hadot comporte l'écoute (*akroasis*) de discours philosophiques de chefs d'école, la lecture (*anagnosis*) de leurs essais, notes de leçons et transcriptions de discussions recueillies dans les bibliothèques, l'application de leurs enseignements dans une recherche (*zetesis*) ou une enquête critique (*skepsis*) personnelle, la mémorisation (*mneme*) des préceptes enseignés à l'école et la méditation (*melete*) à leur

duisaient de la connaissance sous forme d'aphorismes, de paraboles, de méditations, de pièces de théâtre, de traités théoriques, le tout constituant la classique littérature de sagesse. Et d'autre part, ces Anciens étaient unanimes pour déclarer que la sagesse n'est ni une doctrine ni une vérité, mais un *mode de vie comportant un discours théorique* comme moyen d'expliquer, de justifier et de corriger ses multiples autres pratiques :

> Il ne faudrait pas non plus opposer mode de vie et discours, comme s'ils correspondaient respectivement à la pratique et à la théorie. Le discours peut avoir un aspect pratique, dans la mesure où il tend à produire un effet sur l'auditeur ou le lecteur. (...) Il s'agit de montrer que le discours philosophique fait partie du mode de vie [1].

Ces écoles faisaient la distinction entre la connaissance en tant qu'information ou perspective morale – une manière d'envisager le monde – et la connaissance scolastique : exigence de la littérature et aisance à manier concepts et théories. Comme l'a écrit Sénèque, certains érudits détournent l'amour de la sagesse (*philosophia*) pour l'amour des mots (*philologia*). De plus, des sages dans de nombreuses traditions ont reconnu que la connaissance et les prouesses de langage peuvent être utilisées à des fins de vanité ou de manipulation qui nuisent à la vie éthique. À ce propos, Pankaj Mishra fait remarquer que l'effort premier de Bouddha pour accommoder les divergences d'opinions et pour admettre la pluralité de discours et de pratiques a sauvé plus tard le bouddhisme du sectarisme qui a caractérisé l'histoire du christianisme et de l'islam. L'accent mis par Bouddha sur la pratique plutôt que sur la théorie a gardé cet enseignement relativement libre de la pollution dogmatique et fondamentaliste. Si les bouddhismes Mahayana et Theravada diffèrent, ils n'ont jamais connu les conflits violents qui ont marqué les relations entre catholiques et protestants ou entre shiites et sunnites [2].

propos, la tenue d'un support de mémoire (*hypomnemata*) et, bien sûr, un dialogue pédagogique entre maître de philosophie et son élève, P. Hadot, *Qu'est-ce que la philosophie antique ?*, *op. cit.*, et *La Philosophie comme manière de vivre*, *op. cit.*

1. P. Hadot, *La Philosophie comme manière de vivre*, *op. cit.*, p. 173.

2. P. Mishra, *An End to Suffering : The Buddha in the World*, Hardcover-Picador, 2004 ; trad. fr. M. Freely et A. Dave, *La fin de la souffrance, le bouddha dans le monde*, Paris, Buchet-Chastel, 2006.

La sagesse ?

Malgré l'attention accordée récemment à la sagesse par des psychologues contemporains[1], la sagesse n'est pas qu'affaire d'excellence de la pensée ou de prudence de jugement. Sternberg, par exemple, en donne comme définition « l'application chargée de valeurs d'une connaissance tacite, pas simplement en vue d'un bénéfice personnel (comme ce peut être le cas pour une intelligence efficace) mais également au bénéfice d'autres, dans l'objectif d'un bien commun »[2].

La personne sage est certainement celle qui est capable de bon jugement, en particulier quand il s'agit de l'exemple de savoir-faire moral illustré par le procès de Socrate ou le jugement de Salomon. La capacité de résoudre des dilemmes moraux embrouillés n'en est toutefois qu'un aspect, et même cette capacité ne peut se réduire à une « intelligence émotionnelle »[3] découlant de qualités psychologiques et morales comme la modestie, l'équanimité et l'empathie, lesquelles, à leur tour, sont cultivées autant par des habitudes de vie que par des discours théoriques. Il ne faut pas oublier le savoir-faire moral illustré par des situations dramatiques telles que le procès de Socrate et qui n'est pas d'une espèce différente de celui qui s'exerce dans des circonstances ordinaires de la vie de tous les jours, par exemple traiter des étrangers avec respect, travailler consciencieusement, ou manger avec discernement.

Les leçons que je tire de l'antique philosophie par rapport à la place de la connaissance et de la pensée dans l'éducation à l'éthique sont :

a) tout d'abord, l'éducation à l'éthique doit éviter des approches qui ne traitent l'éthique que comme un corpus de connaissances ou comme une espèce de discours théorique. Les élèves doivent plutôt étudier la théorie éthique et la littérature de sagesse comme ressources pour des « choix existentiels ». Il faut qu'ils apprennent à utiliser la théorie éthique et le raisonnement moral en tant *qu'outils* pour une recherche éthique culminant dans des jugements existentiels éthiques[4] ;

1. E. Goldberg, *Les prodiges du cerveau : Ou comment l'esprit se bonifie avec l'âge*, trad. fr. P. Reignier, Paris, Laffont, 2007 ; K. R. Hammond, *Beyond Rationality : The Search for Wisdom in a Troubled Time*, Oxford, Oxford University Press, 2007 ; R. J. Sternberg, *Wisdom, Intelligence, and Creativity Synthesized*, New York, Cambridge University Press, 2003.

2. R. J. Sternberg, *Wisdom, Intelligence, and Creativity Synthesized*, *op. cit.*, XVIII.

3. *Ibid.*

4. A. M. Sharp, « Pedagogical Practice and Philosophy : The Case for Ethical Inquiry », *Analytic Teaching*, 1987, p. 7, 4-7.

b) la pratique de la théorie éthique et du raisonnement doit se faire de manière à ce que les élèves cultivent non seulement leurs possibilités intellectuelles (précision, subtilité, cohérence…) mais aussi des qualités intellectuelles et sociales plus larges associées à d'autres qui peuvent être considérées comme raisonnables et faisant partie d'un mode de vie éthique (humilité, curiosité, esprit de coopération…)[1]. La pratique du raisonnement éthique doit par ailleurs éviter que l'on cultive la désinvolture, l'orgueil, la dispute et autres défauts pouvant être associés avec certaines sortes de compétitions d'argumentation éthique, par exemple.

3. Pratique dans ces écoles philosophiques antiques de ce qu'Hadot désigne par « exercices spirituels »

Ces pratiques peuvent être :
– physiques (régimes alimentaires…)
– discursives (dialogue, méditation…)
– intuitives (contemplation…)

Toutes visaient à provoquer une modification et une transformation du sujet qui les pratiquait.

> Le discours du maître de philosophie pouvait d'ailleurs prendre lui-même la forme d'un exercice spirituel, dans la mesure où ce discours était présenté sous une forme telle que le disciple, en tant qu'auditeur, lecteur ou interlocuteur, pouvait progresser spirituellement et se transformer intérieurement[2].

Des exercices spirituels y étaient donc pratiqués conjointement avec des pratiques contemplatives, parmi lesquelles la méditation, l'examen de conscience, l'aveu de ses fautes, la correction fraternelle, la contemplation imaginative du cosmos, la pratique de la prise de conscience du moment présent et la réflexion sur la mort, ainsi que la maîtrise de ses appétits corporels, la forme physique et des habitudes du corps, et aussi des actes obligatoires[3].

Certains de ces exercices servaient de *motivation* et concernaient même le *comportement*, même si tous étaient censés être accomplis à l'aide de paramètres établis par une recherche morale autocorrective.

1. A. M. Sharp, « The Classroom Community of Inquiry as Ritual : How We Can Cultivate Wisdom », *Critical and Creative Thinking*, 2007, 15, p. 3-14.

2. P. Hadot, *La Philosophie comme manière de vivre*, *op. cit.*, p. 6.

3. P. Hadot, *Qu'est-ce que la philosophie antique ?*, Paris, Folio-Gallimard, 1995 ; *La Philosophie comme manière de vivre*, *op. cit.*, p. 9.

Ces exercices spirituels indiquent la fonction thérapeutique de la philosophie antique qui apparaît donc d'abord comme une *thérapeutique des passions*. Si chaque école a sa méthode thérapeutique, toutes ont le même objectif : transformer profondément les façons de penser et d'être. L'objet des exercices, c'est précisément de provoquer cette transformation[1]. Ils montrent la nécessité pour l'éducation à l'éthique d'inclure des exercices contemplatifs et somatiques[2] comme méthodes pratiques – technologies ou thérapies – permettant d'atteindre des idéaux éthiques comme l'équilibre personnel, le détachement par rapport à la souffrance ou encore l'entreprise de bonnes actions.

4. Installation d'une communauté philosophique

Pratique qui, loin d'être occasionnelle, faisait partie intégrante de la pratique de la sagesse :

> Toutes les écoles (…) développent des procédures et des stratégies qui ne visent pas seulement l'efficacité individuelle, mais aussi la création d'une communauté thérapeutique, une société établie parallèlement à la société existante, avec des normes et des priorités différentes. Dans certains cas, cela allait littéralement jusqu'à une séparation physique ; dans d'autres, c'était seulement dans l'imagination[3].

Pour Pierre Hadot, la philosophie antique a toujours été pratiquée en groupe, que ce soit dans le cas des Pythagoriciens, de Platon et l'amour, des Épicuriens et l'amitié, ou de la direction spirituelle des Stoïciens. La philosophie à cette époque requérait un effort commun, une communauté de recherche, assistance mutuelle et soutien spirituel. Il ne peut exister de philosophie ou de philosophes en dehors d'un groupe, d'une communauté, autrement dit d'une « école » philosophique correspondant avant tout au choix d'un certain mode de vie[4].

Une étude en commun rend possible la pratique d'une *collaboration dans la recherche* et d'autres formes de rationalité discursive. En effet, toujours selon Pierre Hadot, vivre à l'Académie impliquait un échange

1. P. Hadot, *La Philosophie comme manière de vivre*, *op. cit.*, p. 123-124. Voir aussi M. Nussbaum, « Therapeutic Arguments : Epicurus and Aristotle », *op. cit.*, *in* M. Schofield and G. Striker (eds), *The Norms of Nature*, Cambridge University Press, 1986, chap. 1, p. 13-47.

2. Le « Center for Contemplative Mind in Society » recommande un certain nombre de ces pratiques en les catégorisant en pratiques de silence, d'activités répétitives, de mouvement, rituelles, créatives et relationnelles.

3. M. C. Nussbaum, *The Therapy of Desire*, *op. cit.*, p. 40.

4. P. Hadot, *Qu'est-ce que la philosophie antique ?*, *op. cit.*, p. 274.

intellectuel et spirituel constant, pas simplement dans le dialogue mais aussi dans la recherche scientifique. Cette communauté de philosophes était en même temps une communauté d'élèves qui pratiquaient les mathématiques, l'astronomie, ou encore la réflexion politique. L'école aristotélicienne était même plus une communauté d'élèves que l'école platonicienne. En résumé, il s'agissait de mener une vie à la fois contemplative et de chercheur, et donc de mener une recherche, souvent collective, à propos de tout aspect de la réalité humaine et cosmique[1].

Quant au partage des repas et à une vie communautaire[2], ils permettent l'*intérêt mutuel*, le souci de l'autre, la correction, l'édification et l'exemple. Tout cela permet en outre de cultiver une amitié philosophique, ce qu'Hadot considère comme « l'exercice spirituel par excellence[3]» – une fin autant qu'un moyen pour ces pratiques.

Comme je l'ai déjà mentionné, la *Philosophie pour Enfants*, ainsi que d'autres programmes d'éducation du caractère, engagent les enfants à collaborer dans la recherche, à définir des objectifs, à résoudre des problèmes et à prendre des décisions, faisant de la classe et de l'école des lieux d'interaction éthique. Ces programmes encouragent les parents, les enseignants et tous ceux qui sont soucieux d'éducation à devenir pour les enfants, pas simplement des exemples de moralité, mais aussi des chercheurs, des négociateurs, des participants à une communauté éthique.

5. Transformation de soi

Cinquième caractéristique de la philosophie antique, incluse dans les quatre autres et qui est, selon moi, la perte la plus regrettable de la tournure prise par la philosophie académique. C'était l'objectif premier de toutes leurs pratiques intellectuelles, contemplatives et somatiques.

Comme l'estime Aristote :

> Car si vivre bien et de manière remarquable (…) consiste à ce que la personne et ses actes aient une qualité particulière, le bonheur serait plus commun et supérieur – plus commun parce qu'il serait possible à plus de gens de le partager, et supérieur parce qu'il serait alors en réserve pour

1. P. Hadot, *La Philosophie comme manière de vivre*, *op. cit.*, p. 89.

2. On faisait généralement la distinction entre les auditeurs – ceux qui se contentaient de fréquenter l'école – et le groupe des vrais disciples, appelés « familiers », « amis » ou « compagnons ». (…) Cette coutume consistant à prendre ses repas en commun à intervalles réguliers s'était imposée à l'Académie, au Lycée comme chez les Épicuriens.

3. P. Hadot, *Qu'est-ce que la philosophie antique*, *op. cit.*, p. 242.

ceux qui se sont donné à eux-mêmes et ont donné à leurs actes une qualité particulière [1].

Dans la Grèce antique, comme dans le passé de la Chine et de l'Inde, le véritable philosophe était quelqu'un qui était engagé dans un travail moral sur lui-même. Ce pouvait tout aussi bien être un pêcheur ou un boucher qu'un intellectuel. Par contraste, des gens qui ont développé un discours apparemment philosophique sans essayer de vivre en accord avec lui, et sans que ce discours émane de leur expérience personnelle, ont été appelés « sophistes » :

> Sophistes et philosophes s'affrontaient. Alors que les premiers cherchaient à briller par les subtilités de la dialectique ou la magie des mots, les seconds demandaient à leurs disciples un engagement concret dans un certain mode de vie [2].

Le fait que le questionnement et la transformation du moi soient centraux à la pratique de la philosophie a donné naissance à une analogie médicale décrivant la philosophic comme un ensemble de *pratiques thérapeutiques* ou curatives pour diverses maladies ou afflictions de l'âme. Cela se retrouve partout dans la littérature philosophique classique et de la Renaissance. L'analyse de cette analogie médicale est le travail qu'a réalisé Martha Nussbaum :

> Tout au long des dernières années du cinquième siècle et des premières du quatrième, (...) des penseurs et des écrivains grecs se sont mis peu à peu à considérer avec de plus en plus de facilité que la discussion éthico-politique se rapproche de la médecine et à l'envisager comme « thérapeutique » lorsque confrontée à des affections psychologiques apparemment intraitables. Analogie qui s'est précisée de plus en plus, et qui s'est de plus en plus liée à des usages philosophiques spécifiques du discours [3].

Ce qui explique le nombre de techniques discursives que l'on y trouve :

> La tâche de la philosophie curative exige que l'on fouille profondément dans la psychologie du patient pour, finalement, la remettre en question et la changer. (...) Et donc, la philosophie médicale face à (...) des marques de bon raisonnement, comme la clarté, la cohérence, la rigueur ou la largeur de vues, devra souvent rechercher des techniques plus compliquées et indirectes, davantage engagées dans la psychologie que celles de l'argumentation déductive ou dialectique traditionnelle. Elle doit trouver

1. Aristote, *Constitution d'Athènes, Éthique à Eudème, Des Vertus et des Vices*, *op. cit.*
2. P. Hadot, *La Philosophie comme manière de vivre*, *op. cit.*, p. 105.
3. M. Nussbaum, *The Therapy of Desire*, *op. cit.*, p. 52.

> des voies pour pénétrer plus loin dans le monde de l'enfant, en utilisant des exemples frappants, des techniques de narration, des appels à la mémoire et à l'imagination, tout cela visant à engager la vie entière de l'enfant dans le processus de recherche [1].

La transformation du moi d'un individu confus, agité, égoïste, incohérent, sans aucune maîtrise, en une personne maîtresse d'elle-même, modérée, généreuse, interdépendante, d'humeur égale, constituait l'objectif de la philosophie antique et le sens d'une vie bien vécue. Bien sûr, de ce point de vue, il n'y a presque personne qui soit vraiment sage, si ce n'est les « amoureux de la sagesse », ceux qui la recherchent et qui y travaillent – des philosophes au sens étymologique du terme. Cette aspiration à la sagesse dérive de la reconnaissance de sa propre insatisfaction et de sa désorientation morale. C'est ce qu'Hadot, exprime en disant que faire de la philosophie signifie nous questionner nous-mêmes parce que nous avons le sentiment de ne pas être comme nous devrions être. Sentiment qui, à son tour, vient du fait que, dans la personne de Socrate, nous avons rencontré une personnalité qui, par sa seule présence, oblige ceux qui l'approchent à se remettre en question [2].

Une telle connaissance critique de soi, taxée depuis Socrate d'« ironie » puisque le début de la sagesse consiste à reconnaître à quelle distance on est d'elle, devrait être le premier but de l'éducation à l'éthique. Sans réaliser que ses ressentiments et jalousies, sa mesquinerie et ses envies irrésistibles sont en fait des formes de souffrance, et sans être persuadé qu'il existe des façons de vivre meilleures, plus libres, plus heureuses, il est impossible de commencer l'espèce de questionnement personnel radical qui éveille le regard ironique sur son manque de visée morale, ou d'allumer le désir de se transformer. Sans imposer les bornes du chemin vers la croissance morale de chaque élève, les écoles peuvent, à tout niveau, offrir de nombreuses occasions d'autoquestionnement individuel ou en commun, pour s'auto-évaluer, pour la recherche éthique et l'autocorrection morale.

CONCLUSION

En résumé, une éducation à l'éthique qui s'inspirerait des anciennes écoles de sagesse comprendrait la confrontation avec soi-même, offrirait des méthodes rigoureuses de recherche ouverte, coopérante, dans la

1. *Ibid.*, p. 35.
2. P. Hadot, *La Philosophie comme manière de vivre*, *op. cit.*, p. 89.

recherche de moyens pour une autotransformation existentielle. Une telle approche éviterait les cours académiques vides de Scylla et le conditionnement manipulateur du comportement et des émotions de Charybde. En outre, une telle approche ferait de l'éducation à l'éthique une poursuite de toute une vie, dont l'aspect le plus humble serait qu'il requerrait des parents et des éducateurs qu'ils aient au moins commencé ce travail sur eux-mêmes, à défaut de pouvoir atteindre la sagesse morale[1]. Je conclurai par une exhortation d'un de ces anciens chercheurs de sagesse, Épicure qui, au troisième siècle avant notre ère, écrivait :

> Ne laisse personne tarder à rechercher la sagesse quand il est jeune, ni se lasser de cette recherche une fois devenu vieux, car aucun âge n'est trop précoce ou trop tardif pour la santé de l'âme. Et dire que l'âge d'étudier la philosophie n'est pas encore arrivé, ou qu'il est dépassé, c'est comme dire que le temps d'être heureux n'est pas encore venu, ou qu'il n'est plus là. C'est pour cela que jeunes et vieux doivent rechercher la sagesse[2].

Maughn Rollins GREGORY
Associate Professor
Department of Educational Foundations,
Director of Institute for the Advancement of Philosophy for Children
Montclair State University-New Jersey
Traduit par Nicole Decostre

1. M. Nussbaum fait remarquer que dans la pratique de la philosophie thérapeutique, « L'enseignant et l'élève sont tous deux engagés dans la même activité, chacun comme être autonome doué de raison ; ce qui les différencie, c'est que l'enseignant l'a pratiquée depuis plus longtemps et peut donc offrir une espèce de guidance fondée sur son expérience », *The Therapy of Desire*, *op. cit.*, p. 74.

2. Épicure, *Lettre à Ménécée*, trad. fr. d'O. Hamelin, revue et corrigée, « Les Intégrales de Philo », n° 7, Paris, Nathan, 1984 ; édition augmentée, 1998.

ESPRIT, LANGAGE ET ÉDUCATION : L'APPORT DE DONALD DAVIDSON

INTRODUCTION

J'ai la chance d'avoir été étudiant à l'Université d'Oxford dans les années 1970, époque où la philosophie analytique anglo-américaine était plus ou moins à son acmé. Le philosophe sans doute le plus populaire et le plus influent qui s'y trouvait était Donald Davidson, professeur visiteur venu des États-Unis. Il ne fallait pas manquer ses séminaires publics avec Michael Dummett, W. V. Quine ainsi que d'autres personnalités, même si, quand je regarde en arrière environ trente-cinq ans plus tard, je m'étonne encore de ma fascination pour les ésotériques théories sémantiques de vérité et de sens qui faisaient l'objet de nos discussions. Davidson est resté un auteur prolifique jusqu'à sa mort en 2003. Ses sujets favoris allaient de la vérité et du sens à la causalité, à l'action, à la subjectivité et l'esprit, au langage, à l'épistémologie et à la rationalité. Non seulement la stricte portée des concepts auxquels il s'intéressait, mais aussi son talent à les relier au sein d'un cadre holistique en s'appuyant sur une série de traditions différentes, lui ont assuré son statut de philosophe analytique exceptionnel des cinquante dernières années.

Davidson ne fut pas à Oxford mon unique source d'inspiration. J'y ai travaillé sous l'égide de plusieurs éminents professeurs, parmi lesquels David Wiggins et P. F. Strawson. Je me ferai l'écho ici de la manière dont le premier envisageait l'identité ainsi que de son insistance à la faire dépendre, de manière conceptuelle, de *critères d'identité* adéquats. Le second, qui était kantien, utilisait une forme de raisonnement *transcendantal* à propos du moi qui, comme nous le verrons, a également été souligné et développé par Davidson.

Très rapidement, ma carrière professionnelle m'a conduit dans une direction totalement différente. Au début des années 80, j'ai découvert la « Philosophie pour Enfants » et le travail de pionniers de Matthew Lipman et de ma très chère collègue Ann Margaret Sharp, récemment décédés qui, ensemble, ont produit pour la totalité du cursus scolaire un programme complet d'histoires accompagnées de manuels destinés aux enseignants. Comme on le sait, on trouve au cœur même de la *Philosophie pour Enfants* l'idée clé d'organisation et de structuration de la classe en une *communauté de recherche* rassemblant des élèves dans un environnement rigoureux mais ouvert, fondamentalement caractérisé par la réflexion profonde, dans un esprit de collaboration, sur des problèmes communs. Et quand on nous demande s'il est possible que des élèves – même de jeunes enfants – puissent coopérer pour penser, nous n'avons qu'une réponse : oui. Par le *dialogue*. Même si tout cela m'est devenu très familier, ce n'est que récemment que je me suis rendu compte de ce que mes passions philosophiques d'avant et celles d'après les années 1980 sont vraiment reliées ; que, pour le dire autrement, les vues de Strawson à propos de ce que signifie être une personne et les théories holistiques de Davidson sur l'esprit, sur le langage et sur l'épistémologie ont beaucoup à nous apporter pour comprendre le dialogue et la communauté, même si, à ma connaissance, leurs écrits n'ont jamais fait aucune référence explicite à l'éducation. De Davidson en particulier, on peut dire avec une certaine surprise – peut-être même avec satisfaction – qu'il a suivi les traces de Mead et de Dewey, nonobstant leur allégeance respective à des traditions philosophiques tout autres (respectivement, analytique et pragmatiste). C'est qu'un de mes objectifs, c'est de démontrer que la philosophie analytique convient, par son contenu et pas seulement par sa méthode, à diverses questions fondamentales d'éducation. Dans ce chapitre, j'envisagerai ce que l'on pourrait appeler « le Davidson tardif », à savoir son travail sur l'esprit et la subjectivité d'une part, et sur le langage et le monde extérieur d'autre part. À partir de son travail antérieur sur la sémantique et la philosophie de l'esprit et de l'action, il a proposé un cadre dans lequel il ne s'est pas contenté de remettre en question des assertions et des dualités centrales : il les a carrément repoussées. Dans ce que je pourrais appeler « communauté de recherche davidsonienne », on trouve en même temps l'esprit, le langage et le monde ; c'est ainsi qu'est démêlée la distinction troublante entre subjectif et objectif, pour finir par disparaître petit à petit.

La personnalité comme primitive

> Un jour, un scorpion voulut traverser une rivière. Il demanda à un canard qui barbotait là de le transporter sur le somment de sa tête. Le canard se moqua de lui. Le scorpion ne savait-il pas que canards et scorpions sont de vieux ennemis et que, dès qu'ils atteindraient le milieu de la rivière, le

scorpion mordrait le canard et qu'ils se noieraient tous les deux ? Le scorpion prétendit que cela n'arriverait pas parce que, ce qu'il voulait, c'était parvenir de l'autre côté. Finalement convaincu par la logique du scorpion, le canard le mit sur sa tête et commença à nager vers l'autre rive. Arrivés au milieu du trajet, le scorpion mordit le canard et tous deux se mirent à couler. Dans un dernier souffle, le canard demanda au scorpion : « Pourquoi as-tu fait quelque chose qui va nous tuer tous les deux ? », le scorpion répondit : « C'est ma nature. Je suis un scorpion.» [1].

Quelle que soit l'idée que l'on se fait des limites des capacités conceptuelles et linguistiques des canards et des scorpions [2], pour qu'un tel petit dialogue soit possible, il faut que les deux soient des acteurs doués de raison (qu'ils soient, pourrait-on dire, des *personnes*). Comme tels, ils sont capables d'élaborer des concepts, des croyances et des valeurs qui les poussent à réfléchir et à évaluer leurs actes. Ce qui ne place pas hors nature le fait d'agir ; quand il s'agit de « personnes » – humaines ou pas – agir fait partie de leur nature. Si cette conclusion n'est pas tout à fait confortable, c'est parce qu'on a l'idée que les personnes ne font pas que faire partie de la nature, mais qu'elles constituent une *espèce naturelle à part*. Comme nous le verrons, il existe de bonnes raisons de douter que les personnes, ainsi que ce qui, en elles, les pousse à agir, forment une quelconque espèce, naturelle ou autre. Pour le dire mieux, si nous réfléchissions à notre histoire, nous conclurions avec plus de certitude qu'agir fait partie de ce que signifie être une personne, conceptuellement parlant.

Il convient de faire une distinction importante entre les termes « espèces » et « concepts » tels que je les utilise. Alors que tous deux impliquent une forme d'engagement ontologique – dans le sens que doivent exister des membres des espèces et des objets qui représentent des exemples significatifs de ces concepts (existant donc dans le monde ordinaire, matériel) – « espèce » comporte à la fois généralité et pouvoir explicatif : dire de quelque chose qu'il appartient à une espèce – naturelle ou non – c'est lui imputer des propriétés qu'il a parce que, comme d'autres objets semblables, il est de cette espèce. Je clarifierai ce point ultérieurement. Pour le moment, je préfère travailler avec des concepts plutôt qu'avec des espèces ; je souhaite faire une recherche plus particulière sur les conditions minimales qu'exigent la formulation et l'application des concepts en général et des concepts psychologiques en particulier.

1. C. L. Ziffra, *Les relations perverses*, « Comprendre et agir », Paris, Eyrolles, 2012, p. 4.

2. Ceux d'entre nous qui ont découvert que de très jeunes enfants manifestent souvent des compétences conceptuelles remarquables ont appris à s'attendre à l'inattendu.

Un philosophe du XXe siècle qui a donné une réponse à cette question est P. F. Strawson, connu pour avoir défendu l'idée qu'*être une personne* est conceptuellement *premier* quand il s'agit des espèces de caractéristiques mentales et physiques que nous nous attribuons communément, à nous-mêmes et aux autres : non seulement c'est la même entité qui est *à la fois* malheureuse *et* obèse, mais que ce soit moi-même ou quelqu'un d'*autre* qui attribue ces caractéristiques, je veux dire la même chose. En défendant l'idée implicite que des qualifications mentales telles qu'« être malheureux » admettent l'attribution à la fois à la première et à la troisième personne, Strawson fait appel à la vérité « purement logique » que « l'idée d'un prédicat est en corrélation avec celle d'une *série* d'individus distinguables auxquels peut s'appliquer le prédicat de façon significative, bien que pas nécessairement vraie »[1].

En proposant la personne comme première, Strawson déclare avoir coupé avec le fondement conceptuel propre au sceptique qui remet en question à la fois la transition d'imputations psychologiques de la première à la troisième personne et également avec la notion qu'une et même chose puisse être porteuse des deux caractéristiques, la mentale et la matérielle. C'est en ce sens que son argumentation peut être décrite comme *transcen-*

1. *Cf.* P. F. Strawson, *Individuals : An Essay in Descriptive Metaphysics*,London, Routledge, 1990, p. 99 ; trad. fr, *Les individus : essai de métaphysique descriptive*, Paris, Seuil, 1973. Plus tard, Strawson ajoute une qualification importante : il ne suffit pas d'une série quelconque d'individus ; il doit s'agir d'individus de même type logique. En l'absence de cette qualification, le concept *d'individu* n'est rien de plus que celui de « chose ». Quand il s'agit d'attribuer des prédicats aussi bien mentaux que physiques, le type en question est celui de *personne*. Je dirai plus loin où placer des types de ce genre en relation avec des concepts et des sortes.

La vérité « purement logique » chez Strawson fait réellement partie d'une paire, dont le second élément peut se définir comme ceci : aucun concept (non trivial) ne peut vraiment s'appliquer à *tous* les objets ; autrement dit, pour un concept C, si l'on peut l'attribuer avec certitude à un objet X, il doit nécessairement exister (au moins par imagination si pas dans le réel) un objet distinct Y auquel C peut être attribué avec du sens même faussement.

Comparons l'interprétation empirique que voici : « C'est par des expériences dissemblables de façon rudimentaire que l'on se distingue des autres. Si se cogner l'orteil fait mal, voir quelqu'un d'autre se cogner l'orteil ne fait pas mal personnellement ; sa propre activité devient ainsi distincte de celle de l'autre personne. *Cf.* A. Bandura, *Toward an agentic theory of the self : Dynamic new approaches*, *in* H. Marsh, R. Craven and D. McInerney (eds), *Self-processes, learning and Enabling Potential*, Charlotte, 2008, p. 19. D'autres exemples familiers comportent le développement d'enfants qui se rendent compte que leurs croyances et leurs connaissances ne sont pas partagées par tout le monde. Voir aussi J. Quigley, « Psychology and grammar : The construction of the autobiographical self », *Theory and Psychology*, 2001, p. 147-170. Et J. F. Rychlak, R. N. Williams and A. M. Bugaj, « The heuristic properties of dialectical oppositionality in predication », *Journal of General Psychology*, 113, 1986, p. 359-368.

dantale ; elle répond à la question : « Quelles sont les conditions *a priori* nous permettant d'utiliser certains concepts – notamment ceux qui concernent des personnes – de la manière dont nous le faisons habituellement ? » Les conditions en question ne laissent aucune place au sceptique, même pas pour qu'il puisse formuler ses doutes :

> Non que nous devions accepter cette conclusion (donc essentiellement le rejet de la position du sceptique) dans le but d'éviter le scepticisme, mais que nous devions l'accepter pour pouvoir expliquer l'existence du schème conceptuel en termes par lesquels se pose le problème sceptique [1].

La voie est ouverte pour assigner l'agir – en termes de l'attribution à la fois des états et des événements mentaux et physiques – à des *personnes* dans le sens où Strawson l'a envisagé, ce qui fournit une aide conceptuelle pour un cadre d'enseignement et d'apprentissage dans lequel *tous les élèves sont traités en tant que personnes*. On peut tout de même ressentir ici une vague insatisfaction, que l'on peut décrire comme suit : en admettant que le fait d'agir, comme l'expérience en général, exige l'existence de personnes qui soient porteuses adéquates de propriétés à la fois psychologiques et physiques, n'y aurait-il pas de place pour des entités mentales ou subjectives telles que croyances, désirs ou intentions fonctionnant comme points de référence appropriés pour les expressions nominatives qui, grammaticalement au moins, prétendent les exprimer (« sa croyance en Dieu », « son souhait d'aller manger dehors », etc.) ? L'exclusion totale de telles entités ne faisait tout simplement pas partie du projet de Strawson [2].

Il convient d'examiner plus attentivement la relation entre nos états et pouvoirs subjectifs d'une part et notre conscience du monde objectif de l'autre. Nous avons à construire un pont plausible entre ce qui se passe « dans nos têtes », comme on dit familièrement, et ce que nous vivons vraiment. Ce pont, ainsi que ses composants, c'est dans le *langage* qu'il doit être trouvé.

Action, esprit et langage ; subjectivité et objectivité : ces concepts familiers et leurs interrelations rappellent l'œuvre de Donald Davidson [3].

1. P. F. Strawson, *Individuals*, *op. cit.*, p. 106.

2. Strawson a embrassé une ontologie inclusive, alignée sur notre expérience ordinaire du monde et sur le langage que nous utilisons pour la décrire, plutôt que celle qui serait contrainte par les exigences d'une satisfaction sémantique pour un langage formalisé, par exemple.

3. L'influence persistante de Davidson peut se mesurer, non seulement par l'extension et la diversité de ses publications, mais par le nombre de philosophes contemporains dont la pensée – qu'elle soit en sa faveur ou qu'elle le critique – a été touchée par son œuvre.

Ses écrits véhiculent une puissante compréhension holistique de la relation entre les personnes – en tant qu'agents de causalité, porteurs d'attributs mentaux et physiques, chercheurs de sens, de vérité, de connaissance – et le monde dans lequel ils évoluent et opèrent, sur lequel ils agissent (un monde qui comporte aussi d'autres personnes). Relation qui a intéressé de nombreux autres auteurs, Strawson notamment. En fait, je mets sur le même pied la conception strawsonienne et la davidsonienne de personne en ce qui concerne leurs intentions et objectifs. Toutefois, l'insistance mise par Davidson sur la structure du langage (formel ou informel) et les relations forgées par ceux qui cherchent à interpréter – dans le sens de leur donner du sens – les expressions linguistiques de leurs pairs constitue un important point qui les différencie. Au cœur de cette insistance se trouve le concept de *croyance* : d'un côté, ce que nous croyons joue un rôle central dans ce que nous prétendons connaître et ce qu'(intentionnellement) nous faisons ; tandis que, de l'autre côté, la croyance est le véritable paradigme d'un prétendu état ou attribut mental ou psychologique – donc subjectif.

Je vais maintenant mettre en évidence les traits principaux de l'analyse complexe faite par Davidson de la croyance et de ses implications pour la distinction subjectif/objectif en général et pour le statut des entités psychologiques en particulier. Je montrerai également les implications de cette analyse pour l'éducation.

Croyance, esprit et monde : le point de vue de Davidson[1]

1) Sémantiquement, la croyance est une *attitude propositionnelle* fondamentale[2] : alors que, d'un côté, elle apporte un éclairage sur le point de vue psychologique ou subjectif sur le monde propre à chacun, d'un autre côté, elle est impliquée, de manière objective, par notre activité dans ce que nous *connaissons* ainsi que dans nos *actes*. Comme c'est le cas pour

Et à l'inverse, cette œuvre de Davidson révèle ses principales sources et influences philosophiques, principalement celles de W. V. Quine, Emmanuel Kant et Ludwig Wittgenstein.

Pour une excellente discussion générale de la place de Davidson comme philosophe analytique, voir Jeff Malpas : http://plato.stanford.edu/entries/davidson.

1. Pour une critique détaillée des points qui suivent, voir particulièrement E. Le Pore and K. Ludwig, *Meaning, truth, language and reality*, Oxford, Oxford University Press, chap. 22, 2005.

2. Ainsi appelée parce que, typiquement, on la rencontre dans des expressions telles que « Percy croit que la fromagerie où il vient d'entrer vend effectivement du fromage ». Cette croyance de Percy peut se comprendre par le fait qu'il a une sorte d'attitude caractéristique à l'égard d'une proposition ou assertion (acceptation de l'idée que, dans une fromagerie, on vend du fromage).

d'autres états supposés subjectifs, je sais ce que je crois sans référence à des formes comportementales ou autres servant de preuves, ce qui n'est pas le cas ni pour ma connaissance de ce que d'autres croient ni pour la connaissance que peuvent avoir les autres de ce que je crois[1]. Cette asymétrie épistémologique a poussé Davidson (comme Strawson avant lui) à justifier l'affirmation courante selon laquelle les mots que nous utilisons en assignant des croyances ou autres attributs mentaux sont réellement les mêmes dans des cas qui sont à la première et à la troisième personne, et à affirmer que les objets auxquels sont assignés ces mots sont des personnes, plutôt que des esprits, des corps, etc.

L'asymétrie en question peut aider à expliquer pourquoi l'évaluation scolaire accorde tellement peu d'attention à l'examen des croyances des élèves (et j'ajouterai, à leurs valeurs, à leurs sentiments, à leurs intentions, à leurs espoirs, etc.), se concentrant exclusivement sur ce qu'ils *font*. Importance qui peut paraitre défendable si l'on considère comme privés, épistémologiquement (accessibles seulement à ceux qui les possèdent) et éthiquement (pas ouverts à autrui) des éléments subjectifs tels que la croyance. Toutefois, cette affirmation risque dangereusement de tomber dans le dualisme très cartésien que Strawson aussi bien que Davidson rejettent. Ce dernier en particulier insiste sur le fait que les croyances et autres attributs mentaux appartiennent au monde public de l'histoire et de la causalité[2]. J'en dirai bientôt plus à ce sujet. Le problème soulevé ici me semble être un problème à ne pas laisser de côté dans la recherche illimitée de la quantification et de l'objectivation de toutes formes d'affirmation. Il est important de rendre les croyances et les valeurs des élèves dans des contextes spécifiques accessibles à eux-mêmes et à d'autres (sélectionnés). La prise de conscience de tels attributs supposés privés influence tant la façon d'enseigner que ce qui est enseigné, comme elle est influencée par eux. Rejeter de tels attributs personnels comme « simplement subjectifs », c'est ignorer une grande part de ce que nous sommes, tous tant que nous sommes.

2) Les croyances prétendent faire passer pour vraies des conceptions du monde, des conceptions qui cadrent avec lui ; elles ne sont pas pour autant déterminées par lui, simplement parce qu'il arrive souvent que l'on ait de

1. Pour Davidson, cette asymétrie, ainsi que la notion courante de privauté, marque ce qui reste de la subjectivité une fois purgée de son bagage ontologique. Voir D. Davidson, « The myth of the subjective », *in* D. Davidson, *Subjective, Intersubjective, Objective*, Oxford, Clarendon Press, 2001, p.39-52.

2. D. Davidson, « Rational animals », *Dialectica, 36*, 1982, p. 51 ; trad. fr. P. Engel, dans *Paradoxes de l'irrationalité*, Paris, Éditions de l'éclat, 1991.

fausses croyances[1]. D'une part, étant donné que des croyances fausses ne concordent pas avec le monde tel qu'il est, il faudrait, toutes choses étant égales d'ailleurs, s'en débarrasser une fois cette absence de concordance identifiée. Encourager les élèves à comprendre et à apprécier l'importance de la recherche de vérité en tant qu'idéal normatif, c'est, pour Davidson, une condition de la rationalité qui gère la pensée et le comportement[2]. D'autre part, si nous souhaitons des élèves qui participent activement à leur propre formation, il importe de connaître et d'apprécier la valeur de ce à quoi ils croient ou obéissent, nonobstant la possibilité réelle que ces croyances puissent se révéler fausses. En effet, un environnement qui ne laisse, aussi bien au niveau épistémologique qu'au niveau comportemental, aucune place à l'erreur et à l'autocorrection comme aspects constructifs du processus d'apprentissage, bloquera le développement conceptuel des élèves. Comme le dit Davidson: «On ne peut avoir le concept de chat que si l'on donne du sens à l'idée d'une *application erronée* du concept, à la croyance ou au jugement que quelque chose qui n'est pas un chat en est un»[3].

3) Selon Davidson, les croyances de celui qui agit représentent à la fois une explication et un ensemble de causes de ses actes ultérieurs. Expliquer comment ces croyances peuvent jouer cette dualité de rôles qui sont d'espèces différentes – l'un ayant à voir avec la rationalité et l'autre avec une causalité matérielle – a constitué la majeure partie de son travail. J'y reviendrai. Reconnaître le rôle complexe que joue une croyance (subjective) dans nos actes (objectifs), c'est reconnaître notre rôle comme participants actifs amenés à générer ces actes et, dans une certaine mesure, à les contrôler. L'idée *d'élèves comme agents* est cruciale pour toute théorie éducative rejetant la vision d'élèves récipients passifs de la connaissance.

4) Ce n'est pas isolément que viennent les croyances, mais en grappes, en réseaux. Dans les écrits de Davidson, on trouve deux lignes de pensée reliées entre elles: l'une qui fait un lien constitutif entre rationalité et attitudes propositionnelles telles que croyances, désirs, espoirs ou intentions; l'autre défendant le point de vue selon lequel de telles attitudes propositionnelles constitutives de rationalité arrivent comme un

1. Michael Smith attribue à Elizabeth Anscombe l'idée que les croyances et «leurs contreparties affectives, les désirs, représentent des relations complémentaires de corrélation entre nos états subjectifs et le monde extérieur.» *Cf.* M. Smith, «The Human theory of motivation», *Mind – New Series*, 1987, p. 36-61.

2. D. Davidson, «Rational animals», art. cit.

3. D. Davidson, «The emergence of thought», *in* D. Davidson (ed.), *Subjective, Intersubjective, Objective*, Oxford, Clarendon Press, 1999, p. 124.

« ensemble apparié », notamment dans des modèles, pas simplement ou à peine dans un arrangement strictement linéaire :

> Il est impossible d'attribuer de manière intelligible une quelconque attitude propositionnelle à quelqu'un qui agit, si ce n'est dans le cadre d'un relevé confirmé de ses croyances, de ses désirs, de ses intentions, de ses décisions… Le contenu d'une attitude provisionnelle dérive de sa place dans le modèle (des nombreuses autres attitudes auxquelles il correspond)[1].

5) Nous avons affaire ici à l'une des thèses les plus fondamentales de Davidson : *l'holisme du mental* (HM). Dans son dernier ouvrage à ce sujet, il fait appel au concept de *triangulation* auquel je reviendrai. Notons que cette triangulation ne relie pas que des croyances entre elles, mais des croyances à d'autres attitudes propositionnelles (plus particulièrement des désirs ou des intentions) et à d'autres comportements : « Les croyances et les désirs concourent à causer, à rationaliser et à expliquer des actes intentionnels »[2].

Cette idée que le mental constitue un tout (HM) est une thèse sémantique (qui a des implications épistémologiques) sur ce que comporte, non seulement le simple fait d'avoir des croyances, mais la compréhension du concept même de croyance (ce que sont les croyances) – par exemple, que ce que je considère dans une circonstance particulière est une croyance et pas un désir, ni un espoir, ni autre chose. Elle nous indique que si les enfants parviennent à maîtriser un tel concept, et à leur tour des concepts qui le subsument – la *connaissance* tout particulièrement – ils doivent apprendre alors à naviguer seuls dans le domaine du *discours rationnel*. Il faut qu'ils comprennent bien comment affirmations et allégations sont reliées – par exemple des inférences, des hypothèses, etc. – et comment leurs propres déclarations sont reliées à celles d'autres gens. Inutile de dire que c'est généralement via le langage, particulièrement via le dialogue, que cela se fait. Non que je veuille minimiser le rôle de la subjectivité ou l'éliminer – dans ce cas, ce que chacun croit et prétend connaître. Mon interprétation, c'est plutôt que Davidson a prétendu que la participation dans la sphère publique, objective – ou tout au moins intersubjective – du monde auquel appartiennent ce langage et ce dialogue est une condition nécessaire et suffisante de notre aptitude à penser, à croire (y compris à des croyances fausses) et à agir. Encourager les élèves à explorer, à réfléchir à

1. D. Davidson, « Rational animals », art. cit., p. 317-328.
2. D. Davidson, « The emergence of thought », *op. cit.*, p. 123-134.

leurs propres croyances ainsi qu'à celles des autres, à les critiquer, c'est vraiment les encourager à apprendre le monde et à s'y situer[1].

6) Les croyances que l'on a par rapport à un concept donné constituent une partie et un bagage de ce que signifie *avoir* ce concept[2]. Cela ne veut rien dire que je croie aux trinomies carrées si je n'ai pas la moindre compréhension de ce qu'est une trinomie carrée ; à l'inverse, on ne peut dire que je saisis le concept de trinomie carrée s'il n'y a aucune croyance à propos d'entités que je me prépare à accepter. Concepts et croyances ne sont pas indépendants du langage utilisé pour les exprimer et les formuler : si je ne réalise pas que ces chats sont un seul et même chat, ma croyance que le chat qui gît sur la route est mort n'est pas la même que celle que c'est mon propre chat qui est mort; le fait qu'ils soient identiques ne suffit pas à montrer que les croyances respectives sont identiques (puisque je suis prêt à assumer l'une mais pas l'autre).

De telles contraintes sémantiques jettent une lumière nouvelle sur l'idée familière que les enfants ne peuvent avoir de véritable connaissance sur cc qu'ils ne comprennent pas (idée visant à semer le doute sur les mérites de l'apprentissage par cœur et sur la mémorisation). Sans une dose significative de compréhension, non seulement ils manqueront de *fondements* pour croire ce qu'ils lisent ou répètent, ou ce qu'on leur dit, on ne pourrait en outre même pas dire qu'ils y *croient*. Comme le prétend Davidson: «Ces attributs mentaux sont dès lors équivalents: conceptualiser, émettre des propositions (y compris des attitudes propositionnelles telles que la croyance), pouvoir faire des jugements, dominer le concept de vérité. Si un individu possède l'un d'eux, il les possède tous»[3]. La nature holistique du mental qui est largement répandue ne laisse aucune place à l'idée démodée, mais néanmoins persistante, selon laquelle apprendre est un processus linéaire qui doit commencer par « les bases ». S'entêter à soutenir que les enfants peuvent apprendre avant de pouvoir faire des jugements ou conceptualiser (en bref, avant de *penser*), est le reflet d'une vision pauvre et imparfaite de ce que sont les gens (y compris les enfants).

7) Cette thèse du mental comme un tout permet de réitérer l'idée que la vérité et la recherche de la vérité sont des idéaux normatifs propres à la rationalité humaine. Pour Davidson, l'idée même d'erreur (tenir pour vrai

1. D. Davidson, « Rational animals », art. cit.

2. D. Davidqon, « The emergence of thought », art. cit., p. 124.

3. D. Davidson, « The problem of objectivity », Oxford, Oxford University Press, 1995, p. 9.

ce qui se révèle être faux) présuppose un fond dans lequel presque tout ce qu'on croit est absolument vrai :

> Vu le caractère holistique de la croyance empirique, il est impossible que toutes nos croyances à propos du monde soient fausses… On ne peut exhiber de croyances particulières (qu'elles soient vraies ou fausses) sur des croyances particulières sans avoir de nombreuses croyances vraies sur la nature de tels objets [1].

Comment un tel « principe de charité » comme le nomme Davidson, pourrait-il s'appliquer aux enfants ? Même quand ils manient les idées, testant les limites de ce qui pour eux a du sens, on peut affirmer sans se tromper qu'ils opèrent au sein d'un cadre général de vérité. Certains pensent qu'il est dangereux de les laisser livrés à eux-mêmes pour chercher une solution à un problème ou pour, de manière plus générale, chercher la vérité, parce que rien ne garantit que le résultat auquel ils aboutiront – même après un travail en commun – sera vrai. Or, ils ne diffèrent pas vraiment là-dessus des autres gens ; n'avons-nous pas tous parfois besoin d'être guidés ou orientés par des gens considérés comme compétents dans le domaine traité ? Dans les classes, si la guidance et l'orientation peuvent et doivent même bien venir de l'enseignant(e), la manière dont il ou elle doit intervenir sans bloquer ou saboter la réflexion personnelle des élèves ou le processus de recherche est loin de constituer un problème anodin [2].

Les enfants sont-ils protégés ou immunisés contre cette espèce d'« incohérence radicale » (irrationalité ou fausseté largement répandues) qui a, toujours selon Davidson, davantage de chances d'être éliminée par des gens qui dialoguent ou qui font partie à part entière d' une communauté qui parle ou interprète ? Si l'on considère tout ce qui a été dit jusqu'ici, la réponse semble être : oui, ils le sont, à condition que nous, les adultes,

1. La dépendance de la croyance du réel, pas seulement d'une certaine conception de la vérité, est réitérée par Davidson dans plusieurs de ses articles. Voir D. Davidson, «Rational animals », *op. cit.*, p. 317-328 ; « Epistemology externalized », in *Subjective, Intersubjective, Objective*, *op. cit.*, p. 193-204 ; « Dialectic and dialogue », *in* G. Preyer, F. Siebelt and A. Ulfig (eds), *Language, mind and epistemology*, Dordrecht, Kluwer Academic Publishers, 1994, p. 429-437 ; D. Davidson, « The problem of objectivity », *op. cit.*, p. 3-18 ; D. Davidson, « Three varieties of knowledge », *in* D. Davidson (ed.), *Subjective, Intersubjective, Objective*, *op. cit.*, p. 205-220.

2. Je retournerai au rôle de l'enseignant dans la section finale de cet article. Voir également L. J. Splitter and A. Sharp, *Teaching for Better Thinking : The Classroom Community of Inquiry*, The Australian Council for Educational Research, Melbourne, 1995 ; Laurance J. Splitter, « Caring for the self as one-among-others », *Thinking : The Journal of Philosophy for Children*, Montclair, IAPC, 2010, p. 33-39.

soyons prêts à les considérer comme des personnes, que nous reconnaissions et respections leurs cadres de croyances, de concepts, de modèles de raisonnement, etc. J'en dirai davantage à ce sujet plus loin. De toute façon, si la théorie de la vérité-cohérence de Davidson est correcte – théorie selon laquelle « la croyance est par nature véridique » – elle s'applique certainement aux enfants comme à n'importe qui d'autre qui se fait des croyances sur le monde[1].

> ... dès qu'on réfléchit un minimum, on doit avoir conscience d'un triangle formé de deux personnes et d'un monde qu'ils ont en commun. Quand je pense, je sais qu'il y a des gens qui, comme moi, ont un esprit, et que nous occupons un espace et un temps publics remplis d'objets et d'événements dont beaucoup sont connus des autres. Et en particulier, à l'instar de tout être rationnel, je dispose de trois sortes de connaissances : celle du monde objectif (...) ; celle d'autres esprits ; et celle de mon propre esprit. Aucune ne peut se réduire à l'une des deux autres ni à une combinaison des deux[2].

Le principe de *triangulation* de Davidson joue un rôle essentiel dans ses derniers écrits. Comme le révèle cette citation, il peut se comprendre à la fois sémantiquement et épistémologiquement. Il a pour fonction, pour une part, de bloquer la tentative sceptique cartésienne de limiter la connaissance à la première personne, ou bien de lui donner priorité ; Davidson l'utilise également pour représenter conceptuellement la connaissance déjà avérée, c'est-à-dire pour que nous interprétions les réponses les uns des autres à certains stimuli comme confirmation que nous partageons un monde commun (objectif) à propos duquel nous pouvons communiquer ; en fait, notre capacité à communiquer les uns avec les autres – de nous comporter de manière intersubjective – constitue notre compréhension de ce que nous voulons dire par sens commun ou par objectivité. Davidson pose ainsi la question :

1. D. Davidson, « A coherence theory of truth and knowledge », *in* D. Davidson (ed.), *Subjective, Intersubjective, Objective*, *op. cit.*, p.146. Dans un écrit ultérieur à celui-ci, Davidson est moins certain du label qu'il souhaite donner à sa théorie particulière de la vérité. *Cf.* D. Davidson, « Knowing one's own mind », *Proceedings and Addresses of the American Philosophical Association*, *60*, 3, 1987, p. 441-458. La discussion lui procure une nouvelle occasion d'insister sur la distinction entre réalité causale et épistémologie : quelle que soit la cause qui soutient la production de croyances à partir de l'expérience sensorielle et de la perception, il rejette l'idée qu'il doive exister une quelconque base épistémologique à la connaissance qui serait hors du champ de nos croyances.

2. D. Davidson, « The irreducibility of the concept of self », *in* D. Davidson, *Subjective, Intersubjective, Objective*, *op. cit.*, p. 85-91.

> … caché derrière le problème épistémologique, et conceptuellement antérieur à lui, c'est: comment sommes-nous arrivés tout d'abord au concept d'une réalité objective ?[1]

C'est à cette question que, selon lui, fournit une réponse le principe de triangulation[2].

Prétendre à la connaissance, dans quelque domaine que ce soit, c'est, notamment, affirmer des croyances. Mais, comme on l'a vu, on ne peut croire si l'on n'a pas le concept de croyance qui, à son tour, implique que l'on saisisse la distinction entre ce que l'on proclame comme vrai et ce qui l'est vraiment (par exemple, le concept d'*erreur*). C'est là que Davidson demande : « Avons-nous idée que nous puissions nous tromper, que les choses puissent ne pas être comme nous pensons qu'elles sont ? »[3] À partir de l'interprétation de Wittgenstein préconisant de suivre une règle, il propose « que nous n'aurions pas le concept pour qualifier de bonnes ou mauvaises les choses sans interactions avec d'autres gens. » Pour le dire simplement, c'est par le langage que l'on partage avec d'autres ses observations et ses croyances sur le monde et que, de temps à autre, on remarque qu'elles ne correspondent pas ; c'est donc que quelqu'un doit se tromper.

Un pas en avant est ici garanti. Il se peut que la base du triangle de Davidson – le lien entre moi et les autres – requière simplement l'existence d'un interlocuteur avec lequel je souhaite communiquer. Une base plus fiable pour la connaissance implique dès lors un nombre plus important d'interlocuteurs. Dans la pratique, on élimine une série d'assertions et de croyances en cherchant lesquelles constituent des normes de raison, de preuve, etc. Une telle série s'obtient dans une *communauté* de penseurs, dont tous sont à la recherche de la vérité en déterminant, en interprétant et en évaluant ce qui se présente à eux. Il est intéressant de constater que, alors qu'il n'est pas clair s'il a eu l'intention de faire le pas d'un seul interlocuteur vers une communauté, Davidson écrit ceci : « Une communauté

1. D. Davidson, « The problem of objectivity », *in* D. Davidson (ed.), *Problems of rationality*, *op. cit.*, p. 3.

2. Voir D. Davidson, « The second person », *in* D. Davidson (ed.), *Subjective, Intersubjective, Objective*, *op. cit.* Avramides propose une phrase qui résume bien le point de vue de Davidson : « Ainsi, alors que nous trouvons que notre connaissance du monde dépend de la communication entre les personnes, nous découvrons également que la communication entre les personnes dépend du fait que nous acceptions que nous occupons un monde en partage. » *Cf.* A. Avramides, « Davidson and the new skeptical problem », *in* U. M. Zeglen (ed.), *Donald Davidson : Truth, Meaning and Knowledge*, London et New York, Routledge, 1999, p. 136-154.

3. D. Davidson, « The emergence of thought », art. cit., p. 129.

d'esprits est la base de la connaissance ; elle donne la mesure de toutes choses »[1]. Je suggère qu'ici existe un lien, non remarqué jusque-là, entre la vision holistique de l'auteur à propos de l'esprit, du langage et du monde d'une part, et une structure pédagogique et de classe distincte, basée sur la notion de *communauté de penseurs*, de l'autre. J'y reviendrai à la fin de mon article.

Statut de l'entendement

Pour Davidson, les concepts se trouvant au cœur de la subjectivité de chacun, plus particulièrement les attitudes propositionnelles, ne peuvent se comprendre qu'à l'intérieur d'un cadre où les gens qui pensent, ceux qui parlent et ceux qui interprètent interréagissent. Qu'est-ce que cela signifie quant au statut conceptuel ou ontologique d'objets conceptuels tels que les croyances et autres attitudes ou états mentaux ?

Ces éléments considérés comme subjectifs auxquels j'ai fait allusion plus haut sont censés appartenir à une réalité ontologique qui, dans des traditions et des aires philosophiques différentes, a inclus des idées, des sensations, des impressions, des états d'âme, des pensées, des représentations, des données sensibles, des qualia, ainsi que des objets de pensée. La cible directe de Davidson est la dernière mentionnée, c'est-à-dire les objets de croyance, de désir, d'intention, d'espoir, de crainte, et autres (c'est-à-dire ce à quoi l'on croit, ce que l'on désire ou ce que l'on craint, par exemple les objets de ces attitudes propositionnelles). Quel est le parent qui n'a pas dû rassurer son enfant sur le fait qu'un vampire n'est pas réel, qu'il « n'est que » dans son esprit ? Une telle réponse, aussi apaisante soit-elle, pose la question de savoir « où » est localisée cette crainte, en considérant « la tête » comme l'antre représentatif d'ombre. Davidson estime que de telles entités mystérieuses en tant qu'objets de pensée, de crainte ou de croyance ne sont pas nécessaires pour comprendre et interpréter des phrases telles que : « Je suis convaincu(e) que la lune est faite de fromage vert » ou « Je suis terrorisé(e) par le vampire »[2]. Et il poursuit en disant que toute tentative pour fonder la connaissance du monde extérieur sur de telles entités subjectives est vouée à l'échec : si de telles entités étaient requises pour la connaissance subjective, on ne pourrait comprendre comment

1. D. Davidson, « Three varieties of knowledge », *in* D. Davidson (ed.), *Subjective, Intersubjective, Objective*, *op. cit.*, p. 218.

2. Voir particulièrement D. Davidson, « Mental events », in *Essays on actions and events*, Oxford, Clarendon, 1970, 2nd ed., p. 207-224 ; trad. fr. P. Engel, « Les évenements » dans *Actions et évenements*, Paris, P.U.F., 1993.

atteindre l'objectivité, par exemple pour faire passer vers l'extérieur une piste fiable de l'intérieur[1]. En termes similaires, il fait remarquer que : « Même si nos croyances visent à représenter quelque chose d'objectif, le caractère de leur subjectivité nous empêche de faire le premier pas pour déterminer si elles correspondent à ce qu'elles prétendent représenter »[2]. Puisque l'objectivité – en termes à la fois de l'existence des objets en-dehors de l'entendement et de la possibilité de connaissance objective – peut désormais être assurée (en se basant sur son cadre triangulaire), on peut voir comment il arrive à la conclusion que le dualisme interne/subjectif et externe/objectif doit être rejeté.

On peut alors se demander s'il y a de la place pour une classification subjectiviste des croyances et autres entités mentales, à condition qu'il soit possible de les relier au monde extérieur qui a régi, une fois pour toutes, un domaine conceptuellement privilégié du mental. C'est en réponse à ce scénario que l'on trouve le Davidson le plus perspicace, car loin de rejeter l'existence d'une connexion entre nos facultés et le monde, il l'adopte avec enthousiasme, défendant l'idée que la connexion en question est une *causalité* (physique) ordinaire[3]. Intuitivement, la lune joue un rôle causal par rapport aux sensations et aux croyances que j'en ai (que ces croyances soient vraies ou pas), tout comme ma peur du vampire est, au moins partiellement, causée (et expliquée) par l'expérience que j'ai de *quelque chose* d'existant.

On a malgré tout le droit de demander davantage d'élucidation à propos de l'espèce de causalité et de la nature des relata, par exemple les causes et effets, que Davidson a ici en tête. Quand nos croyances résultent de nos expériences, ou bien si elles participent de près à nous faire agir, alors les causes et les effets, respectivement, constituent des objets et des événements dans le monde matériel (dont des aspects de ma physiologie et de ma neurologie). Mais qu'en est-il de l'autre terme de la relation, à savoir mes croyances, mes peurs, mes désirs etc., qui sont causés par ces entités réelles ou qui les causent ? On se trouve ici devant ce qui est sans doute la plus séduisante des thèses de Davidson, celle qui soutient que ces relata sont des entités également physiques et matérielles et non des objets de pensée en soi. En fait, de tels objets n'existent pas. La peur du vampire de l'enfant est

1. D. Davidson, « Knowing one's own mind », *Proceedings and Addresses of the American Philosophical Association, 60* 3, 1987, p. 34.

2. D. Davidson, « The myth of the subjective », *in* D. Davidson (ed.), *Subjective, Intersubjective, Objective*, *op. cit.*, p. 43.

3. D. Davidson, « Three varieties of knowledge », *op. cit.*, p. 216.

aussi réelle que lui, mais puisque il n'existe pas de vampires, il n'y a *donc* rien à quoi puisse se référer celui qui exprime sa peur. S'il existe bien les concepts ou idées à propos du vampire et de la peur, le dispositif formel de prédication nous permet de les accommoder sémantiquement, libres de toute connotation ontologique. Quant à la peur, quand on en fait l'expérience – c'est-à-dire quand elle est ressentie, ou plus viscéralement, qu'elle prend aux tripes – il s'agit d'un événement *marquant* qui, pour Davidson, sera identique à un état physique (connu ou inconnu). Ce sont là quelques-unes des implications de la thèse dont je vais discuter à présent, celle du « monisme anomal » (MA) ou « physicalisme non réducteur » [1].

Le monisme anomal (MA) veut dire : (A) qu'il n'existe pas d'objets auxquels s'appliquent des prédicats mentaux et non physiques ; et (B) que les concepts psychologiques utilisés pour décrire et expliquer le comportement humain, les émotions, etc. – particulièrement le langage pour les attitudes propositionnelles – ne peuvent se réduire à des concepts physiques ni être remplacés par eux. Le résultat, c'est que les événements et états mentaux se caractérisent sémantiquement et linguistiquement, mais pas ontologiquement. S'il existe bien un langage mentaliste, il n'existe pas d'objets « purement mentaux ». Le psychologisme serait donc faux [2].

1. D. Davidson, « Mental events », in *Essays on actions and events*, *op. cit.*, p. 207-224 ; trad. fr. P. Engel, « Les événements mentaux », dans *Actions et événements*, *op. cit.* Voir également D. Davidson, « Thinking causes », *in* D. Davidson (ed.), *Truth, language, and history : Philosophical essays, volume 5*, Oxford,Oxford University Press,1995, et plus loin, D. Davidson, « Laws and cause ». Le travail de Davidson a produit un bouleversement dans la pensée à propos des problèmes considérés comme psychosomatiques. Des expressions familières comme « un événement mental » ou une « identité psychosomatique » doivent s'utiliser dorénavant avec plus de circonspection, dans la mesure où elles sont ambiguës en ce qui concerne leur statut. D'autres auteurs ont proposé des variations sympathiques à la thèse originale de Davidson, par exemple C. McGinn, and J. Hopkins, « Mental states, natural kinds and psychophysical laws », *Proceedings of the Aristotelian Society, Supplementary Volumes*, *52*, 1978. p. 195-236. Un article récent à propos de la « multiple réalisibilité » se termine par ces mots : « Le physicalisme non réducteur est à présent (probablement encore) la position dominante dans la philosophie de l'esprit anglo-saxonne. Ses défenseurs (...) ont même appelé « sagesse pratiquement reçue » la non identité du contenu mental avec des propriétés physiques. » *Cf.* J. Bickle, « Multiple Realizability », *The Stanford Encyclopedia of Philosophy*, automne 2008. Le débat se poursuit : voir Steven Yalowitz, « Anomalous monism », *Ibid.*

2. La défaite actuelle du psychologisme ne demande que (A), alors que les implications éducatives d'(A) et (B) ensemble sont significatives, comme je l'explique sommairement. Notons qu'AM ne nie pas l'existence d'entités mentales ni, plus généralement, l'esprit lui-même. Ce qui ne veut pas dire que les entités mentales soient identiques, point par point, avec les physiques. (B) met au défi une tendance dominante de la psychologie cognitive : la tendance visant à étayer le statut scientifique de la psychologie en réduisant nombre de ses déclarations fondamentales à celles de la physique. Voir J. Martin, J. Sugarman and

Le « monisme anomal » repose, c'est bien connu, sur la réconciliation de trois positions apparemment incompatibles à propos des propriétés causales et nomologiques des objets mentaux tels que les croyances qui, on l'a vu, jouent des rôles cruciaux dans le comportement, la connaissance et la communication :

1) *Principe d'interaction causale (PIC)*: Au moins certains événements mentaux interagissent causalement avec des événements physiques (comme agents intentionnels, nous sommes la cause d'événements)[1].

2) *Thèse de la loi de causalité (TLC)*, alias *principe du caractère nomologique de causalité*: Selon les mots de Davidson lui-même, « … là où il y a causalité, doit exister une loi : les événements reliés en cause et effet obéissent à des lois strictement déterministes »[2].

3) *Principe d'anomalisme du mental (PAM)*: « Il n'existe pas de lois strictes… sur base desquelles des événements mentaux puissent être prévus et expliqués »[3]. Ce principe constitue réellement une paire d'affirmations : qu'il n'existe pas de lois psycho-physiques au sens strict, et aussi qu'il n'existe pas de lois strictement psychologiques[4].

Une fois acceptées ces trois considérations, AM s'ensuit par déduction, au moins en ce qui concerne les attitudes propositionnelles intervenant dans l'action. Si B est une croyance particulière qui intervient dans un comportement particulier, alors B satisfait à au moins un prédicat mental et, par PIC, est causalement lié à une entité physique au moins (le plus probable, à l'action en question). Quant à TLC, elle implique qu'il existe une loi stricte qui couvre cette relation causale, loi qui doit être par nature entièrement physique, parce que, d'après PAM, il n'existe pas de lois psychologiques ou psychophysiques. Quant aux termes d'une loi physique, ils doivent être physiques par nature ; d'où B est un objet / événement physique.

Pour soutenir le premier point (PIC), l'idée d'action suppose qu'au moins quelques événements mentaux et physiques sont reliés causalement. On peut en outre certainement admettre que, parmi les premiers, il y a, si

J. Thompson, *Psychology and the question of agency*, Albany, NY, State University of New York Press, 2003.

1. D. Davidson, « Mental events », in *Essays on actions and events*, *op. cit.*, p. 208 ; trad. fr. P. Engel, « Les événements mentaux », dans *Actions et événements*, *op. cit.*

2. *Ibid.*

3. *Ibid.*

4. D. Davidson, « Thinking causes », *in* D. Davidson (ed.), *Truth, language, and history : Philosophical essays, volume 5*, Oxford, Oxford University Press, 1993, p. 185.

pas toutes les croyances, les désirs et les attitudes, au moins certainement une bonne quantité d'entre eux. Comme le montre Davidson, la thèse de MA s'applique simplement à ces items.

En ce qui concerne le deuxième point, Davidson l'a défendu comme vrai *a priori*[1]. Ce statut *a priori* de la thèse, en fait de MA, sert à se rappeler que nous essayons de démontrer que des phrases clés conceptuelles ne peuvent être empiriquement prouvées, ni controuvées. Pour Davidson, la présomption d'une loi régissante qui sous-tend, explique ou prévoit des connections causales singulières est avérée par la compréhension exacte de ce que cela signifie de dire qu'un événement en cause un autre. Tandis qu'il est favorable à l'analyse sceptique faite par Hume de ce qui constitue la cause, il est critique par rapport à l'idée de cet auteur pour qui la causalité dans le monde – en opposition avec ce que l'entendement considère qu'est la causalité – n'est rien de plus qu'une conjonction que l'on a observée d'objets « similaires » suivis d'objets distincts « similaires ». « Similaires » se rapporte donc à une *similarité* qui, comme le fait remarquer Davidson, « ne peut, d'elle-même, assumer la distinction entre ce qui est comme une loi et ce qui ne l'est pas »[2].

Même si je rejoins Davidson sur ce point négatif, je trouve qu'il nous laisse avec la question – s'il y en a une – de ce qui constitue la « nécessité ». Il soutient qu'on peut « percevoir directement qu'un événement en a causé un autre, même sans en avoir la preuve tirée de cas similaires »[3] et que les événements – conçus comme *changements* – requièrent les types d'explications que réalisent les lois[4]. Davidson considère cette ligne de pensée comme conceptuelle plutôt que comme empirique : « Notre concept d'un objet physique est celui d'un objet dont les changements sont régis par des lois »[5]. Il y a ici des signes d'une vive asymétrie entre le mental et le physique par rapport à la façon dont *nous-mêmes* décrivons des événements et les expliquons. Des événements individuels, qu'ils soient physiques ou mentaux, participent aux relations causales, mais quand on généralise en parlant de types ou de sortes d'événements avec un œil sur l'explication, le physique et le mental se séparent : le premier nous entraîne davantage dans la science (en fin de course, dans la physique) et dans l'idée de lois à des niveaux théoriques toujours plus profonds ; le second aboutit à

1. D. Davidson, « Laws and cause », *in* D. Davidson (ed.), *Truth, language, and history : Philosophical essays*, Vol. 5, Oxford, Oxford University Press, 1995, p. 202.

2. *Ibid.*, p. 207.

3. *Ibid.*, p. 208.

4. *Ibid.*, p. 212.

5. *Ibid.*, p. 214.

une impasse, où on doit se tourner plutôt vers des explications qui supposent que l'on trouve des causes contextuelles spécifiques à des actes et événements particuliers.

L'importante déclaration que l'on trouve au troisième point (PAM) est une conséquence directe des deux que voici : tout d'abord, il n'existe pas de lois purement psychologiques ; et deuxièmement, il n'y a pas non plus de lois « psychophysiques » strictes, c'est-à-dire pas davantage « ...de lois strictes reliant des événements sous descriptions physiques avec des événements sous descriptions mentales. » (Davidson, 1995a, 204) La première de ces affirmations découle de PIC (1, ci-dessus), tout au moins par rapport à ces événements mentaux qui sont reliés causalement aux physiques. Davidson soutient que notre conception de ce qui passe pour mental – par opposition à la réalité physique – ne constitue pas un « système clos » : c'est conceptuellement irréaliste d'espérer une espèce de régularité explicative que procure la loi, à l'intérieur de la réalité du mental comme nous l'entendons, parce que la réalité du physique est tout simplement trop intrusive : « Trop de ce qui se passe pour affecter le mental ne fait pas systématiquement partie du mental » [1].

La seconde affirmation dénie l'existence de connexions ressemblant strictement à des lois entre descriptions d'événements mentaux et descriptions d'événements physiques ; comme l'indique parfois Davidson, il n'y a pas moyen de réduire des concepts mentaux à des concepts physiques. Pour soutenir cette position antiréductionniste, il fait appel au principe de l'« holisme du mental » (HM), dont on a déjà parlé plus haut (#4). Pendant plus de trente ans, il a défendu le point de vue que des entités mentales particulières ne sont pas nécessairement reliées à d'autres sous la forme de croyances, de désirs, d'intentions, etc. ; en outre, que les croyances d'un individu sont nécessairement liées à celles d'autres. Quoi que nous souhaitions dire sur l'ontologie d'événements individuels ou particuliers, HM régule la possibilité de toute réduction systématique (y compris nomologique) de concepts ou types mentaux à des entités physiques.

Dans un style véritablement dialogique, Davidson a souvent répondu aux critiques, saisissant l'occasion pour reformuler et renforcer ce qu'il dit de PAM. Réfléchissant quelque vingt années après son article phare « Mental Events », il écrit que quand on recherche des explications causales dans le domaine de la physique, existe toujours la possibilité de trouver des explications toujours plus spécifiques et plus détaillées, à

1. *Ibid.*, p. 224.

mesure que la connaissance se répand et s'approfondit. Par contraste, en cherchant à expliquer des actions humaines, on fait appel à des raisons extrêmement spécifiques au contexte (souvent sous la forme de croyances, de désirs, d'intentions...), «on peut ainsi comprendre quelle est l'action qui a poussé à agir»[1]. Mais, dit-il, tout cela n'obéit pas à des lois strictes. Quand il s'agit d'un acte, on cherche ce qui convient le mieux en fonction de la circonstance et non la précision recherchée en physique.

Malgré son aversion déclarée pour les théories dualistes, Davidson juxtapose deux paradigmes conceptuels tout à fait différents quand il rend compte de l'action humaine. D'une part, il y a – connue ou pas – une chaîne causale d'événements incluant, entre autres, des croyances particulières, des désirs et des comportements intentionnels (chaîne qui doit en fin de compte exister dans la réalité physique). Qu'une telle chaîne existe vraiment est admis si l'on veut comprendre et expliquer les agissements d'une personne (entre autres, le comportement intentionnel). D'autre part, de telles explications qui ne sont pas à trouver dans la réalité physique, c'est-à-dire qui ne peuvent être formulées en termes purement physiques, feront plutôt appel au raisonnement; il s'agit particulièrement des croyances, des désirs et des intentions d'agents rationnels, entre autres, qui fonctionnent dès lors comme raisons, spécifiques au contexte, d'agir (voir les points 1 à 4 ci-dessus, en relation avec la croyance). Les explications présentées en termes purement physiques mènent à l'échec si elles prétendent rendre compte d'un comportement, à supposer qu'elles le puissent, comme on suppose qu'il se passe dans la réalité. La différence, alors, n'est pas dans ce qui se passe, mais dans la manière dont c'est compris et décrit.

Davidson est pourtant insatisfait. Il est inquiet par le fait que cette spécificité propre au contexte, requise pour rendre compte de concepts mentaux, semble l'être également par des disciplines «spécialisées» comme la biologie ou la géologie[2]. Qu'y a-t-il d'autre à offrir pour soutenir la nature distinctive de concepts mentaux ? Il y répond en recourant à son «principe de triangulation» qui caractérise la connaissance de son propre esprit, de celui des autres et du monde extérieur, considérés comme interdépendants. De manière plus générale, il prétend que les cadres conceptuels et linguistiques utilisés pour comprendre, décrire et expliquer des phénomènes physiques et mentaux (*en tant qu'*aspects de l'expérience)

1. D. Davidson, «Laws and cause», *op. cit.*, p. 211, 216.

2. D. Davidson, «Three varieties of knowledge», *in* D. Davidson (ed.), *Subjective, Intersubjective, Objective*, *op. cit.*, p. 217.

diffèrent suffisamment les uns des autres pour exclure entre eux toute connexion systématique ou obéissant à des règles. Dès lors, entre le mental et le physique – ou plutôt, entre notre connaissance (partagée) du mental et notre connaissance (partagée) du physique – existent à la fois une totale interdépendance et une totale incommensurabilité. Cependant, en examinant plus soigneusement le triangle, on voit que l'interdépendance masque une asymétrie importante, et c'est cette asymétrie qui constitue « les sources ultimes de la différence entre comprendre les esprits et avoir du monde une compréhension physique »[1].

Bien qu'il soit réticent à l'idée de retourner à un modèle cartésien de connaissance subjective (à la première personne) comme antérieure à toute autre connaissance, Davidson fait cependant une concession au sens commun qui a pour thèse qu'il existe une franchise – une sorte de familiarité – tendant à connaître les contenus propositionnels de mon propre esprit (ce que je pense, ce que je crois, etc.) qui ne se trouve pas dans ce que je connais du contenu des autres esprits. C'est tout de même un fait que j'ai une telle connaissance de la troisième personne, tout comme ce doit être un fait qu'ensemble, par la communication comme « communauté d'esprits »[2], on peut revendiquer d'avoir une vue juste du monde, étant donné que ces formes de croyance, avec la connaissance que j'ai de moi-même, constituent les trois sommets du triangle épistémologique de Davidson :

> La communication, ainsi que la connaissance de l'esprit des autres qu'elle présuppose, constitue la base de notre concept d'objectivité, de notre capacité à distinguer une croyance vraie d'une fausse…[3]

Le degré normal d'exactitude qui découle de notre communication des uns avec les autres à propos du monde ne peut envisager quoi que ce soit qui le dépasse en vue d'une justification future. On peut rechercher d'autres voix pour le corroborer ou l'affiner mais, comme l'indique Davidson, « cela ne conduit pas à quelque chose d'intrinsèquement différent : tout simplement à un peu plus de la même chose »[4]. C'est ainsi que nous sommes tous à la recherche de la compréhension et de la « connaissance » en détail du monde objectif, par le biais d'une interaction permanente d'une ou plusieurs communautés d'esprits : autrement dit, la norme de

1. *Ibid.*, p. 218.
2. *Ibid.*
3. *Ibid.*, p. 217-218.
4. *Ibid.*, p. 218.

l'objectivité est donnée par la communication, tandis qu'en ce qui concerne la communication elle-même, il ne peut exister d'autre norme qui la dépasse. C'est ici, me semble-t-il, que réside l'asymétrie recherchée par Davidson.

PSYCHOLOGIE ET ONTOLOGIE : IL N'EXISTE PAS D'ESPÈCES MENTALES

Divers auteurs, dans le domaine de la psychologie éducative, ont défendu une conception selon laquelle un comportement à propos de personnes, allant de pair avec leurs divers attributs physiques et psychologiques comme types humains ou psychologiques émergents, a pour objectif, louable en soi, de tracer une voie qui évite le réductionnisme physique aussi bien que « l'individu présupposé isolé de la modernité, produit collectivement déterminé, socialement construit, de quelque théorie postmoderne »[1]. Adaptant la terminologie de Hacking[2], ils prétendent que l'on a « des espèces de gens, des types d'activités humaines et des variétés de comportements humains », qui deviennent précisément sujets de psychologie[3]. Ces divers mobiles, parmi lesquels les croyances, les désirs ou les raisons, les buts et les actes, même la subjectivité, sont censés constituer les cadres exploratoires qui dessinent, non simplement une réalité physique préexistante, mais des réalités émergentes au sein de la société, de la culture et de la psychologie. Comment les types humains évoluent-ils dans le contexte du monisme anomal ? Pas bien, je présume.

En passant en revue la thèse cause/loi, j'ai interprété Davidson en soutenant que l'idée de types ou de sortes d'événements mentaux conduit à une impasse, si des groupes de ce genre sont destinés à avoir une signification causale ou explicative. Si l'on pense aux catégories naturelles dans le monde physique, on envisage d'être à même d'expliquer le comportement semblant obéir à des lois de membres d'une certaine catégorie,

1. J. Martin, J. Sugarman and J. Thompson, *Psychology and the question of agency*, *op. cit.*, p. 112.

2. I. Hacking, « The looping effect of human kinds », *in* D. Sperber, D. Premack and A. J. Premack (eds), *Causal cognition : A multi-disciplinary approach*, Oxford, Clarendon Press, 1995, p. 354.

3. J. Martin, J. Sugarman, and J. Thompson, *Psychology and the question of agency*, *op. cit.*, p. 10. Leur œuvre comporte un grand nombre d'affirmations similaires. Par exemple : « Par sortes psychologiques, nous entendons la subjectivité, la compréhension, les actions et les expériences de l'être humain, la façon d'agir véritable que nous considérons comme non réductible à des niveaux socioculturels, biologiques ou physiques de la réalité». Et « ...l'attention portée et la compréhension émergent comme sortes psychologiques », p. 103, 117.

en référence à la catégorie elle-même : une cuillerée de sucre se dissout dans le thé parce que le sucre et l'eau sont des *sortes de substances* parmi lesquelles l'une est soluble dans l'autre. À l'opposé, des croyances individuelles (représentatives de nos états mentaux) servent de causes et ont des causes, mais le concept de croyance est exclu d'une participation aux sortes de lois explicatives que nous associons aux espèces.

Il est vrai que, pour Davidson, non seulement nous avons des croyances : nous en avons aussi le *concept*. Comme je l'ai déjà mentionné, il nous faut ici être clairs sur notre engagement ontologique. Des personnes particulières existent, avec leurs états mentaux particuliers. Parler de concepts et les utiliser, c'est, en réalité, attribuer à ces personnes diverses propriétés et caractéristiques. Dans un schème sémantique tel que celui-là, les *concepts jouent des rôles cruciaux, tout en étant vides du point de vue référentiel*. Les types, par contre – du moins s'ils doivent compter – possèdent un statut explicatif qui tire son origine des traits essentiels que les membres de ce type ont en commun, des traits qui en sont constitutifs. C'est là précisément ce que régit MA dans le cas de catégories appelées mentales. Pour me répéter, des entités mentales particulières, y compris des signes (discernables, non récurrents) de croyances et de désirs, existent dans le monde physique. C'est dans le sens où l'on comprend ce que veut dire « croyance » qu'on en saisit le concept. On déclare familièrement comprendre ce que *sont* les croyances et comment elles sont représentées dans les explications de comportements, etc. Mais il n'existe aucun espace – physiquement, biologiquement, socio-culturellement *ou* psychologiquement – où seraient rassemblées toutes les croyances ou une partie d'entre elles pour générer de telles explications.

La preuve d'une confusion ontologique ou référentielle chez Martin *et al.* n'est pas difficile à trouver. Voici ce qu'ils écrivent : « Même si des objets physiques et des espèces biologiques sont des catégories naturelles… »[1] ; et ils citent, en l'approuvant, la phrase attribuée à Charles Taylor que, quand on voit se passer quelque chose de mauvais, par exemple qu'un enfant se fasse renverser par une voiture, il n'y a pas que l'événement qui appartient au monde de la « réalité », mais le « mal » qui lui est fait[2]. De telles affirmations font preuve de négligence ; elle passent à côté de la distinction « type-signe » qui est cruciale pour ce que dit Davidson de MA : des objets physiques et des membres d'espèces biologiques sont

1. J. Martin, J. Sugarman, and J. Thompson, *Psychology and the question of agency*, *op. cit.*, p. 126.

2. *Ibid.*, p. 105-106.

suffisamment réels – raison pour laquelle on peut présumer qu'ils sont membres *d'une ou l'autre catégorie naturelle* – mais ces entités elles-mêmes ne sont certainement *pas* des catégories naturelles. En outre, il ne s'ensuit pas que si des X existent, « X » désigne une espèce quelconque (excepté dans le sens le plus familier d'« espèce ») : si je regarde un stylo à bille vert rempli d'encre bleue, il serait injustifié, d'un simple point de vue explicatif, de parler de l'existence d'une *espèce* désignée par « stylo à bille vert rempli d'encre bleue ».

Cette confusion n'est pas que « sémantique », au sens banal de ce mot. Considérons les remarques qu'a faites récemment Albert Bandura, éminent professeur de psychologie, qui a écrit après avoir approuvé expressément le physicalisme non réducteur (MA) : « Chaque niveau de phénomènes – qu'ils soient physiques, chimiques, biologiques, *psychologiques*, socio-structurels – comporte de nouvelles propriétés émergentes qui sont distinctes à ce niveau et qui doivent être expliquées par des *lois qui vont de soi.* » Il ajoute : « Une explication complète de l'apprentissage humain doit, pour cette raison, englober à la fois des *principes psycho-sociaux* et les principes neurobiologiques qui vont de pair avec eux. » (C'est moi qui souligne)[1]. Mais MA a pour conséquence que de *tels lois ou principes* n'existent pas (s'ils sont destinés à apporter une force explicative appropriée). Où, peut-on alors demander, en est la question de la compréhension et de l'explication de tels phénomènes psychologiques vitaux comme moteurs d'action ?

Comme on l'a noté plus haut, des explications de l'action sont irrévocablement contextuelles. À ce point de vue, on peut comparer cette part de la psychologie qui cherche à comprendre et à expliquer le comportement humain à l'histoire et à l'anthropologie plutôt qu'à la physique ou à la biologie – notamment en termes largement *narratifs* plutôt qu'en termes nomologiques[2]. S'il existe des contraintes généralisées ou pratiquement

1. A. Bandura, *Toward and agentic theory of the self: Dynamic new approaches*, in H. Marsh, R. Craven and D. McInerney (eds), *Self-processes, learning and Enabling Potential*, *op. cit.*, p. 30. Kerry Kennedy (dans une communication personnelle) a défendu Bandura en se basant sur le fait que même en l'absence de lois psychologiques ou psychophysiques vraies, l'insistance mise par Bandura à utiliser une *méthodologie* scientifique à la Kuhn, Popper, et d'autres est exemplaire.

2. J. Martin *et al.* utilisent fréquemment des termes narratifs comme « situés », « émergents », « perspectifs », ou « contextuels » ; voir J. Martin, J. Sugarman, and J. Thompson, *Psychology and the question of agency*, *op. cit.*, particulièrement le chapitre 5. Ils reconnaissent également le rôle relationnel du langage (chap. 6). Mais ce cadre particulariste est sapé par leur insistance à considérer qu'agir a à voir avec des caractéristiques psychologiques.

législatives sur la construction de tels récits, il s'agit de contraintes concernant la rationalité – c'est-à-dire ce qui a du sens en fonction des circonstances (particulièrement par rapport à l'action, où l'explication rationnelle est centrale). Et les « lois » en question seront sémantiques, à savoir les lois de la logique (au sens large) et le raisonnement. Ce « dualisme » agissant de récits particuliers qui ont un lieu, ainsi que les logiques générales qui les sous-tendent, ont des implications importantes pour l'enseignement, pour l'apprentissage, pour l'organisation de la classe. J'envisagerai cette question dans la prochaine section de mon article, qui sera la dernière.

L'éducation : mise en vigueur et stimulation de l'intelligence

Les vues de Davidson sur l'interdépendance triangulaire de l'entendement, du langage et du monde vont très bien avec l'idée familière que des environnements d'étude doivent opérer en tant que communautés de recherche, dans lesquelles élèves et professeurs collaborent pour approfondir des questions et des problèmes intéressant les uns comme les autres. Faire partie d'une communauté de penseurs qui comprennent, développent et évaluent leurs croyances, perspectives et assertions mutuelles est à la fois nécessaire et suffisant pour la poursuite de ce qu'on peut qualifier de « vérité objective » ; les lignes de communication avec d'autres rendent possible à chaque penseur d'articuler la distinction entre ce qui semble vrai (ce que je crois) et ce qui l'est réellement. On trouve dès lors ici un remarquable front d'attaque contre les pédagogies traditionnellement didactiques et centrées sur le maître : une fois qu'on a fait le lien entre connaissance et vérité objective d'une part, et croyances et pensées de chaque personne d'autre part, on ne peut joindre les deux que via un triangle qui met en scène une ou plusieurs personnes qui croient et qui pensent, dont chacune doit être dans une forme quelconque de communication interprétative avec les autres. C'est là, me semble-t-il, un scénario qu'approuverait Davidson.

J'imaginc aisément une objection à cette thèse de la triangulation qui pourrait être particulièrement attractive dans le contexte éducatif où, comme je l'ai déjà fait remarquer, l'enseignant occupe une position épistémologique privilégiée face à ses élèves. Voilà en quoi consiste cette objection : on peut se dire que les élèves apprennent beaucoup de leurs pairs au sujet du monde et de chacun d'eux par les voies normales de communication, tant formelles qu'informelles. Toutefois, l'enseignant(e) n'est pas seulement un membre du cadre interprétatif de l'élève parce que, en vertu de son autorité, c'est lui ou elle qui transmet *directement* la connaissance. Ce qui lui fait jouer le double rôle de communicateur *et* de source de connaissance objective, réduisant le triangle de Davidson à une simple ligne (ou, plus précisément, à deux lignes : de l'élève A à l'enseignant-interprète B, et de A au monde C, B et C étant en fait identiques). Le résultat de cette réduction, c'est un retrait vers une pédagogie didactique, c'est-à-dire centrée sur l'enseignant ; après tout, si l'enseignant peut jouer ce rôle à certains moments, pourquoi ne le pourrait-il pas tout le temps ?

Répondre à cette objection exige que l'on réfléchisse sur la nature de la communication ou de l'interaction entre enseignants et élèves. Ce que vise la base du triangle de Davidson – c'est-à-dire le lien entre un penseur et un autre – c'est fournir un support conceptuel à l'idée qu'un penseur à lui tout seul ne peut comprendre le monde, ni élaborer des concepts, qu'il ne peut même pas avoir de croyances au sujet de ce monde ou de ces concepts, à moins d'être dans une sorte de relation interprétative ou dialogique avec d'autres. Pour le dire plus brutalement, mon engagement avec d'autres dans la quête de connaissance équivaut à mon engagement dialogique avec eux. Bien sûr, il est tout à fait possible à l'enseignant(e) d'être un(e) de ces « autres », mais seulement s'il ou elle accepte de jouer le rôle de partenaire égal du dialogue, pourrait-on dire. Ce qui, à son tour, signifie laisser tomber ou, tout au moins diminuer son rôle en tant qu'expert (source de la connaissance, lien direct avec le monde). Si, d'un autre côté, il ou elle se limite à jouer le rôle didactique imaginé dans le scénario que l'on vient de voir, l'élève livré à lui-même est laissé épistémologiquement en rade, manquant d'outils conceptuels pour construire un ensemble cohérent de croyances sur le monde, pour juger de leur vérité ou de leur fausseté, etc. Cet enseignement didactique court donc le risque de produire des élèves qui, non seulement manquent de la compréhension de ce qu'ils ont à étudier, mais qui sont incapables de jouer un quelconque rôle cognitif autonome dans ce processus.

Les bons enseignants ne sont ni exagérément didactiques ni pédagogiquement « absents ». Leur responsabilité consiste à montrer aux apprenants la direction de la vérité « acceptée » ou fond de connaissance à prendre en compte par tout élève qui se veut informé. Retournant à la métaphore davidsonienne, tant que la base du triangle élève-élève est en place, l'enseignant(e) aura de temps en temps besoin de « représenter le monde objectif » par ses interventions dans ce dialogue. Il ou elle doit toutefois être prêt(e) à encourager les élèves à défier et affiner les vues qu'ils partagent sur ce monde. En des termes qui rappellent John Dewey, sa réponse et ses représentations servent, au mieux, de *points de départ* pour la recherche et l'apprentissage.

Placer des personnes et leurs relations – y compris mais pas seulement des relations interpersonnelles – au centre conceptuel du cadre éducatif comporte un certain nombre d'implications significatives à propos de la manière dont nous pourrions penser curriculum, pédagogie et organisation de la classe. Supposant que la ligne argumentative suivie par Davidson est, dans ses grandes lignes, correcte, alors ce que j'aime appeler « vie de l'esprit » s'active et s'enrichit en activant et en enrichissant la qualité des relations interpersonnelles – non comme une sorte d'« ajout » ou d'option au curriculum, mais comme *l'*ingrédient fondamental. Ce qui se comprend bien dès que l'on prend au sérieux la notion de classe comme *communauté de recherche* (CR), où le dialogue – le « penser-tout-haut » – est la manière fondamentale de se relier aux autres. La place, l'existence même, de chacun des membres est liée à ses relations aux autres. Cette idée, selon laquelle chaque personne se voit elle-même comme *une parmi d'autres*, n'est qu'une variation de l'idée strawsonienne que c'est le concept de personne qui est premier, par le fait qu'il précède le besoin – ou la possibilité – d'aller à la recherche du « moi », soit par introspection, dans le domaine subjectif, soit extérieurement, dans ce qui est au-delà de nous-mêmes. Cela va à l'encontre de la notion post-moderniste selon laquelle les personnes n'existent pas, dans le sens d'individus identifiables[1].

Au fur et à mesure que le dialogue progresse, nous exprimons et découvrons ce que nous et d'autres croyons, savons, ressentons et pensons, ainsi que nos valeurs. Nous oscillons entre le moi et l'autre. Davidson nous encourage toutefois à ne pas regarder ce mouvement comme s'il traversait des frontières ontologiques entre le subjectif et l'objectif, mais plutôt comme s'il ouvrait un sentier sémantique visant à approfondir la compréhension, l'appréciation et la connaissance mutuelles. En foulant ce sentier, nous révisons nos concepts, ce qui, en pratique, prend du sens au moyen du langage.

Davidson n'est pas le seul à reconnaître l'interdépendance de la « pensée » et du « langage », particulièrement dans le contexte de l'éducation. Les noms de Vygotsky, Bakhtin, Mead, Dewey, Bruner, Lipman

1. Pour une discussion de ce genre de point de vue, voir S. Hall, « The question of cultural identity », *in* D.H. and T.M.S. Hall (eds), *Modernity and its futures*, Oxford, The Open University, 1992, p. 277.

et d'autres viennent immédiatement à l'esprit[1]. Mais ce que propose Davidson, c'est un argument conceptuel, non empirique ou de développement (bien que, inutile de le dire, il complète bien un cadre vygotskien, dans lequel le développement cognitif et le développement social sont interdépendants)[2].

Le processus de recherche est régulé par davantage qu'un idéal normatif : l'engagement vers la vérité occupe une position centrale parmi les outils d'une pensée de qualité appréciée et utilisée par les chercheurs. Valoriser davantage la recherche que le rapport à l'étude, c'est par le fait même placer la vérité au premier plan, puisque la recherche, dans quelque domaine que ce soit, est menée pour une large part par un désir d'« extraire des choses leur vérité », c'est-à-dire de séparer le vrai du faux (plutôt que par un désir de mémoriser pour un examen...). L'engagement pour la vérité, dire la vérité, est évidemment un impératif moral et c'est avec raison que l'on apprend aux enfants, dès leur plus jeune âge, à ne pas mentir. Renoncer à cet engagement par tromperie, par indifférence ou par manque d'opiniâtreté, a également des implications épistémologiques corrosives. Non seulement, dit Davidson, on cessera de vous croire, mais en plus vous ne saurez plus vous-même ce que vous croyez. C'est ainsi que vous vous retrancherez de la communauté de vos pairs, c'est-à-dire de la communauté humaine.

En observant un dialogue entre enfants dans une classe, on est frappé par la correspondance entre les tentatives des participants pour exprimer

1. L. J. Splitter, « Authenticity and constructivism in education », in *Studies in Philosophy and Education*, 28, 2, 2009, p. 135-151.

2. Martin met en tête de liste G. H. Mead, en tant que *le* psychologue en même temps philosophe qui s'est le plus engagé dans une vision éducative basée sur une *activité en commun* dans ses ouvrages philosophiques sur le réalisme perspectif et sur le moi comme « un parmi les autres ». *Cf.* J. Martin, « Educating communal agents : Building on the perspectivism of G. H. Mead », in *Educational Theory*, 57, 4, 2007, p. 435-452. En outre, implicitement, Mead rejette à la fois un modèle individualiste et un modèle mentaliste en faveur d'un modèle relationnel « en raison de l'interactivité que l'on a avec d'autres dans les pratiques et traditions socioculturelles historiquement installées » (p. 443). Martin relève que, pour Mead, réaliser une telle interactivité dépend du langage : « Ceci reconnaît que l'éducation constitue un échange d'idées, un dialogue, appartient à l'univers du discours ». (p. 449) C'est finalement Mead qui a reconnu que le moi « comporte deux aspects distincts : (1) un "moi" constitué par les perspectives d'autres se basant sur l'expérience passée et (2) un "je" qui réagit au "moi" et qui constitue la forme particulière de la réflexivité qui, pour Mead, constitue le comportement humain. » (p. 442) Les ingrédients pour un argument conceptuel peuvent s'y trouver, mais ce qui manque, de mon point de vue, c'est la structure sémantique qui donnerait forme à l'argument lui-même. C'est ce que, pour moi, Davidson donne, mais sans référence.

un concept, un problème ou une idée problématique d'une part, et les comportements caractérisant le processus de triangulation de Davidson d'autre part. Ce qui s'y passe est similaire, quel que soit le stade de développement des participants : par exemple, un enfant exprime une pensée déjà à moitié élaborée, voire une opinion ferme ; un autre, qui est du même avis, recourt à un exemple pertinent ou à une raison auxquels tous deux peuvent avoir accès, qu'ils peuvent évaluer et auxquels opposer un contre-exemple ou un contre-argument ; après réflexion, le premier, décidant que l'autre a marqué un point, affine son point de vue ; quelqu'un peut poser une question visant à approfondir la recherche, proposer une analogie, et ainsi de suite. En termes davidsoniens, à partir de la perspective de chaque participant, une telle interaction met en scène trois sortes d'acteurs : soi-même, les autres participants qui parlent ou écoutent, et le monde, qui n'est pas simplement le monde d'objets, mais un espace conceptuel qu'ensemble, on essaie d'appréhender et auquel on tente de donner du sens. Il arrive fréquemment qu'un élève vienne en aide à un autre, en lui disant, par exemple : « Est-ce cela que tu veux dire ? ». Qu'on décrive une telle démarche en termes de deux personnes s'efforçant d'exprimer une chose qui existe mais qu'ils ne parviennent pas à appréhender, ou en termes de création par collaboration à quelque chose de neuf, il s'agit là d'un sujet de considération ultérieure (même si, selon Davidson, Wittgenstein et d'autres, c'est une erreur de penser qu'il doive toujours exister une pensée ou une idée indépendante préalable au dialogue). Le dialogue joue un rôle crucial à toutes les étapes du processus.

Les procédures dialogiques constitutives d'une CR ne se contentent pas de valoriser l'apprentissage coopératif et collaboratif. Le dialogue lui-même n'est pas que procédural. Exprimer des pensées, fournir des raisons, proposer des exemples, renforcer, défier ou réviser des croyances, tout cela est riche d'un contenu qui met ensemble le sujet faisant l'objet de la recherche et ceux qui s'y sont engagés. Le triangle de Davidson, en affirmant sa précision sémantique, n'est pas une *option*, qui serait préférable à un processus ou à une activité plus autonome. En outre, il faut résister à l'idée « post-moderniste » selon laquelle la vérité et la réalité ne sont rien de plus que la somme de ce qui est soulevé dans une communauté donnée. On considère comme admis que les procédures de recherche, telles qu'elles viennent d'être décrites, sont tout à fait constructivistes ; il faut cependant prendre soin de faire la distinction entre l'idée que l'étude, parallèlement à la connaissance qui en découle, se construit (à la fois à partir d'une étude préalable et en collaboration avec d'autres) – ce qui paraît empiriquement indéniable – et la notion plus radicale que le même processus collaboratif construit réellement la réalité dont on prétend avoir connaissance. Cette dernière idée a poussé des critiques à affirmer que les fruits de la recherche en commun, aussi tentants puissent-ils être, n'ont rien à voir avec la réalité brute. Pour le dire simplement, jamais la somme d'un engagement – subjectif ou intersubjectif – n'atteindra l'objectivité.

Ce n'est pas ici le lieu de s'embarquer sur une critique détaillée du constructivisme ou du constructivisme social. Toutefois, une réponse que pourrait donner Davidson, basée sur ce que nous en avons dit, sera utile : les termes généralement utilisés quand on discute de la place de la pédagogie constructiviste considèrent comme acquis qu'il y a une différence, en principe, entre ce que construisent les apprenants et la réalité véritable. Affirmation que rejette Davidson comme n'étant qu'une version du vieux dualisme entre le subjectif et l'objectif. En effet, cette affirmation est rejetée dès qu'on accepte la possibilité de dialogue entre personnes qui pensent, qui croient ou qui savent :

> Toute pensée propositionnelle, qu'elle soit positive ou sceptique, qu'elle concerne l'intérieur ou l'extérieur, exige que l'on possède le concept de vérité objective, concept qui n'est accessible qu'à ceux qui sont en communication avec d'autres. Connaître d'autres esprits constitue donc le fondement de toute pensée. Cette connaissance requiert et suppose la connaissance d'un monde partagé d'objets dans un temps et un espace communs. La connaissance ne se base dès lors pas sur une progression du subjectif vers l'objectif ; c'est de façon holistique qu'elle émerge, elle est interpersonnelle dès le départ [1].

Précédemment, j'ai fait référence à un dualisme assez différent dans le contexte de la non-réductibilité de l'action, à savoir le dualisme agentique de récits particuliers et la logique ou les logiques différentes qui les sous-tendent. Je suppose que quand on envisage la pratique véritable du dialogue, on voit fonctionner le même dualisme. Il est effectivement difficile de voir comment autre chose qu'un cadre dialogique pourrait l'accommoder.

Le flot structurel du dialogue en CR peut être représenté par un graphique dont les axes sont, respectivement, le temps ou la durée, et le lieu de la réflexion qui peut aller du niveau le plus bas jusqu'aux niveaux les plus élevés. Le dialogue recherche, au fil du temps, un jeu harmonieux entre des mouvements plus concrets (exprimer une opinion, citer un exemple tiré de son expérience personnelle, suggérer une analogie per-

1. D. Davidson, « Three varieties of knowledge », *in* D. Davidson (ed.), *Subjective, Intersubjective, Objective*, *op. cit.*, p. 218.

tinente) et de plus abstraits (formuler et appliquer une règle générale ou un critère, tirer une inférence ou une conséquence en fonction d'une formule ou d'un ensemble de principes de la logique, faire appel à ce qu'on connaît, etc.). Il n'est pas nécessaire d'abandonner la notion selon laquelle le dialogue vise une résolution – répondre à une question, comprendre un problème – par rapport à des objets et des événements appartenant carrément au monde et qui sont ceux que partagent ceux qui sont engagés dans le dialogue, de façon à insister sur le fait que les seuls ingrédients pour le dialogue sont les opinions, les croyances et les valeurs des participants.

À mesure que l'intérêt du dialogue va croissant, croît la richesse de la compréhension, ainsi que la connaissance de soi, des autres et du monde. C'est certainement à cela que pensait Davidson quand il écrit : « Le dialogue peut nous emmener ou nous emmènera jusqu'à une limite non fixée »[1].

Je propose que l'on envisage le mouvement dialogique entre niveaux de pensée plus concrets et plus abstraits comme réflexion à propos du dualisme de l'anecdotique et du particulier, versus des dimensions ressemblant à des lois ou des dimensions générales de soi et de l'action. Le dialogue est ancré dans des expériences réelles et imaginées de ceux qui y participent, souvent exprimées de manière anecdotique et contextuelle. Pas besoin de faire appel à quelque réductionnisme ou psychologisme comme base ontologique, sémantique et épistémologique. Le dialogue ne peut cependant être totalement particulariste ou anecdotique ; sa progression dépend, en partie, de la satisfaction des exigences de rationalité, ce qui comporte, outre notamment la formulation et l'application de critères constitutifs d'un raisonnement valable, le remodelage du particulier, du personnel en possibilités d'un jugement rationnel. En voici un exemple pratique : en s'engageant dans un dialogue, des élèves doivent être à même d'apprécier la transition entre exprimer une opinion personnelle ou proposer un exemple tiré de leur propre expérience et en fournir une raison ou un point de connexion avec du plus général ou universalisable. Si des opinions et des exemples peuvent se justifier comme points de départ, ils ne peuvent mener bien loin, parce que, étant des expressions personnelles, ils ne suscitent généralement pas un affinage ou une confrontation avec d'autres. Les bons enseignants sont ceux qui parviennent à poser des questions permettant aux élèves de dépasser le strictement personnel pour aller dans l'espace davantage public de l'interpersonnel (et, si cela se présente, de revenir en arrière).

1. *Ibid.*, p. 219.

Pour moi, éduquer c'est animer, encourager, nourrir *la vie de l'esprit*. Malheureusement, il s'agit là d'une idée qui va dans le sens inverse de ce qui se passe réellement dans les classes. Les beaux discours déclarant avec emphase produire d'excellents penseurs se révèlent trop souvent menteurs dans la pratique où la pensée véritable, autocorrectrice (réflexive et autorégulatrice) et délibérative, tout comme le dialogue, restent confinés dans des poches isolées de la société.

Le problème réside en partie dans la tendance de théoriciens comme de praticiens de l'éducation à continuer à sous-estimer l'importance de penser comme activité intrinsèquement collaborative. C'est qu'il vaudrait mieux parler de nourrir « *la vie de l'esprit* », puisqu'une intelligence, à elle seule, est non seulement impuissante mais impensable. Une bonne part de la politique éducative contemporaine reste accrochée à une conception étroite, à la fois en traitant les apprenants comme des individus isolés et en continuant à les réduire à des composants quantifiables. Les tests et examens – aussi bien à petite qu'à grande échelle – continuent à dominer les vies des enseignants, des étudiants, des autorités scolaires et des parents. Il est en outre bien connu qu'ils restent individualistes et réductionnistes.

On peut penser que, comme indicateurs de performance, les examens ou interrogations démontrent à quel point il est futile de vouloir se plonger dans les réalités de la subjectivité individuelle, leurs affirmations de base étant extrêmement faibles. En restant accroché à un modèle individualiste d'apprentissage, de pensée et d'évaluation, l'individu est retiré du groupe de personnes indispensable pour que puisse exister une pensée véritable – à la fois immédiate et plus réflexive.

Appliquer le modèle davidsonien de triangulation amène à rejeter comme littéralement inconcevable l'idée selon laquelle, si penser et comprendre sont des activités personnelles, apprendre et connaître impliquent des relations directes entre soi et le monde. Comprendre quelque chose aux quatre activités (penser, comprendre, apprendre et connaître), c'est apprécier non seulement leur interdépendance, mais celle qui existe entre apprenants et gens qui sont en quête de connaissance.

Je peux m'imaginer des questions venant de diverses directions avant de conclure en en envisageant simplement deux. La première, c'est l'(inter)dépendance de la pensée et du langage, à la Davidson et, dans une moindre mesure, à la Strawson, qui peut sembler en désaccord avec une vision plus pluraliste de la pensée comme de la communication. Qu'en est-il des élèves qui pensent avec leurs mains, avec leur corps ? Ou de ceux dont l'intelligence est plus musicale que linguistique, plus interpersonnelle que logico-mathématique ? Ensuite, qu'en est-il de l'idée « cosmopolite » selon laquelle, si l'on veut maintenir la vie dans ce monde métissé dans lequel nous vivons, la communication doit franchir des frontières linguistiques et culturelles ?

La seconde est plus facile à traiter. Pour Davidson, ce n'est pas qu'il y aurait une simple dépendance de la pensée par rapport au langage, mais que des penseurs appartiennent à une ou à plusieurs communautés d'interprètes du (ou des) langage(s) de chacun d'eux. C'est qu'on peut considérer que tout dialogue véritable comporte le même type d'interprétation et de traduction que ceux que l'on rencontre entre ceux qui parlent des langages différents. Voici ce qu'il écrit à ce propos :

> Je ne veux pas suggérer qu'on ne peut comprendre ceux avec lesquels on diffère par de nombreux traits d'opinion physique et morale. (...) Ce qui est certain, c'est que la clarté et l'efficacité de nos concepts croissent avec l'accroissement de notre compréhension des autres [1].

Que dire alors de la première question ? À savoir que même si nous comprenons l'interdépendance entre pensée et langage, cela ignore la simple réalité que toute pensée n'est pas linguistique et, plus important encore, qu'il y a ceux qui paraissent, tout au moins, être des penseurs efficaces tout en n'étant « pas vraiment » linguistiques. Je prétends ici que les deux affirmations sont, en fait, correctes. Je ne peux trouver chez Davidson de commentaire spécifique en relation avec ce point et, alors qu'il insiste sur des thèses comme l'holisme du mental, on peut dire que dans la mesure où la pensée propositionnelle et la commande de concepts tels que la croyance et la vérité sont liées au langage, il s'ensuit qu'une pensée non linguistique n'est ni propositionnelle ni liée conceptuellement à une croyance et à une vérité (déclaratives). Toutefois, il n'en résulte pas que le langage et la communication linguistique ne jouent pas un rôle privilégié par rapport à la pensée. Considérons, par exemple, des concepts. Les concepts sont des ingrédients cruciaux de ce qu'on appelle communément « pensée d'ordre supérieur », considérée aujourd'hui comme un composant vital d'un enseignement d'une pensée de meilleure qualité et de formation du jugement. Aider les élèves ou étudiants à identifier des concepts et à les utiliser (tous étant dans une certaine mesure abstraits, même si certains le sont plus que d'autres : comparer *beauté* et *justice* et comparer *chien* et *chat*) est une clé – si pas la seule – pour les aider à réfléchir, délibérer, analyser, synthétiser et évaluer. Mais comme cela a été

1. D. Davidson, « Three varieties of knowledge », *in* D. Davidson (ed.), *Subjective, Intersubjective, Objective*, *op. cit.*, p. 219.

discuté précédemment, les concepts, même si nous considérons leur statut mental, ne peuvent être séparés du langage utilisé pour les définir et les identifier ; ils font partie du cadre holistique de Davidson déjà mentionné. D'où les concepts constituent tout autant des « objets dialogiques » qu'ils sont des objets de pensée et d'introspection. En bref, même si l'on prétend que diverses formes de pensée ne sont pas linguistiques, il semble raisonnable d'insister sur le fait que des niveaux supérieurs de pensée jugés importants dans presque chaque domaine du curriculum *sont* effectivement linguistiques. Le peintre et le joueur de football peuvent penser spatio-kinesthésiquement (quelle qu'en soit l'interprétation), mais quand ils réfléchissent à leur travail et l'évaluent – particulièrement avec leurs pairs ou entre élèves – ils se tournent vers les activités linguistiques familières pour parler, écouter et écrire avec leurs compagnons.

Conclusion

À ceux qui aspirent à une approche plus interactive – et tout particulièrement dialogique – et plus humaniste (c'est-à-dire centrée sur la personne) de l'éducation et de l'école, Davidson, peut-être la voix dominante de la sémantique et de la philosophie analytique des cinquante dernières années, semble être un allié improbable. Pourtant, comme j'ai tenté de le montrer dans cet article, on peut trouver dans son œuvre beaucoup à glaner à cet effet. Un peu comme Socrate deux mille ans avant lui, mais revendiquant comme soutien un corps considérablement plus fort de théorie conceptuelle aussi bien qu'empirique, il a – fût-ce involontairement – expliqué pourquoi l'appel souvent entendu d'un « retour aux 3 R fondamentaux » manque en fait de la base qu'il prétend défendre :

> L'écriture peut représenter, mais non *constituer*, les échanges intersubjectifs au cours desquels se créent et se précisent des significations. Socrate avait raison : lire ne suffit pas. Si nous voulons nous approcher d'une plus grande sagesse, nous devons parler et, bien sûr, écouter. (L'italique est de moi)[1].

Parmi ses nombreux mérites, le dialogue à la fois reflète et génère ce qu'il constitue, à savoir notre existence en tant que penseurs dont chacun ne peut s'épanouir que comme *un-parmi-les autres*. Malgré la tentation de se détourner vers la science cognitive et la théorie du cerveau d'un côté, et le

1. D. Davidson, « Dialectic and dialogue », *in* G. Preyer, F. Siebelt and A. Ulfig (eds), *Language, mind and epistemology*, *op. cit.*, p. 432.

cocon de la spiritualité et de la subjectivité d'autre part, c'est notre rôle quotidien de gens qui parlent, qui écoutent et qui nous interprétons les uns les autres, qui reste au cœur de qui nous sommes, en tant qu'agents rationnels et réfléchis, ainsi qu'en tant qu'enseignants et étudiants. Philosophes et éducateurs peuvent parler d'aspiration à la sagesse ; ou plutôt, ils doivent en parler parce qu'il semble que peu d'autres personnes y aspirent. Il me semble dès lors bon de terminer pour citer, une fois de plus, Davidson : « Si nous voulons acquérir davantage de sagesse, il nous faut parler et, bien sût, écouter ».

Laurance SPLITTER
Professeur d'Éducation et de Philosophie
Hong Kong Institute of Education
Traduit par Nicole Decostre

POUR UNE PHILOSOPHIE INCLUSIVE?

Le titre de cet essai met en relation deux concepts : la philosophie et l'inclusion, dans le but d'en problématiser la relation. Nous partirons de l'aspect problématique intrinsèque dont ces concepts sont porteurs en raison de leur aspect polysémique, tant au niveau d'une analyse intralinguistique que dans la diversité de leurs usages au niveau interlinguistique. D'autres difficultés émergent lorsqu'il s'agit de relier les concepts de philosophie et d'inclusion dans une perspective pédagogique délimitée par les deux cadres théoriques qui constituent la trame de fond de cette recherche. Il s'agit, d'une part, de la « *Philosophie pour Enfants* » dans son apport pédagogique et, d'autre part, des recherches récentes sur l'éducation inclusive et le développement humain. La difficulté de ce cheminement, comme le suggère le titre, est sans doute porteuse de davantage de questions que de réponses.

Dans le première partie, je m'efforcerai de définir ce qu'on entend par inclusion en me basant non seulement sur la sémantique mise au point dans la terminologie de la Communauté internationale, mais également sur la signification et la valeur que lui attribuent les mouvements qui s'efforcent de promouvoir l'éducation inclusive et le développement humain à travers le monde. Néanmoins, il ne s'agira pas ici d'offrir un panorama ou une vue d'ensemble des différentes études interdisciplinaires dans les domaines philosophique, sociologique, économique, juridique et politique ayant pris en compte et analysé ce concept au niveau théorique plutôt que pratique. En revanche, je m'efforcerai de distinguer dans quelle mesure le concept d'inclusion se distingue des concepts d'intégration et d'insertion. Je relèverai les éléments distinctifs qui me paraissent les plus pertinents dans une double optique : celle de la pratique proposée dans la « *Philosophie pour Enfants* » et celle liée aux implications et défis éducatifs plus vastes que l'inclusion génère et met en évidence. Ce projet requiert inévitablement une analyse d'autres concepts complexes tels que ceux de justice, d'équité, d'égalité, de participation, de liberté, mis en relation avec les visées des processus inclusifs. À cet égard, la *Capability Approach* d'Amartya Sen[1] offre une grille d'analyse intéressante pour une lecture interprétative de l'inclusion en termes éducatifs. Dans la seconde partie, je m'efforcerai de préciser ce que nous entendons par « philosophie » en évoquant le contexte qui oppose traditionnellement philosophie analytique et philosophie continentale, mais aussi en me référant au modèle proposé par la « Philosophie pour Enfants » qui constitue, d'une certaine manière, un dépassement de ce clivage. Il ne s'agit pas d'un compte rendu exhaustif des différentes significations attribuées ou attribuables à la philosophie en tant que discipline et en tant que pratique, mais plutôt d'une mise en évidence des aspects plus proprement fonctionnels que suscite une réflexion sur le thème de l'inclusion. Cette réflexion constitue une sorte de fil conducteur dans le dernier passage de cet essai : nous soumettrons à la discussion la possibilité d'introduire des éléments de philosophie inclusive dans la pratique philosophique et les conditions aptes à les relever. Par ailleurs, à titre de conclusion provisoire, nous relèverons de quelle manière et à quelles conditions la « philosophie pour enfants » et la « communauté de recherche » pourraient constituer un exemple et un modèle dans ce projet.

DE QUELLE INCLUSION S'AGIT-IL ?

Dans les documents publiés par les organismes internationaux – lignes directrices, rapports, conventions, et déclarations de l'ONU de l'OMS et de UE, ayant une portée plus ou moins universelle, l'inclusion est considérée comme une valeur positive et sa promotion en tant qu'objectif souhaitable pour la société contemporaine et pour le développement humain fait l'objet d'une unanimité. On ajoute souvent à l'inclusion des adjectifs qui la contextualisent, en parlant d'inclusion sociale, économique ou politique, voire d'une inclusion qui inclut ces différents aspects. Dans d'autres cas, le concept d'inclusion est décliné en symbiose avec d'autres tels que ceux d'épanouissement personnel, de construction de paix ou de participation. Ces documents n'attribuent pas une ou des significations explicites au concept d'inclusion, mais ils offrent un cadre au sein duquel peuvent émerger des sens concrets favorables à des actions visant à la renforcer. Si nous partageons l'avis de Wittgenstein pour qui la signification d'une parole réside dans son usage, nous pensons néanmoins que définir l'inclusion permettrait de la distinguer d'autres processus visant également

1. A. K. Sen, *Development as freedom*, New York, Knopf, 1999; trad. fr., *Un nouveau modèle économique. Développement, justice, liberté*, Paris, Odile Jacob, 2000.

à réaliser une connivence, une coprésence, une contiguïté entre des éléments ou des sujets différents. Cette précision pourrait se révéler utile pour éviter toute approche dogmatique et démagogique du thème de la différence et de la reconnaissance individuelle ou collective qui pourrait être à la base de processus d'exclusion, de marginalisation. En réalité, dans les documents internationaux, l'inclusion est considérée comme une valeur et une fin positive en tant que telle et prend forme à travers l'individuation des moyens nécessaires pour l'atteindre. D'une certaine manière, il s'agit de s'engager à la réalisation de quelque chose pouvant être clarifié aussi bien à travers sa planification que pendant sa réalisation, avec une évaluation indirecte et globale de ses effets collatéraux considérés comme positifs.

L'origine du terme latin peut nous aider à comprendre les variantes sémantiques – dont certaines sont lointaines – de l'ancienne construction verbale « in-claudere », à savoir « enfermer », « serrer à l'intérieur ». Cette signification étymologique renvoie à l'usage du terme dans les sciences naturelles et les mathématiques. Le sens du terme « inclusion » y est clair et univoque : en minéralogie, l'inclusion se définit comme l'intrusion d'un composant plus ancien à l'intérieur d'une nouvelle forme rocheuse en formation. De même, en biologie, l'inclusion renvoie à la présence de corps minuscules dans le cytoplasme cellulaire. Tant au sens géologique que biologique, l'inclusion se définit littéralement comme l'introduction complète d'un élément dans un autre. Dans la théorie des ensembles, l'inclusion est une relation entre les éléments de deux ensembles, de sorte que tous les éléments qui font partie d'un ensemble font également partie de l'autre. Cette définition de l'inclusion a comme avantage de la définir non pas à partir des propriétés des éléments incluants et inclus mais des relations qui existent entre les ensembles et leurs éléments. Ce sont ces relations qui permettent de distinguer, par exemple, l'inclusion de l'immersion ou de l'appartenance d'un ensemble à un autre.

Dans le domaine social, le concept d'inclusion prend des contours plus larges et renvoie à des états subjectifs mêlés à des dynamiques sociales qui introduisent des relations différentes allant au delà de la notion restreinte du seul « contenant » et qui ne peuvent se réduire à l'inclusivité strictement mathématique. Miller et Katz[1] proposent une définition générale de l'inclusion compatible avec une approche humaniste : « L'inclusion est un sentiment d'appartenance : se sentir respecté, apprécié pour ce qu'on est ; ressentir un degré d'énergie insufflée par d'autres et leur sympathie, tout

1. F. A. Miller and J. H. Katz, *The Inclusion Breakthrough : Unleashing the Real Power of Diversity*, San Francisco, Berrett-Koehler Publishers, 2002.

cela ayant pour résultat que vous pouvez mieux travailler. » Ici, le fait d'être partie prenante d'une communauté plus large est considéré en termes d'états psychologiques positifs correspondant à l'assouvissement des besoins primaires et secondaires, à savoir de type social et existentiel. Cela correspond à une définition plus dynamique et complexe du processus d'inclusion. Une définition de ce type se distingue de la définition mathématique dans la mesure où elle se concentre sur les aspects qui concernent ce qui est inclus, laissant en arrière-plan les caractéristiques de l'élément incluant et de l'inclusion en tant que telles. Tant le langage commun que le langage technique ont tendance à comprendre et à utiliser le terme d'inclussion dans le cadre d'une polarisation sur un des ensembles de la relation exclusive : à savoir sur ce qui est inclus. Cette polarisation donne une valeur positive à l'inclusion en se basant sur les bénéfices attribués à un des deux termes, à savoir celui qui est inclus, cette valeur positive issue selon moi d'une contraposition inévitable et légitime, tant sur le plan logique que sur le plan pragmatique entre inclusion et exclusion. Elle se reflète dans la dialectique qui existe entre « être inclus » et « être exclu ». Ce contraste, constitutif de ce que l'on nomme en mathématique le principe d'inclusion/exclusion, traduit dans le droit romain de l'Antiquité par le principe interprétatif de « inclusio unius, excluso alterius », semble acquérir une valeur critique et problématique, voire parfois tragique dans les dynamiques de la vie collective ou individuelle. Il attribue une valeur négative au pôle de l'exclusion, vu comme un lieu de marginalisation sociale et de discrimination, par opposition à l'inclusion considérée comme un lieu de bien-être[1]. Il a fallu partir du vécu des individus – hommes, femmes, enfants, personnes « handicapées » – ou de communautés entières – noirs, juifs, roms, sourds – privés des relations nécessaires à leur reconnaissance en tant qu'individus ou communautés, pour que se développent une conceptualisation et un changement sémantique du concept d'inclusion. Dans ce cadre, la définition de Miller et de Katz prend une valeur pro-active qui permet de discerner les actions qui contribuent à lutter contre l'exclusion en favorisant la promotion de certains sentiments, états d'âme, prérogatives, opportunités, droits regroupés sous le terme générique d'inclusion. Bien que l'inclusion ne signifie pas uniquement appartenance, réciprocité, équité, les relations qu'elle génère sont considérées comme des propriétés distinguant l'inclusion comme processus antagoniste de l'exclusion. Cette définition apparaît également dans les

1. E. Ghedin, *Benessere disabili. Un approccio positivo all'inclusione*, Napoli, Liguori, 2009.

documents internationaux qui voient l'inclusion comme un processus d'émancipation et de sortie d'une situation négative d'exclusion par rapport à laquelle elle s'oppose. Le programme des « Volontaires » de l'ONU de 2006, en particulier dans les chapitres consacrés à ce qu'on entend par « inclusion », présente une liste des actions diversifiées visant à la promouvoir.

> Encourager l'épanouissement personnel
>
> Cette contribution inclut la promotion de l'inclusion de tous les participants en particulier ceux qui sont défavorisés, dans des processus affectant leur bien-être. Ce qui suppose rendre accessible l'information sur les opportunités, sur la façon de participer ; mettre en place des stratégies et des procédés de participation efficaces ; établir et renforcer des réseaux facilitant l'accès de groupes ciblés aux processus de prise de décision ; s'assurer que soient installés des mécanismes destinés à faciliter le dialogue entre acteurs aux divers niveaux décisionnels [1].

Dans cet extrait, sans définir explicitement l'inclusion, on se concentre plutôt sur ce qui est « inclus » dans cette relation entre les parties, à savoir la disponibilité de la diffusion, l'accès à l'information et la possibilité de participer dans des contextes communicationnels dialogiques, aux processus décisionnels qui concernent chacun. En outre, l'intitulé même de ce document établit un lien étroit entre inclusion et participation d'une part, et entre ces deux concepts et celui de l'épanouissement personnel d'autre part. Cela contribue à clarifier par la suite les circonstances qui permettent l'instauration de relations inclusives.

De même, le document présentant la mission du Département des Nations Unies pour les politiques sociales et le développement met en évidence le rapport explicite entre inclusion et construction de la paix ainsi que sa contribution à la création de sociétés stables, sûres et justes.

INCLUSION SOCIALE ET CONSTRUCTION DE LA PAIX

Construire une société aussi stable, sûre et juste est un processus lent et fastidieux Nous croyons pourtant que c'est le meilleur moyen pour installer une base qui évite le conflit social et construise une paix durable.

Dans la *Déclaration sur le Développement social* (ONU), ce lien apparaît clairement dans les engagements pris à Copenhague par les États

1. Programme des « Volontaires » de l'ONU de 2006, chapitre 2 « Inclusion et participation ».

et Gouvernements en 1995. Le terme d'inclusion y est néanmoins remplacé par celui d'intégration alors que le terme opposé d'exclusion sociale est plusieurs fois cité. Dans l'Engagement 4 de cette déclaration, les présidents et gouvernements des États s'engagent à :

> Promouvoir l'intégration sociale en encourageant des sociétés qui soient stables, sûres et justes et qui aient pour fondement la promotion et la garantie de tous les droits humains, ainsi que la non discrimination, la tolérance, le respect pour la diversité, l'égalité des chances, la solidarité, la sécurité, ainsi que la participation de tous, y compris des groupes ou des personnes défavorisés et vulnérables [1].

À nouveau, aucune définition directe, mais une focalisation sur les propriétés de cette relation qui met en évidence sa valeur positive. Il s'agit en effet d'une inclusion définie en tant que gardienne de la justice, protectrice des droits, fondée sur la tolérance, le respect, l'égalité, la solidarité et la participation. En ce sens, l'inclusion n'est considérée en tant que relation que dans un plus vaste projet anthropologique de formation et de développement humain, visant non seulement à lutter contre les processus d'exclusion, source de marginalité, de marginalisation et de pauvreté, mais également à favoriser l'émergence de nouvelles opportunités de développement humain.

Ce n'est donc pas un hasard si le thème de l'inclusion a bénéficié d'un plus grand espace de réflexion au sein d'études et de mouvements consacrés à l'éducation inclusive, plus particulièrement dans le cadre de personnes souffrants de handicaps ainsi que dans celui lié aux questions de différences culturelles, de développement humain et de droits humains. Les initiatives centrées sur l'inclusion ainsi que les projets de recherche ou d'intervention partent d'une dénonciation des situations d'exclusion sociale et s'appliquent à chercher des moyens et des instruments alternatifs visant à la combattre ou à la prévenir. Ils cherchent à renforcer, via des processus de reconnaissance existentiels, sociaux et politiques - la dignité des êtres humains ou des communautés victimes de la non-reconnaissance d'autres individus ou communautés avant d'aborder la question des droits et des potentialités.

À cet égard, l'approche des « capabilités » du Prix Nobel 1999 d'économie, Amartya Sen, est emblématique dans la mesure où elle

1. *Déclaration sur le Développement social* (ONU), 1995.

combine ces différents thèmes[1]. Sen a étudié les différentes conditions et situations, qu'elles soient existentielles, sociales ou institutionnelles, qui risquent de transformer les différences individuelles en désavantages et en inégalités ou, au contraire, en possibilités de développement. Le point de départ de son analyse remet en cause la « rhétorique de l'égalité dominante » qui peut se résumer dans la pétition de principe « tous les êtres humains naissent égaux » au profit de la conviction que les êtres humains naissent totalement différents les uns des autres. Il s'ensuit que tout projet égalitaire doit prendre conscience qu'il existe une « forte dose d'inégalité préexistante » qu'il s'agit de combattre. J'estime que ce point de départ est particulièrement pertinent et qu'il confirme mon hypothèse initiale selon laquelle l'exclusion est antérieure à l'inclusion alors que nous avons tendance à définir l'inclusion par opposition à l'exclusion. Comme volonté de promouvoir l'égalité passe inévitablement selon Sen par une détermination des propres espaces d'expression et par la possibilité de les exprimer, elle est inséparable de la liberté individuelle et collective. Pour Sen, la liberté se définit comme la possibilité d'être et de faire ce à quoi nous attribuons de la valeur, nos modes de fonctionnement, c'est à dire ce qui vaut la peine d'être choisi en tant qu'élément contribuant au bien-être, défini comme l'accomplissement d'une vie épanouie basée sur la pleine réalisation personnelle. Un des points principaux de cette approche consiste à distinguer les termes de « capacité » et de « capabilité ». Cette dernière ne coïncide pas avec la capacité d'agir mais plutôt avec l'opportunité effective, en tant que pouvoir et en tant que volonté, d'accomplir l'action. Il existe tout un « ensemble de capacités » individuelles ou collectives, diversifiées selon les individus ou les communautés. C'est grâce à elles que toute personne sera peut être plus ou moins en mesure de choisir contribuant ainsi au développement général.

L'analyse de Sen contribue à notre discours sur l'inclusion en suggérant de considérer le développement, non pas en fonction de ce qu'un individu ou une société est capable de produire, mais plutôt en fonction de la condition et de l'opportunité qui permettent de choisir quelque chose qui a une valeur en soi. Promouvoir le développement désigne plutôt un accroissement équitable mais différencié des opportunités de choix et d'initiatives des individus en fonction du contexte qu'une répartition

1. A. Sen, *Social exclusion, Concepts, Application, and Scrutiny*, Manila, Asian Development Bank, 2000.

indifférenciée des ressources nécessaires pour satisfaire les besoins [1]. Ainsi l'inclusion prend le sens d'opportunités de choix et d'initiatives en fonction du contexte. Dans le modèle de Sen, la liberté et le développement sont étroitement liés à cette « raison pratique » de matrice aristotélicienne en tant qu'instrument pour l'élaboration de jugements de valeur. C'est cette « raisonnabilité » (ou capacité à agir de manière raisonnable) qui est à la base de nos choix et de nos décisions. Pour Sen, l'exclusion correspond à une privation des « capabilités », source de pauvreté, une pauvreté comprise comme manque d'opportunités d'épanouissement et par là, d'exclusion. Il souligne également que les implications sociales de cette relation peuvent être volontaires et avoir un impact sur le développement [2]. En outre, au sein même de la relation d'exclusion, il existe selon Sen une « inclusion défavorable » qui ne produit pas les effets de développement souhaités, en termes de liberté, d'équité et de justice. L'inclusion « favorable » – si nous voulons la définir ainsi en l'opposant à l'exclusion – peut, dans cette approche, être considérée comme garant de la liberté, de l'équité et de la justice aux personnes impliquées, non pas dans un sens absolu mais en fonction de la possibilité de participer volontairement aux décisions de la vie quotidienne génératrices de développement. Le terme d'inclusion est ici décliné non pas par rapport aux individus et aux communautés, mais plutôt par rapport aux capabilités dont ils disposent dans le contexte ; son efficacité, son succès serait mesurable par l'effet sur l'épanouissement individuel et collectif [3].

De nombreux chercheurs [4], adaptent l'approche des « capabilités » dans une perspective éducative basée sur le thème de l'inclusion. Ils s'accordent souvent sur la nécessité de spécifier certaines « capabilités de base » que

1. A. A. Frediani, *Planning for Freedoms : The Contribution of Sen's Capability Approach to Development Practice*, Practical Action Briefing, 2008.

2. A. Sen, *Social Exclusion, Concepts, application and Scrutiny, op. cit.*

3. E. Ghedin, *Benessere disabili, Un approccio positivo all'inclusione*, Napoli, Liguori, 2009 et Biggeri e Bellanca, *L'approcio delle capability applicadi alla disabilita: della teoria della sviluppo umano alla pratica*, Università degli Studi di Firenze, 2011.

4. M. Saito, « Amartya Sen's Capability Approach to Education : A critical exploration », *Journal of Philosophy of Education*, 37, 1, 2003, p. 17-33 ; E. Unterhalter, « Crossing disciplinary boundaries : the potential of Sen's capability approach for sociologists of education », *British Journal of Sociology of Education*, 24, p. 665-669 ; E. Unterhalter and H. Brighouse, « Distribution of what ? How will we know if we have achieved Education for All by 2015 ? », Paper presented for the Third Conference on the Capability Approach : *From Sustainable Development to Sustainable Freedom*, Pavia, Italy, 7-9 septembre 2003 ; M. Walker, « Towards a capability-based theory of social justice for education policy-making », *Journal of Education Policy*, 21, 2, 2006, p. 163-185.

l'éducation devrait promouvoir indépendamment du choix fait par l'enfant ainsi que le fait que les modes de fonctionnement ne soient pas universels mais particuliers. Brighouse par exemple, affirme que : « tous les enfants doivent avoir vraiment l'occasion de devenir des adultes autonomes parce que l'autonomie accroît fortement la capacité des individus à identifier pour eux-mêmes les vies dignes d'être vécues et à les vivre[1]. Il s'agit donc d'équiper les enfants de ces capacités requises pour réfléchir rationnellement sur les différents choix qui se présenteront à eux en garantissant qu'ils puissent les faire dans les meilleures conditions présentes et futures. Nussbaum insiste également sur ces aspects éducatifs en soulignant que la démocratie a besoin d'enfants ayant appris à penser de manière critique et qui soient capables de se projeter dans un contexte qui leur offre la liberté de choix[2]. Terzi adapte l'approche « inclusive » par capabilités au problème du handicap[3]. Cette étude met en évidence que l'égalité des capabilités ne réduit pas le risque d'exclusion associée au handicap, mais incite à une prise en compte des aspirations des personnes handicapées par rapport à leurs opportunités contextuelles. Il appelle à un renouveau en matière éducationnelle et institutionnelle qui puisse les prendre en compte.

Si nous souhaitons offrir un modèle d'inclusion basé sur la liberté et le développement, il est préférable de l'imaginer sous les traits d'une « communauté ouverte » où inclusion signifie davantage qu'uniquement faire partie et exclusion plus que qu'uniquement être extérieur. Ce modèle consiste plutôt dans un désir et une possibilité de (vouloir/pouvoir) faire partie, toujours susceptibles d'être rediscutés et partagés, par opposition à une relégation dogmatique et immédiate. C'est ce que préconise Habermas dans son œuvre[4] lorsqu'il rappelle que l'inclusion ne se réduit ni à une assimilation totale ni à une fermeture à celui qui est autre. L'inclusion de l'autre signifie plutôt que les frontières de la communauté sont ouvertes à tous, y compris – et surtout à ceux qui sont considérés comme étrangers et qui veulent le rester.

1. H. Brighouse, *School choice and social justice*. Oxford, Oxford University Press, 2000, p. 88.

2. M. Nussbaum, *Frontiers of Justice*, Harvard, Harvard University Press, 2006.

3. L. Terzi, « Beyond the dilemma of difference : The Capability Approach to disability and special educational needs », *Journal of Philosophy of Education*, 39, 3, 2005, p. 443-459 ; « A capability perspective on impairment, disability and special needs : Towards social justice in education », in *Theory and Research in Education*, 3, p. 197-223.

4. J. Habermas, *Die Einbeziehung des Anderen*, Frankfurt am Main, Suhrkamp Verlag, 1996.

Cette dimension volontaire, participative, ouverte et non ségrégative (dans le sens d'assimilation et d'enfermement) qui émerge progressivement dans notre construction du concept d'inclusion ressort également de manière emblématique dans les choix de vocabulaire et de paradigme propre au contexte italien actuel.

À cet égard, l'Italie est un « observatoire » privilégié dans la mesure où l'État s'est engagé depuis plus de trente ans dans des programmes d'inclusion sociale des personnes atteintes de handicap, d'abord en préconisant l'insertion totale, puis une intégration totale et plus récemment une authentique inclusion. J'estime que la discussion sémantique qui a lieu en Italie sur l'utilisation de ces termes porte des enjeux à la fois politiques, sociaux et culturels reprenant un certain nombre d'observations analysées jusqu'à présent.

Le choix d'introduire de nouveaux concepts pour décrire et promouvoir des processus n'est pas simplement une question de vocabulaire politiquement correct, mais permet de nouvelles significations et évaluations des faits et des situations dans leurs aspects décisifs, leurs points forts, leurs situations de crise et de changements. La première loi nationale en Italie[1] qui a décrété l'obligation d'insérer tous les enfants porteurs de handicaps dans les écoles primaires et secondaires date de 1971. Une avancée déterminante considérée par d'autres pays comme un record. On peut dire qu'il s'agit du premier pas vers l'inclusion, c'est-à-dire que l'insertion ressemble dans de nombreux cas à une intrusion selon les modèles biologiques ou géologiques, mais du simple fait de leur présence au sein des classes, on a tenu compte des enfants porteurs de handicaps qui, du coup, ont finalement été pris en compte. Se distinguer dans un contexte constitue le premier pas pour y créer son espace de manière cohérente et harmonieuse en en modifiant et élargissant les contours : « Voilà les objectifs que nous avons voulu atteindre dans les années où il était question d'intégration scolaire ». Comme le soulignent Yell et Drasgow[2] : « Le lieu ne vient pas avant l'adéquation. C'est-à-dire que le « quoi » doit précéder le « où ». Comme le fait remarquer Kane, de nombreuses initiatives en faveur de l'inclusion totale semblent se focaliser sur l'installation alors que, dans le même domaine, les programmes appropriés de didactique et de pédagogie spéciale requièrent que les potentialités et les besoins des élèves passent en premier lieu, indépendamment de toute

1. Legge 118.

2. M. Yell, E. Drasgow, « A legal analysis of inclusion », in *Preventing School Failure*, 43, 3, 1999, p. 118-23.

recommandation logistique[1]. Il existe de nombreuses variations réciproques entre individus même lorsqu'il s'agit d'enfants du même âge ou atteints du même handicap. En négligeant cet aspect et en n'affrontant pas cette différence de manière adéquate, nous risquons ce que Sen nomme l'inclusion défavorable ou – plus grave encore – une « inclusione inversée »[2]. À cet égard, Hobbs et Westling proposent une comparaison intéressante lorsqu'ils insistent sur le fait que « essayer de forcer tous les enfants à entrer dans le moule de l'inclusion est aussi coercitif que d'essayer de les forcer à entrer dans le moule d'un enseignement spécial »[3]. Je crois qu'il s'agit justement du dernier défi que nous pose le changement de vocabulaire avec le terme d'inclusion[4]. Les limites entre concepts d'insertion et garanties d'intégration coïncident avec celles de l'expérience pragmatique lorsqu'elle s'applique à mobiliser les concepts de liberté, de participation, de vie épanouie, et donc de développement global dont il est question ici. Afin de promouvoir véritablement la liberté et le développement, il est nécessaire de prendre en compte l'inégalité et de la combattre, en partant de sa propre inégalité.

L'inclusion demande à tous les acteurs impliqués, indépendamment des hiérarchies ou du statut, en plus d'un partage de l'habitat et du milieu, une réciprocité dans le changement, une co-évolution adaptative; une flexibilité dans le processus de transformation; une acceptation du risque et de la perte, une optimisation des gains, une résilience aux traumatismes, un déploiement des potentialités, une résistance à l'effort et aussi une forte dose d'imagination. L'inclusion nécessite des « communautés ouvertes » à chaque individu avec ses particularités et ressemble donc davantage à un principe auquel nous pouvons tendre avec nos propres choix plutôt qu'à une relation fixe entre individus. En tant que *principe*, le concept d'inclusion pourrait mettre en valeur les aspects paradoxaux et aporétiques qui lui sont propres et qui, loin de l'affaiblir, le rendent plus utile sur le plan pragmatique et dans les situations particulières de la vie. En tant que

1. N. Kane, *Collaborative Teaching Methods for General Education Classroom Environments*, SPE 431, ASU West, 2001.

2. D. W. Carbado, C. Fisk, G. M. Gulati, « After Inclusion », in *Annual Review of Law and Social Science*, 2008, 4, p. 83-102.

3. « Trying to force all children into the inclusion mold is just as coercive as trying to force children into the mold of pull-out special education instruction », M. Hewitt, « Inclusion from a general educator's perspective », *Preventing School Failure*, 43, 3, 1999, p. 133-134.

4. *R. Caldin, Introduzione alla* pedagogia speciale, Padova,Cleup, 2001 ; A. Canevaro, *La logica del confine e del sentiero*, Trento, Erickson, 2007 ; A. Canevaro, *Parole che affiorano*, Trento, Erickson, 2008 ; A. Canevaro, M. Mandato (dir.), *L'integrazione e la prospettiva inclusiva*, Roma, Monolite, 2004.

principe logique ou régulateur, l'inclusion pourrait garder – tout comme d'autres principes fondamentaux tels que celui de non-contradiction – sa propre consistance normative interne sans que la réalité puisse en donner concrètement une adéquation ou une représentation effective complète en tant que l'avènement de quelque chose ou sa négation Elle agit plutôt comme une « *regula veri* » susceptible de donner une identité à quelque chose à travers sa distinction par rapport à ce qu'elle n'est pas[1]. Il s'agit précisément du pouvoir que Bruner attribue en particulier dans le domaine éducatif aux antinomies[2]. Celles-ci montrent que le contraire d'une « petite vérité » serait faux alors que le contraire d'une grande vérité serait une autre grande vérité. Le rappel constant de cette ambivalence des principes ne doit pas produire une paralysie de l'action mais plutôt jouer le rôle d'un stimulant pro-actif visant à mettre un terme à l'ambivalence propre à la re-précision continue de l'action. La dimension aporétique de l'inclusion consiste à poser simultanément– comme cela se passe dans le dialogue – la différence et l'identité entre les parties d'une relation destinée à les maintenir tout en les dépassant. Un autre aspect paradoxal s'exprime dans le paradoxe de la participation qui nous rappelle Foucault[3] – lorsque nous voulons qu'elle pose au préalable les conditions que la participation devrait produire comme conséquences. Tant la réalisation de l'inclusion que celle de la participation dépend de la présence et de la garantie de ces mêmes prérogatives auprès des individus visés prioritairement par l'inclusion et la participation. Or une relation de subordination et une situation de distribution non équitable du pouvoir ne permettent pas de les atteindre. C'est précisément ce que dénoncent Carbado, Fisk et Gulati quand ils demandent de manière provocante d'aller au delà de l'inclusion en pointant les contradictions qui émergent dans la pratique lorsque l'inclusion est impuissante ou qu'elle contribue faire persister exclusion – sous forme d'exploitation, de discrimination ou de perpétuation des structures de pouvoir – non pas à l'extérieur du système, mais à l'intérieur[4]. Le paradoxe de l'inclusion est encore plus manifeste dans le contexte actuel de transformation du *welfare*

1. L. Illetterati, *La Filosofia come esperienza del pensiero e scienza della libertà*, Padova, Cleup, 2009.

2. J. Bruner, *The culture of Education*, Harvard, Harvard University Press, 1996; trad. fr. Bonin, *L'éducation entrée dans la culture* : *les problèmes de l'école à la lumière de la psychologie culturelle*, Paris, Betz, 1996.

3. K. Quaghebeur, J. Masschelein, H. H. Nguyen, « Paradox of participation : giving or taking part ? », *Journal of Community & Applied Social Psychology*, 14, 3, p. 154-165.

4. D. W. Carbado, C. Fisk, G. M. Gulati, « After Inclusion, » in *Annual Review of Law and Social Science*, 2008, 4, p. 83-102.

state au *workfare state*, où le fait d'augmenter l'accès au travail correspond nécessairement à une sélection[1]. Mais c'est justement l'aspect aporétique et paradoxal qui nous amène selon moi à résoudre le paradoxe de manière pragmatique en s'efforçant de traduire un « principio impossibile » devant être actualisé sur un plan absolu en actions particulières, indentifiable malgré ses limites et ses failles. En faisant du concept d'inclusion un principe plutôt qu'un idéal, nous pouvons à mon avis en garantir le pouvoir régulateur et dirimant, sans nier la force d'adhésion à la réalité définie non pas en termes d'adéquation mais de ressemblance relative. Ainsi reconnaître l'aporie circulaire de l'inclusion – inclure signifie également exclure dans de multiples variantes, inclure l'un exclut nécessairement l'autre, inclure en quelque chose signifie exclure d'autre chose, inclure pour quelque chose signifie exclure pour autre chose – ne remet pas en question l'idée d'inclusion en absolu mais nous rend conscients de ce que l'inclussion peut être favorable ou défavorable[2], positive ou négative[3] telle qu'elle se décline, se contextualise et se produit dans la pratique et dans l'expérience individuelle. Parmi les réponses pragmatiques au paradoxe de l'inclusion, citons celle de Tapia dans un manuel récent où il propose une série d'actions urgentes destinées à maintenir la tension interne propre au paradoxe[4]. Tapia décrit l'*Ere Obama* comme une instance épochale de transformation du *Leadership* mondial, et lui donne un sens davantage culturel que politique et économique. Dans son manuel, il reconnaît certaines implications culturelles essentielles pouvant faire office de véritable « indicateurs » du processus inclusif qu'ils représentent :

– L'inclusion est une force transformatrice

– Tout ce qu'on fait a un impact mondial

– La diversité et l'inclusion requièrent l'intentionnalité

– Nous vivrons une renaissance de la prise de décision influencée par les valeurs

– Nous devons nous focaliser davantage sur les résultats

– le niveau supérieur est aussi important que le niveau 'inférieur

– l'un *et* l'autre vaut davantage que l'un *ou* l'autre

1. J. Handler, « The Paradox of inclusion : social citizenship and active labormarket policies, » *Paper for the Law & Society Annual Meeting*, Budapest 4-8 juillet 2001.

2. A. Sen, *Social exclusion*, *op. cit.*

3. N. Kane, *Collaborative Teaching Methods for General Education Classroom Environments*, *op. cit.*

4. A. T. Tapia, *The Inclusion Paradox. The Obama Era and the Transformation of Global Leadership*, Hewitt Associates, 2010.

– La diversité de l'inclusion exige que l'on mette en exergue nos différences, pas que nous les minimisions.

Il est intéressant de montrer ici dans quelle mesure ces indicateurs prennent l'aspect de sub-principes d'inclusion susceptibles d'orienter nos actions en sa faveur. Précisément, l'inclusion étant une relation complexe qui comprend des concepts secondaires, il peut être utile de la décomposer dans des sub-relations et des descriptions de ses propriétés. La liste d'indicateurs proposée par Tapia reprend les aspects problématiques et paradoxaux de l'inclusion que nous avons analysés jusqu'à présent en les plaçant l'un à côté de l'autre afin d'offrir une forme de plan critérié permettant l'élaboration d'un « programme libertaire » tout aussi problématique et paradoxal. Après le « où » et le « quoi », l'inclusion se focalise aujourd'hui sur le « comment ». Des signes allant dans ce sens proviennent de la Communauté internationale qui élabore et offre des instruments utiles. Ce qui est frappant c'est justement cette mise en exergue des aspects communicatifs, participatifs et dialogiques dans la perspective inclusive. Le premier extrait relatif à publication de l'ONU que nous avons citée mettait déjà en évidence l'importance du dialogue participatif, non seulement en tant que moyen mais également en tant que fin du processus d'inclusion. Dans un volume visant à soutenir les programmes inclusifs et de développement de l'ONU, intitulé justement « Dialogue participatif: vers une société stable, sûre et juste pour tous » (2007), l'inclusion comme thème principal est introduit de manière métaphorique avec une poésie :

They drew a circle which kept me out,
A heretic, a rebel, a thing to flout.
But love and I had the wit to win
We drew a circle which drew them in.
(Edwin Markham)

Ce qui me parait intéressant dans cette image circulaire représentant l'inclusion, c'est l'introduction de l'amour dans la construction du cercle le plus large, comme s'il fallait rappeler que l'inclusion ne présuppose pas uniquement des personnes mais également des sentiments, des fins, des valeurs, des concepts partagés présupposant une relation entre eux et le contexte. Cet extrait attribue au dialogue une fonction procédurale dans la création de ces relations et affirme que :

> Le dialogue participatif est un des mécanismes clés permettant d'encourager la participation de tous les membres de la société, de renforcer la capacité de construire des mécanismes, de prévenir et résoudre un conflit. Il adopte comme guides les principes d'unité dans la diversité, ainsi que la justice sociale. Une approche dialogique attache une grande valeur à l'art

> de communiquer et de faire des projets comme constituants d'un projet de « penser ensemble » au sein d'un groupe mélangé de personnes[1].

Les auteurs de cet extrait s'efforcent de définir le dialogue comme :

> le processus permettant de construire ensemble une compréhension et une confiance réciproques en dépit des différences et de parvenir à des résultats positifs par le biais de la conversation. Alors que, dans de nombreuses assemblées, le terme « dialogue » implique des formes variées de conversations, le fait qu'il dérive de « dia » qui signifie « au travers de » et « logos » qui signifie « sens », suggère une adaptation synergique au concept d'intégration sociale. Au sein du concept d'intégration sociale, le dialogue se réfère à des interactions ayant pour but de couvrir un sens partagé ainsi qu'une entente et une compréhension mutuelles[2].

Ensuite on met en évidence la contribution du dialogue participatif à la promotion de sociétés inclusives, stables, sécurisées, et tolérantes en matière de diversité.

> Les Etats membres se sont engagés à promouvoir l'intégration sociale en encourageant les sociétés qui sont stables, sûres, justes et tolérantes, et qui respectent la diversité. Une société inclusive comme celle-là – une société pour tous – est une société dans laquelle toute personne, chacune avec ses droits et responsabilités, a un rôle actif à jouer. Une société pour tous doit s'équiper de mécanismes appropriés rendant ses citoyens aptes à participer à des processus de prise de décision affectant leur vie et, en fin de compte, de donner forme à leur futur commun. Un dialogue participatif constitue un outil politique important pouvant offrir une série de moyens pratiques et qui, pour cette raison, doit pouvoir jouer un rôle dans la construction de sociétés plus unies, aussi bien qu'à celle de la paix, y compris dans des sociétés ayant vécu des conflits[3].

L'objectif du dialogue participatif n'est donc pas seulement d'inclure « quelqu'un » mais d'inclure « toute personne jusqu'au dernier ».

À ce stade, nous commençons à comprendre le lien avec la philosophie. Ce qui nous amène à nous poser la question de savoir de quelle philosophie il s'agit.

1. *Dialogue participatif : vers une société stable, sûre et juste pour tous*, Nations Unies, 2007.
2. *Ibid.*
3. *Ibid.*

DE QUELLE PHILOSOPHIE S'AGIT-IL ?

Pour répondre à cette question, nous pouvons puiser, d'une part, dans la tradition philosophique et, d'autre part, dans le rapport que les différents courants philosophiques ont maintenu avec la tradition. D'un certain point de vue, les deux angles se superposent étant donné qu'ils nous présentent deux moyens « traditionnels » et antagonistes de concevoir la philosophie, correspondant substantiellement à deux manières différentes de s'inscrire philosophiquement dans la tradition[1]. Il s'agit de l'opposition bien connue entre philosophie « analytique » et philosophie « continentale ». Cette opposition, initialement géographique, est devenue par la suite une opposition métaphysique et est actuellement – heureusement – remise en question. Il ne s'agit pas tellement d'une opposition et d'une rivalité entre les réponses offertes à certains problèmes philosophiques communs, mais plutôt d'une conception divergente de l'activité intellectuelle que nous appelons « philosophie » et de son objet légitime de réflexion. Ces deux conceptions donnent à la pratique philosophique des aspects et des chemins différents, d'autres objets d'investigation et une manière autre de se rapporter à la connaissance. Pour simplifier, le premier courant cité comprend les recherches de penseurs anglo-américains qui s'inscrivent dans la continuité de pensée avec des figures telles que Mill, Frege, Russell, Carnap, Wittgenstein, Davidson. Ceux-ci se concentrent sur l'analyse du langage et de ses problèmes et se distinguent par une certaine confiance dans la procédure rationnelle de la science. La sémantique de la philosophie analytique se concentre essentiellement sur les concepts de référence et sur les modalités nécessaires pour l'établir, elle s'inscrit d'une certaine manière dans une toile de fond réaliste. Le second courant cité se réfère un peu plus vaguement à une tradition dans laquelle s'inscrivent des penseurs tels que Hegel, Marx, Nietzsche, Bergson, Husserl, Heidegger, Foucault, et Derrida, qui s'efforcent de joindre dans une unique réflexion théorique le domaine de la connaissance et celui de la sagesse, *l'être* et le *devoir être* et se méfient d'une certaine manière de la primauté de la science comme modèle d'investigation rationnelle[2]. La philosophie continentale a conservé un intérêt poussé pour l'épistémologie et sa réflexion s'inscrit dans un arrière-fond idéaliste. Bien que l'opposition entre réalisme et idéalisme ait fini par s'atténuer et se réduire – de manière illégitime – à une

1. A. Cutrofello, *Continental Philosophy*, London, Routledge, 2005.

2. S. Critchley, *Continental Philosophy : A Very Short Introduction*, Oxford, Oxford University Press, 2001.

opposition entre ceux qui assument l'existence du monde extérieur[1] et ceux qui le « relativisent », elle a connu néanmoins une exacerbation et un point critique en mettant en avant l'existence d'intérêts et de légitimations divergentes, négligeant de ce fait tous les éléments qui permettraient de reconnaître un dénominateur commun dans les deux traditions philosophiques. Or, c'est précisément ce dénominateur commun qui nous intéresse ici, non seulement pour établir un dialogue profitable entre les deux approches, mais aussi pour nous permettre de tracer une idée de la philosophie moins restrictive, capable de se rapprocher d'une activité intellectuelle plus large prenant en compte les deux tendances ainsi que les différents ajouts qui les ont enrichies au fil du temps dans les différents milieux culturels. C'est précisément pour cela que la lecture d'Andrew Cutrofello de ces traditions est intéressante[2]. Il propose de les ancrer dans des appropriations divergentes et « sélectives » des « quatre questions fondamentales de la philosophie » proposées par Kant. Selon Cutrofello, ceux que l'on appelle analytiques ou continentaux se sont précisément divisés sur les critères et sur les démarcations utilisés pour sélectionner ou ignorer l'un ou l'autre questionnement en fonction de ce qu'ils estiment plus ou moins légitime, productif ou efficace ainsi que sur la production de questions qu'on peut placer sur l'une ou l'autre rive de l'océan ou de la pensée[3].

Par conséquent, lorsque nous nous posons la question de savoir de quelle philosophie nous voulons parler, il n'est ni obsolète ni réducteur de répondre qu'il s'agit de cette activité rationnelle qui s'efforce d'offrir des réponses raisonnables et argumentées aux questions « Que puis-je savoir ? », « Que dois-je faire ? », « Que puis je espérer ? », « Qu'est-ce que l'homme ? » Certes, nous nous référons à une synthèse des interrogations formulées par Kant (sans prétention universelle), mais il est indéniable qu'il s'agit de questions fondamentales de l'investigation philosophique qui ont orienté son parcours depuis les origines et qui s'ancrent dans une idée unitaire et cosmopolite de la philosophie. Une philosophie définie comme activité investigatrice sur le savoir, sur le devoir, sur le croire et sur la vie qui, au lieu de partir du monde, de la science, de Dieu, de la religion, de la loi, ou d'une morale part plutôt de l'être humain qui se questionne et qui, dans la tentative de répondre, se tourne vers lui-même (Jaspers, 1957), dans les limites d'un horizon de liberté.

1. M. Yell, E. Drasgow, « A legal analysis of inclusion », in *Preventing School Failure*, 1999, 43, 3, p. 118-123.

2. A. Cutrofello, *Continental Philosophy*, *op. cit.*

3. S. Critchley, *Continental Philosophy : A Very Short Introduction*, *op. cit.*

La liberté, qu'elle soit interprétée à la manière kantienne comme principe idéal et régulateur ou comme critère régulateur pragmatique, peut être assumée comme le fil conducteur d'une réflexion philosophique porteuse de la multiplicité des sens du mot philosophie de l'Antiquité à nos jours mais aussi comme la condition même de son questionnement. L'histoire de la philosophie se déploie dans un rapport de libre adhésion de l'esprit aux parcours de recherche ouverts par ces questions ainsi que par la décision de les affronter, de les ignorer ou d'en délégitimer la dimension rationnelle. La philosophie analytique a choisi de ne pas répondre à certaines questions, estimant qu'il n'était pas possible de le faire avec les instruments rationnels dont on dispose aujourd'hui. Dans d'autres cas, on a choisi d'affronter ces interrogations communes, en étant munis d'instruments différents ou en apparence différents. Ce qui a mené à des réponses incompatibles ou apparemment incompatibles, tout en restant lié à des traditions différentes ou apparemment différentes, comme cela semble être le cas pour Hegel par rapport à Quine ou à Davidson. Ou bien, on peut opter pour la voie des « penseurs du milieu » qui, en choisissant de traiter une question en particulier – c'est le cas de Wittgenstein lorsqu'il traite la question « que puis-je savoir? » – finissent par aborder de manière implicite les autres questions – comme par exemple celle de la sagesse de vivre – de manière plus approfondie que d'autres. Ou bien, nous pouvons trouver diverses déclinaisons et variations de la même question au sein d'une même tradition philosophique, certaines ne pouvant à première vue être assimilées ou reconnaissables, d'autres étant le fruit des priorités de leur époque, qu'il s'agisse de structure sociale, linguistique ou du discours propre aux cultures interprétant ce questionnement. Ainsi Spinoza, Nietzsche ou Foucault peuvent formuler différemment la question *que puis-je faire ?* en l'axant prioritairement sur la « *logica more geometrico demonstrata* » des valeurs, sur la généalogie sociale ou sur leur légitimation en tant qu'émanation du pouvoir. Rorty a justement proposé d'opposer deux philosophies : celle qui se centre sur les problèmes (courant analytique) et celle qui privilégie les noms propres et les textes (courant continental). Or, cette opposition devrait être dépassée. Comme le préconise Rorty lui-même, lorsqu'on relit la doxographie des auteurs et des textes par rapport à des thèmes qui sont habituellement objets de controverses, on pourrait remettre en question le préjugé qui considère la philosophie continentale à la fois comme un atelier de nouvelles élaborations non innovantes à propos de problèmes non existants ou impropres et, pour suivre l'optique de Critchley[1], rappeler, à la suite de Cavell[2], qu'il est impossible de détacher la pratique philosophique des textes. En effet, les problèmes philosophiques ont souvent été dé-textualisés et décontextualisés de la structure discursive et linguistique dans laquelle ils ont été formulés, de leur propre culture et de leur histoire ; sans oublier la « trahison » inévitable de la traduction, de l'herméneutique et de la tradition. D'où le risque de donner une valeur objective à un problème qui a toujours eu une connotation situationnelle et interprétative en le transformant en problème absolu, unique et universel, tombant de ce fait dans le défaut métaphysique qu'on voulait justement éviter par notre conception de la philosophie comme activité plutôt que comme doctrine.

Une vision de la philosophie comme pratique anthropologique, cosmopolitique et libre d'interrogation rationnelle continue, qu'on ne peut épuiser dans une approche unique, peut nous permettre d'accueillir dans son répertoire d'idées, les apports de philosophies « autres », « externes » et étrangères tant au continent européen qu'à l'analyse linguistique. Cela peut nous permettre d'inclure des penseurs tels que Freire, une voix « non anglophone » non assimilable à la culture européenne mais contribuant à esquisser une réponse alternative aux quatre questions et au sens même de la philosophie déclinée au pluriel : *Que pouvons nous savoir ? Que devons nous faire* ? Et – ceci vaut plus particulièrement pour les exclus du monde et de la pensée – *Que pouvons nous espérer* ? et *Qui sommes nous ?* Par cette esquisse, le concept de philosophie nous permet de reconnaître davantage ses pratiques et la nature de son activité. Je dirai même plus, ayant clarifié le concept de philosophie, nous sommes ramenés, à des fins de compréhension, à son sens et aux obligations de sa pratique, et par là à l'assimilation, dans le cadre de notre discours, de la philosophie comme discipline à la philosophie comme praxis.

LE PHILOSOPHER DANS LA PHILOSOPHIE POUR ENFANTS

C'est justement au philosopher, en tant qu'activité réflexive de la « pensée complexe » qui prend en compte à la fois les liens avec le langage rationnel (*critical thinking*), avec l'invention et la création de concepts et de possibilités (*creative thinking*), avec l'attention aux valeurs, au souci de

1. S. Critchley, *Continental Philosophy : A Very Short Introduction*, *op. cit.*
2. S. Cavell, *The claim of Reason : Wittgenstein, Skepticism, Morality and Tragedy*, Oxford, Oxford University Press, 1979; trad. fr. S. Laugier et N. Balso : *Les voix de la raison – Wittgenstein, le scepticisme, la moralité et la tragédie*, Paris, Seuil, 1996.

l'autre et de la pensée (*caring thinking*), que se réfère la Philosophie pour Enfants tant dans son arrière-plan théorique que dans son projet éducatif. L'activité philosophique est pour Lipman l'expression d'une pensée d'excellence «*higher ordered*», visant à faire émerger des questions et à élaborer des réponses sur les questions de vérité, de sens et de valeur, en d'autres termes sur les variations des quatre questions philosophiques kantiennes. Il est intéressant de noter que lorsque Lipman a donné l'impulsion à ce projet éducatif dans les années 70, il s'est inscrit dans une perspective purement analytique. Il a d'abord proposé un curriculum de logique formelle et informelle pour les enfants et les adolescents [1]. Ceux-ci étaient souvent dépourvus de toute réflexion critique et réflexive au moment où ils entamaient des études universitaires. Ce constat pédagogique a été relevé sur le terrain par un professeur de logique à la *Columbia University* où Lipman se trouvait à l'époque. Mais il restait encore à savoir comment et à partir de quoi commencer ce parcours didactique afin de pouvoir offrir aux étudiants les instruments heuristiques et méthodologiques pour bien penser et surtout – l'apport de Dewey ayant été important chez Lipman – leur permettre de penser de manière démocratique. Cette question est sortie rapidement du giron de la philosophie analytique pour être récupérée par la plus large tradition continentale. Il s'agissait de fournir dès le plus jeune âge aux jeunes élèves, qu'ils soient enfants ou adolescents, un contexte propice pour la recherche rationnelle, la problématisation de la réflexion sur le monde, la résolution de problèmes tout en n'oubliant pas pour autant les dimensions morales, émotives, sociales et politiques de ces activités. Il souhaitait également fournir aux élèves la possibilité d'expérimenter leurs propres possibilités de pensée pour qu'ils parviennent à une maîtrise de l'usage des concepts, des règles et des procédures de raisonnement, dont la détermination normative est donnée par l'usage même de leurs contenus et par l'adaptation de ceux-ci aux demandes émanant de l'expérience concrète et de la résolution de problèmes significatifs et partagés. Pour Lipman, le contexte qui permet l'actualisation de la pensée complexe est la « communauté de recherche » où la recherche en commun émerge à partir des questions kantiennes, par le biais du dialogue, de l'argumentation, de la délibération en commun. Lorsque ces conditions sont réunies, on peut parler de « communauté de recherche philosophique ».

1. M. Lipman, *Harry Stottlemeier's Discovery*, Montclair New Jersey, IAPC Institute for the Advancement of Philosophy for Children, 1974 ; trad. fr. P. Belaval, *La découverte d'Harry Stottelmeier*, *op. cit.*

Le terme de « communauté de recherche » est un concept que Lipman a repris de Peirce[1] et de Mead[2]. En se référant à cette tradition pragmatiste, Lipman montre qu'il considère qu'il s'agit d'un modèle privilégié pour la réflexion, étant donné qu'elle est à la fois préférable dans des contextes démocratiques et nécessaire dans l'investigation scientifique et philosophique. La matrice pragmatiste de ce projet est donc clairement reconnaissable et évidente, non seulement par la référence à l'expérience en tant que lieu d'origine et laboratoire des concepts et de leur procédure d'élaboration, mais également par le souci de ramener le sens de l'activité rationnelle – et plus particulièrement de l'activité philosophique – à un plan intersubjectif et interactionnel de jugements partagés. Le « facteur expérience » propre à la philosophie de Dewey qui imprègne sa conception d'activité philosophique n'est pas cantonnée à un empirisme perceptif et physique, mais s'étend également à ses dimensions sociales et communicatives / communicationnelles. L'expérience y prend la forme d'une signification partagée et de jugements ayant une valeur intersubjective. L'idée d'une activité philosophique en tant qu'expérience communicationnelle visant à une construction rationnelle du consensus, reprise avec des nuances différentes par Rorty et Habermas, si elle confirme la matrice pragmatiste du *philosopher* que nous avons identifiée chez Lipman, n'a pour autant pas d'étiquette idéologique spécifique. Elle s'applique en revanche à faire émerger les composantes traversant les différentes actualisations et interprétations de la tradition en anticipant d'une certaine manière les pensées contemporaines visant à dépasser les contrapositions, souvent générales entre « analytiques » et « continentaux ». À titre d'exemple, il suffit de voir que ces mêmes conceptions pragmatistes d'intersubjectivité et d'interactionnisme symbolique, souvent connotées comme typiques de la tradition analytique, ont été récemment revisitées dans le cadre de nouvelles interprétations continentales, notamment hégéliennes, par le recours à des concepts tels que « objectivation » et « extrinsécation », d'habitude considérées comme des expressions emblématiques de la métaphysique idéaliste. Chez des penseurs américains comme Brandom[3]

1. C. S. Peirce, *Popular Science Monthly*, t. 12, novembre 1877, p. 1-15.

2. G. H. Mead, *Mind, Self, and Society*, Chicago, Chicago University Press, 1934; trad. fr. D. Cefaï et L. Quéré, *L'esprit, le soi et la société*, Paris, P.U.F., 2000.

3. R. Brandom, « Some Pragmatist Themes in Hegel's Idealism: Negotiation and Administration in Hegel's Account of the Structure and Content of Conceptual Norms », *European Journal of Philosophy*, 7, 2, 1999, p. 164-189.

et McDowell[1], le pragmatisme émerge comme une lecture possible de Hegel et, réciproquement, ils suggèrent des lectures « continentales » du pragmatisme, témoignant ainsi de l'impossibilité de fixer la pratique philosophique sur une rive ou l'autre de l'Océan ou de la pensée.

Chez Lipman l'intention analytique d'exercice « technique » de la pensée critique y est dès le départ associée à une visée de développement « volontaire » de type créatif s'appuyant sur le concept pragmatiste et deweyien considérant la créativité comme le moteur de l'investigation rationnelle mue et alimentée par l'expérience. Comme Dewey[2], Lipman considère que la créativité a toujours un lien étroit avec l'expérience et contribue de manière substantielle à lui attribuer une signification, en reliant les actions et les perceptions à travers l'imagination et l'esthétique. Pour Lipman, l'impossibilité de séparer la dimension critique de la dimension créative leur donne un dénominateur cognitif commun plus marqué ainsi qu'une plus grande réciprocité dans le processus d'investigation philosophique. La dimension créative de la pratique réflexive du *philosopher* a permis à Lipman de présenter un projet éducatif qui nous mène « au-delà » de Dewey et de son projet originel. Plus particulièrement, cette dimension créative s'est actualisée dans le poids épistémologique et formatif qu'on attribue à l'acte de questionnement. La dimension à la fois critique et créative de la pensée est générée à la fois par l'aspect émergent et motivé du questionnement et le rôle productif et gratifiant de la découverte. Questionnement et découverte prennent leur source dans l'émerveillement face au monde et à la pensée. C'est l'émerveillement, revêtant un habit à la fois esthétique et logique (« l'habit psychologique du fait logique », comme le définit Antiseri en se référant à Popper) qui nourrit, bien avant toute visée critique, la source la plus originelle du projet éducatif de la *Philosophie pour Enfants*. C'est justement de l'émerveillement, comme le disent les philosophes antiques, que naît la philosophie, ce qui nous met tous, quels que soient notre âge, notre genre, notre ethnie, notre hérédité biologique, les circonstances, les conditions, les cultures et les lieux de notre vie, dans la nécessité de *chercher* et dans le désir de *trouver*. La *Philosophie pour Enfants* s'adresse donc à tous ceux qui partagent une vision de la philosophie comme effort et opportunité d'entreprendre le chemin de la réflexion rationnelle en posant des questions, en cherchant

1. J. McDowell, « Comment on Robert Brandom's Some Pragmatist Themes in Hegel's Idealism », *European Journal of Philosophy*, 1999, 7, 2, p. 190-193.

2. J. Dewey, *My Pedagogic Creed*, New York, Chicago, E. L. Kellog (ed.), 1897 ; trad. fr. Ou Tsuin-Chen, *Mon Credo pédagogique*, Paris, Vrin, 1931, rééd. 1958.

des réponses possibles, en trouvant des alternatives partagées. Cette quête est à la fois procédurale et substantielle, analytique et continentale, elle naît de l'émerveillement philosophique.

L'approche en termes de valeurs du projet philosophique de la *Philosophie pour Enfants*, qui s'ancre dans le concept de *caring thinking (pensée vigilante)*, ne s'est développée explicitement dans la pensée de Lipman que par la suite, en grande partie grâce à sa collaboratrice Ann Sharp[1] qui était attachée à la dimension affective et émotive de « l'être-raisonnable ». Ce n'est qu'en 2003, lors d'une réédition de son ouvrage *Thinking in Education*[2] publié en 1992, que Lipman introduit le concept de *caring thinking* comme l'expression et la pratique réflexive orientée vers des valeurs et sensible à la dimension affective et émotive de l'acte de penser. Cependant, cette dimension en matière de valeurs et de volonté était d'une certaine manière déjà présente dans le projet et le curriculum de la *Philosophie pour Enfants* dès son origine. Car elle présentait ce parcours éducatif comme une opportunité et un soutien au développement du jugement moral et de la pensée démocratique. C'est en ce sens que nous pouvons interpréter le désir de Lipman d'aller « au-delà » de Dewey. Il voulait en effet réaliser un projet qui mette à l'épreuve de l'expérience l'idéal socio-politique voulu par l'auteur de *Democracy and Education*[3] par un programme d'éducation à la pensée démocratique. Le lien entre la pratique de la philosophie et la pensée démocratique (et non pas le lien entre les formes historiques de la philosophie et les formes de gouvernements démocratiques) ne peut être scindé, ce qui témoigne davantage d'un aspect propre à l'activité de philosopher de la Philosophie pour Enfants que d'une connotation dérivée d'un arrière-plan pragmatiste. Le lien indissociable que Dewey avait tissé entre les concepts de rationalité, de recherche, de science, de démocratie, et d'éducation a amené Lipman à réaliser concrètement dans son programme cette tension formative que son maître avait puisée dans la tradition continentale en étudiant la *Phénoménologie de l'Esprit* de Hegel et en le cultivant dans son *Credo pédagogique*[4]. Le projet formatif hégélien voyait le mouvement de l'esprit non pas comme un aspect de la pure individualité de la singularité se

1. C'est à cette amie récemment disparue et à son souci pour « l'acte de penser » que je dédie mes réflexions.

2. M. Lipman, *Thinking in Education*, *op. cit.* ; trad. fr. N. Decostre, *À l'Ecole de la pensée*, *op. cit.*

3. J. Dewey, *Democracy and Education*, *op. cit.* ; trad. fr. G. Deledalle, *Démocratie et éducation*, *op. cit.*

4. J. Dewey, *Mon Credo pédagogique*, *op. cit.*

manifestant dans la solitude ; mais comme l'expression dialectique d'une intersubjectivité libérée de l'oppression, celle de l'autorité hétéronome ou celle du solipsisme égoïste. Cette tension formative se décline dans la *Philosophie pour Enfants* au niveau social et communicationnel dans la création du dispositif didactique de la « communauté de recherche » constituant le cœur méthodologique d'une procédure réflexive guidée par des critères, autocorrective et sensible au contexte. La communauté de recherche est à la fois le contexte, la méthode et le but de l'activité réflexive et là où cette activité s'actualise dans la pratique du dialogue philosophique, elle émerge comme « philosopher » et « philosopher avec ». Dans la communauté de recherche, la pratique du dialogue, qui se concrétise dans la *Philosophie pour Enfants* par l'exercice continu de la discussion en classe, ne se limite pas à constituer un moment épisodique de l'activité, mais est essentielle pour son développement et considérée comme propre à sa structure épistémologique.

Le rôle du dialogue dans la *Philosophie pour Enfants*, tant au niveau de la didactique que sur le plan ontologique, est incontournable pour identifier la nature du *philosopher.* Sur le plan du rapport entre dialogue et philosophie et entre philosophie et démocratie[1] – il me paraît moins utile d'établir un rapport attributif ou la priorité d'un concept par rapport à un autre que de considérer les deux concepts comme intrinsèquement liés, simultanés et liés par une réciprocité dans la définition des significations. Cela vaut la peine de s'arrêter au concept de dialogue, car il nous permet à la fois de comprendre ce que nous entendons ici par philosophie et d'expliciter la définition de la *Philosophie pour Enfants lorsqu'on la propose comme activité formative*. La dimension dialogique semble en effet ressortir comme un aspect constitutif de l'activité philosophique dans la mesure où elle en caractérise les structures au-delà de ses manifestations spécifiques qu'elle assume comme forme de savoir. La philosophie s'est exprimée depuis ses origines comme forme discursive dialogique et non seulement comme genre textuel (dans les textes de Platon ou d'autres philosophes qui s'expriment sous la forme d'un dialogue impersonnel), mais comme l'expression textuelle des nombreuses formes que peuvent prendre les concepts d'altérité, d'opposition, d'alternative et de possibilités dans la réflexion philosophique. C'est une pratique réflexive à voix haute, qui s'adresse à des auditeurs considérés comme suffisamment

1. R. Rorty, *Objectivity, Relativism and Truth : Philosophical Papers I*, Cambridge, Cambridge University Press, 1991 ; trad.fr. J.-P. Cometti, *Objectivisme, Relativisme et vérité*, Paris, P.U.F., 1994.

semblables pour en partager le discours et suffisamment différents pour pouvoir y opposer un autre point de vue. C'est en ce sens que le *philosopher* est également considéré comme un *philosopher avec* qui se présente sous une forme publique et externalisée.

Le fait que le dialogue soit incontournable comme concept philosophique est attesté par son omniprésence dans l'histoire de la philosophie et de la nécessité de se référer continuellement à la dialectique pour comprendre le rapport essentiel que cette forme de discours tisse avec les concepts de possibilité et de différence. De manière analogue, le concept de dialogue est porteur d'une dimension philosophique profonde, étant donné sa propre nature aporétique. L'aporie du dialogue se manifeste dans l'impossibilité concrète de se donner car, pour subsister, il présuppose que l'on pose continuellement l'existence d'une divergence tout en visant une tension vers une convergence. L'autre est donné comme antithèse et différence par rapport à laquelle chacun se reconnaît lui-même comme sujet du dialogue, mais si l'autre restait totalement *autre*, il ne pourrait faire l'objet d'une reconnaissance et par là, la convergence promise par le dialogue serait impossible[1]. Cette réciprocité dialectique entre dialogue et philosophie est clairement exprimée par Lipman qui s'inspire explicitement de la pensée de Bakhtin dans sa conception d'une « communauté de recherche » comme un lieu « polyphonique » où la connaissance prend forme dans un « choeur de voix » en situation de dialogue[2]. La pratique philosophique qui s'exprime à travers la discussion en communauté de recherche est la solution pragmatique proposée par Lipman pour sortir de l'aporie logique du dialogue et peut être de manière analogue, en allant plus loin, la solution que la *Philosophie pour Enfants* propose pour sortir du paradoxe de la tolérance[3] par rapport à l'inclusion[4].

1. M. Santi, L. Illetterati, « Improvisation between performance art and life world », *in* M. Santi (ed.), *Improvisation between technique and spontaneity*, Cambridge, Cambridge Scholar Publisher, 2010,

2. M. M. Bakhtin, *Per una filosofia dell'atto responsabile*, Lecce, Pensa, 2009, p. 986.

3. K. Popper, *The Open Society and Its Enemie*, London, Routledge, 1945 ; trad. fr. J. Bernard et P. Monod, *La Société ouverte et ses ennemis*, Paris, Seuil, 1979. Œuvre en deux volumes de Karl Popper qui a eu grande influence. Écrite pendant la seconde guerre mondiale, Popper a eu beaucoup de mal à trouver un éditeur aux Etats-Unis. L'œuvre a été publiée par Routledge, London ; et J. Habermas, *Die Einbeziehung des Anderen*, *op. cit.*

4. J. Handler, « The paradox of inclusion : social citizenship and active labormarket policies », *op. cit.* ; A. T. Tapia, *The Inclusion Paradox. The Obama Era and the Transformation of Global Leadership*, *op. cit.*

POUR UNE PHILOSOPHIE INCLUSIVE ?
LA PHILOSOPHIE POUR ENFANTS COMME POSSIBILITÉ ET COMME MODÈLE

Arrivés à ce point de notre réflexion, notre interrogation initiale peut être réexaminée à la lumière des explications et spécifications du concept d'inclusion et de philosophie tracé jusqu'à présent. Ce ne sont donc pas les substantifs avec lesquels nous nous confronterons mais plutôt les formes verbales qui y correspondent et qui expriment mieux les éléments dynamiques produits par les deux concepts. Nous nous poserons la question de savoir si la philosophie peut être considérée comme une *activité inclusive* et si oui, sous quelles conditions. Nous offrirons à la discussion une réponse positive inférée d'après l'argumentation que nous avons déjà soutenue, mais nous ajouterons aussi d'autres arguments visant avant tout à l'ancrer pragmatiquement au moyen de l'exemple concret de la *Philosophie pour Enfants*.

Je partirai de l'idée d'inclusion développée dans la première partie en tant que principe régulateur et antagoniste de l'exclusion ainsi que d'une première articulation épistémologique de l'activité philosophique considérée comme une pratique d'investigation rationnelle et réflexive. Une activité philosophique qui s'ancre dans des questions pouvant être ramenées aux quatre questions fondamentales kantiennes et les différentes réponses possibles élaborées, dans une optique cosmopolitique et libertaire, par les différentes pensées et traditions philosophiques.

Un autre aspect propre à l'activité philosophique qui peut nous intéresser est celui de son questionnement radical par rapport à elle-même. Ce questionnement radical ne vise pas à formuler des questions admettant implicitement l'existence d'une réponse ni à privilégier un certain type de réponse ou une voie privilégiée. Il s'agit donc d'une activité toujours ouverte à la production non seulement de réponses alternatives mais également à différentes manières de poser des questions et n'excluant pas sa propre remise en question. Dans cette optique, le philosopher peut être considéré comme une « activité inclusive » parce qu'il s'agit d'une recherche rationnelle non préjudiciable ainsi que d'une recherche radicale dans notre discours. Ce qui se présente sous les traits de l'inclusivité, c'est justement le philosopher comme recherche – expression d'une *fonction* rationnelle – et non le philosopher en tant que *structure* de rationalité. C'est cette fonction qui est invoquée chaque fois que nous entrons en relation avec le monde naturel ou social et chaque fois que nous envisageons sérieusement la possibilité de l'existence d'une altérité ou d'une alternative à cette relation possible. Il s'agit donc d'une relation qui se présente toujours sous les traits de l'incertitude et de l'instabilité et que la recherche vise à « contrôler » à travers ce que Dewey appelle l'*intégration*[1]. La pratique philosophique est une des formes de l'activité de penser rationnelle issue de notre manière d'inter-réagir avec l'environnement et le contexte social prenant en compte l'incertitude et l'instabilité ainsi que la radicalité de sa propre recherche. La recherche ne doit pas simplement se limiter à son aspect rationnel mais peut aussi être envisagée comme l'expression d'une garantie quoique précaire de l'existence même de cette relation instable avec le monde. Cette relation avec le monde qui rend possible une « transformation directe et contrôlée d'une situation indéterminée à une situation déterminée dans un tout unifié »[2].

Pour renforcer la connotation inclusive de la pratique philosophique, rappelons que Dewey lui-même – pour Lipman, point de référence à la source de la *Philosophie pour Enfants* – relie l'activité de recherche et la dimension de changement. Le changement est en effet à la base même de la recherche et peut être caractérisé en termes de transformation, de restructuration et d'innovation continue ainsi que comme renouvellement du rapport entre fins et moyens. Un autre facteur adéquat qui renforce notre hypothèse du philosopher comme activité inclusive est le fait que Dewey nomme « intégration » ce processus continu de coordination produit par la recherche rationnelle. Ce recours à un concept proche de celui d'inclusion que nous avons traité ici nous semble corroborer notre vision inclusive de la pratique réflexive et de la recherche philosophique. En outre, en tant que recherche radicale, le philosopher acquiert des caractéristiques non exclusives en raison de l'ouverture qui le prédispose à accueillir de nouvelles manières de questionner et de répondre. Celles-ci finissent par transformer l'activité réflexive en soi par des processus continus d'adaptation, par assimilation, accommodement et rééquilibrage réciproque entre l'ancien et le nouveau et vice-versa – comme l'exprimerait le constructivisme piagétien.

Dans la *Philosophie pour Enfants*, cette ouverture à la recherche et au questionnement est visible tant dans les récits qui stimulent l'activité philosophique que dans tous les exercices du manuel. Ces derniers offrent de nombreuses possibilités d'exemplifier et d'exercer les capabilités fondamentales pour stimuler dans chaque membre de la communauté de recherche l'aptitude à choisir un mode de vie par l'attribution d'une signification attribuée à ses propres actions.

1. J. Dewey, *Experience and Education*, New York, Collier Books, 1938; trad. fr. G. Deledalle, *Expérience et Éducation*, Paris, Armand Colin, 1990.
2. *Ibid.*

Il faut en outre tenir compte de la dimension dialogique, communicationnelle, interactionnelle et sa contribution dans la définition des deux concepts de philosophie et d'inclusion. C'est précisément le dialogue, en tant que forme constitutive du *philosopher* et composante intrinsèque de l'inclusion qui fournit un argument à notre hypothèse d'une philosophie inclusive et la *Philosophie pour Enfants* en représente un exemple et un modèle. C'est précisément le dialogue qui y est considéré comme une forme de l'activité philosophique et comme une part intrinsèque de l'inclusion comprise comme tension non-exclusive. Dans cette optique, le dialogue devient le dénominateur commun des deux concepts. Il nous permet de reconnaître l'altérité, la confrontation, le changement, la reconnaissance de la différence comme concepts partagés. L'interdépendance et la réciprocité entre les acteurs qui sont favorisées dans le dialogue – pour maintenir une dialectique interne – sont des conditions de son développement. La responsabilité attribuée aux participants impliqués dans la communauté de recherche vise à rendre possible une forme d'inclusion « favorable », c'est-à-dire à la fois libre, juste et facteur de développement. Cette responsabilité nous oblige à considérer les participants au dialogue comme des acteurs actifs du processus. Ainsi il est possible d'éviter un état de dépendance passive permanent d'un élément envers l'autre, une dilution des identités dans des catégories abstraites et impersonnelles en contribuant par des « actes responsables, personnels, sans alibi » [1], à la construction d'une identité plurielle laissant une place aux existences individuelles en interaction. C'est précisément Bakhtin qui, selon moi, semble amener un argument de poids à la vision d'une philosophie comme processus inclusif et à l'acte d'inclusion de non exclusion comme une nécessité philosophique : en faisant coïncider le seul sens où la philosophie constitue une réponse à la crise et en l'actualisant dans une dialectique « moi pour moi-même », « moi pour l'autre », « l'autre pour moi-même ».

L'ensemble du projet de la *Philosophie pour Enfants* se fonde sur le dialogue, tant comme signifiant théorique que comme aspect procédural. Dans ce programme, la dimension dialogique est totalement incontournable comme composante à la fois ontologique et méthodologique mais surtout comme contexte éducatif privilégié pour la formation de personnes raisonnables et solidaires. Lipman souligne à maintes reprises que l'objectif de son programme est d'élaborer une méthode qui soit condition d'un dialogue en communauté de recherche philosophique et se propose de la

1. M. M. Bakhtin, *Per un filosofia dell'atto responsabile*, *op. cit.*

réaliser par une discussion menée en classe. Bien que la discussion philosophique ne soit pas la seule activité proposée dans le programme de la *Philosophie pour Enfants*, elle n'en constitue pas moins l'activité fondamentale à laquelle se rapportent les autres activités visant à exercer la pensée critique-créative-vigilante. Cette attention typiquement pragmatiste à réaliser le dialogue dans le monde, à apprendre à philosopher « *by doing philosophy* », en se confrontant continuellement à ses antinomies, exprime une vision de cette pratique comme un lieu où l'on peut expérimenter un processus inclusif tout aussi aporétique. De telle manière, nous évitons la démagogie qui accompagne souvent les propositions pédagogiques visant à lutter contre le conflit social. Le conflit n'est pas pour autant nié et est considéré comme l'âme d'une discussion dans une communauté de recherche, mais le recours à la pratique philosophique lui évite de se dissoudre dans la raison du plus fort en se basant sur la force de la *ragionevolezza* ("l'être-raisonnable"). Celui-ci a l'avantage de ne pas transformer la confrontation en une simple dispute mais plutôt en un authentique *dialogue*. Un *dialogue critique* – qui utilise les instruments de la raison mais ne se résume pas à celle-ci. Un *dialogue créatif* qui favorise la possibilité et la construction de nouveaux concepts ; un *dialogue vigilant* qui admet les aspects de l'émotion, du vouloir, de la motivation, des valeurs d'une réflexion.

La structure du dialogue se manifeste dans la structure même du cursus ainsi que dans les récits et les manuels de la *Philosophie pour Enfants*. Ceux-ci mettent en confrontation des rationalités différentes exprimées par les dialogues entre les personnages et leur identité, entre les différents âges de la vie, entre les différentes formes de la vie elle-même telles qu'elles émergent de la nature, entre les différentes visions du monde, y compris celle des non-voyants (par exemple Augustine, la petite fille aveugle dans une des histoires) ou les différentes voix de la société, y compris celles de ceux qui ne parlent pas (comme Brian, l'enfant autiste dans une autre histoire).

Un dialogue est une discussion ouverte dans une communauté de recherche visant à sortir de l'autoréférentialité pour s'exprimer comme activité collaborative et coopérative. C'est l'ouverture au dialogue qui maintient intacte la composante philosophique du curriculum de la *Philosophie pour Enfants*. Tout en essayant d'éviter les contextes où l'école chercherait à l'institutionnaliser sous forme d'un programme imposé[1]. L'ouverture dialogique est la condition et le pont jeté vers l'inclusion. Bien qu'au cours de son histoire, la réflexion philosophique ait produit des théorisations spécifiques de type fondamentaliste et non démocratique, la pratique philosophique en soi doit en revanche faire émerger nécessairement une attitude critique envers toute visée fondamentaliste refusant de se soumettre au jugement rationnel et à la formulation créative de perspectives alternatives partagées. Il y a donc une dimension dialogique interne à la réflexion et à la pratique philosophique qui s'exprime comme « être étranger » de la pensée et du soi à soi-même[2]. Le *philosopher* nous contraint à reconnaître la valeur de l'« être étranger » et à penser et respecter l'autre comme soi même, à le placer en tant que nécessité spéculative du dialogue et en tant que procédure génératrice de nouvelles possibilités. Voici sans doute l'argument le plus important que nous puissions offrir en faveur de la philosophie comme activité inclusive et de la *Philosophie pour Enfants* comme exemple et modèle possible de la réalisation au niveau éducatif.

Enfin, j'aimerais ajouter la devise kantienne « Sapere aude! » – considérée comme le manifeste même du sens de la pratique philosophique – comme argument en faveur d'une conception inclusive de la philosophie. Ose penser ! Cette exhortation condense le poids et le pouvoir de la liberté qui se rattache inévitablement à une certaine idée de la philosophie comme pratique critique, source de transformation et d'émancipation individuelle et collective susceptible dans une certaine mesure de changer le monde par la façon de le regarder et la lecture des opportunités de liberté qu'on y découvre[3]. Une liberté considérée, à nouveau de manière paradoxale, comme une « loi universelle », c'est à dire comme le lien primordial qui garantit la possibilité de la décision et du choix. Ce lien étroit qui unit le *philosopher* à l'inclusion à travers la liberté s'exprime dans chaque pensée libre de l'individu à qui l'on offre la possibilité de choisir de penser en incluant également la liberté de penser de l'autre. Ce lien se manifeste également dans chaque expression libre de la pensée qui inclut l'autre comme possibilité. Nous sommes donc confrontés à une liberté participative qui se concrétise dans une philosophie inclusive pour qui l'expérience de l'acte de penser de chacun est une occasion mettant en

1. T. Barrows, *Dialogic*, « Participation and the Potential for Philosophy for Children », in *Thinking Skills and Creativity*, 5, 2, 2010, p. 61-69.

2. W. O. Kohan, *Filosofia e Infanzia*, Perugia, Morlacchi, 2005.

3. S. Critchley, *Continental Philosophy : A Very Short Introduction*, *op. cit.*

jeu à la fois la qualité de la vie personnelle et celle de la vie en commun à travers la reconnaissance de la différence[1].

La *Philosophie pour Enfants* est dans ce sens un programme courageux parce qu'elle vise à promouvoir la liberté. Les personnages des récits ainsi que les membres des communautés de recherche constituent en effet des modèles courageux de l'exercice d'une liberté de pensée qui s'ancre dans la « raisonnabilité ».

Elle se profile ainsi comme exemple et modèle d'une pratique philosophique inclusive parce que libre et participative, ce qui peut être déduit tant de ses aspects théoriques que didactiques et procéduraux.

Le fait que la *Philosophie pour Enfants* se profile comme un exemple et un modèle de pratique philosophique inclusive étant donné son caractère libre et donc participatif, peut être déduit de ces aspects à la fois théoriques et procéduraux. Le fait qu'elle ait été définie comme « école de la liberté »[2] par l'Unesco (2005) tant dans le cadre de la journée mondiale de la philosophie que dans les récentes recommandations pour l'éducations des nouvelles générations du futur[3] n'est pas un hasard. Elle est éducation à la liberté, non pas parce qu'elle prétend être libre et participative mais parce qu'elle montre dans sa pratique d'inclusion de l'autre, le sens attribué par la philosophie aux termes de liberté et de participation. Ce dernier aspect s'exprime de manière plus évidente notamment dans les règles de l'*inquiry talk* (Santi, 2006), partagées par la pragmatique communicative de la « communauté de recherche philosophique » qui présupposent la participation de tous comme condition nécessaire et enrichissante de l'exploration des problèmes et de leur résolution philosophique. Parmi les règles, on peut en distinguer une qui établit que « tous les participants sont invités par tous les autres à s'exprimer ». Il s'agit d'une règle pré-établie de manière hiérarchique garante de la vocation inclusive mais non assimilatrice des autres au même titre que celle qui permet d'accueillir les provocations (pour autant qu'elles soient raisonnables) ou celle qui prévoit d'examiner toutes les alternatives avant de décider, ainsi que celle qui implique que « la communauté tente de trouver un accord ». Comme le souligne Barrow (2010), la dimension participative du dialogue et son ouverture doivent toutefois rendre compte dans la *Philosophie pour Enfants* des aspects non égalitaires, asymétriques et non paritaires de la part de membres qui

1. M. M. Bakhtin, *Per un filosofia dell'atto responsabile*, *op. cit.*
2. *Philosophy a school of freedom*, Paris, UNESCO, 2005.
3. *Teaching Philosophy*, Milan, UNESCO, 2011.

interagissent dans l'activité et qui sont inclus dans la communauté de recherche. Selon Barrow:

> Si la Philosophie pour enfants joue le rôle d'un mécanisme participatif, cela implique la nécessité de développer prioritairement la praxis au sein de la communauté de recherche. Cela permet de prendre en compte les difficultés politiques provoquées par les inégalités subsistant entre les participants d'une communauté de recherche. Nous pouvons en conclure que les praticiens gagnent beaucoup à adopter et maintenir une démarche critique et réflexive afin d'éviter une approche purement instrumentale de la philosophie pour enfants e permettre de maintenir tout le potentiel dialogique et participatif[1].

Le fait que l'inégalité des chances en raison des inévitables différences individuelles ou sociales persiste soit insuffisamment prise en compte ramène la participation à son aspect paradoxal faisant en sorte que ce qui est inclus dans la communauté de recherche n'est pas la diversité mais l'exclusion. La réflexivité critique en tant qu'instrument de contrôle de la participation est ce qui garantit la liberté de participation

La liberté du programme se manifeste également dans la possibilité offerte à la communauté de recherche de choisir ce qui vaut la peine d'être discuté et de discuter de ce choix en se basant sur la libre adhésion de chaque participant à l'activité en elle-même avant même d'aborder la question du choix.

Une opportunité qui peut contribuer au développement des enfants, un ensemble de *capabilities* chez Nussbaum identifiée comme capacité d'exercer un jugement critique et qu'il reconnaît être une prérogative fondamentale de la *Philosophie pour Enfants*, indique une direction dans laquelle se développent nos recherches les plus récentes. Ceux qui connaissent la structure du programme de Lipman pourraient objecter que celui-ci conditionne les choix aux thèmes considérés comme importants dans les histoires proposées. Je crois qu'il s'agit en réalité d'un faux problème et d'un argument peu solide étant donné que les histoires elles-mêmes sont proposées comme modèles de dialogue entre possibilités. En outre, en ramenant ces histoires à des concepts et à des langages philosophiques propres à la pensée occidentale, il ne s'agit pas d'un lien qui conditionne la pensée mais plutôt d'un répertoire qui offre la possibilité

1. T. Barrows, *Dialogic*, *op. cit.*, p. 62.

d'expérimenter la rupture du lien à travers l'improvisation – en tant que technique, spontanéité ou imagination – qui émerge par le dialogue[1].

La question que nous nous sommes posée au début «*pour une philosophie inclusive?*» amène une réponse provisoirement affirmative et c'est par la pratique du dialogue dans une communauté de recherche philosophique que nous serons sans doute en mesure de maintenir la question ouverte afin de continuer à nous ouvrir à l'inclusion de l'autre.

Marina SANTI
Université de Padova
Traduit par Isabelle Jespers

1. M. Santi, L. Illetterati, «*Improvisation between performance art and life world*», *op. cit.*

CITOYENNETÉ DÉMOCRATIQUE ET DÉLIBÉRATION COMME PROCESSUS ÉMANCIPATEUR CHEZ MATTHEW LIPMAN ET AMARTYA SEN

INTRODUCTION

Si de nombreux philosophes et pédagogues s'accordent sur la valeur éducative de la philosophie et sa contribution à l'émergence d'un esprit critique, le rapport entre philosophie et démocratie soulève de nombreuses questions qui renvoient directement à la manière dont on *conçoit* l'enseignement en général : s'agit-il avant tout de transmettre des savoirs traditionnels, détachés de tout contexte social ou culturel ou est-il préférable d'y inclure une délibération sur les normes et valeurs en s'interrogeant sur leur pertinence et leur validité ? La démocratisation de l'enseignement n'a-t-elle eu que des effets positifs ? N'est-elle pas source d'incertitude et de relativisme ? Comment favoriser chez les enfants une pensée critique et rigoureuse qui soit également ouverte au pluralisme et à la différence ?

Nous nous efforcerons ici de mettre en relation la conception de la citoyenneté démocratique de deux penseurs contemporains qui se sont attachés à promouvoir les libertés tout en étant attentifs aux inégalités de départ. Cette conception accorde une place importante à l'exercice de la délibération en commun ainsi qu'à la participation à un débat public. Amartya Sen[1] et Matthew Lipman partagent une vision de la citoyenneté axée sur la pratique et la prise en compte d'une dimension sociale et d'un contexte de référence qui n'est pas neutre mais imprégné des valeurs et des conditions de vie qui sont, par définition, variables et propres à toute société.

1. Philosophe, économiste et Prix Nobel indien très attaché à renouveler une réflexion économique qui intègre des paramètres éthiques et soucieux d'élargir la notion de démocratie et de libertés.

Sen considère la possibilité de participer à un débat public comme une des « capabilités »[1] fondamentales et un critère de démarcation entre une démocratie qui serait purement formelle et une démocratie réelle. Pour que le citoyen ou l'enfant en tant que citoyen en devenir puisse participer pleinement à une vie en société, il faut qu'il soit formé et informé de manière adéquate, qu'il puisse s'impliquer, participer et faire des choix raisonnés. Cette optique d'émancipation est également très présente dans le programme de Philosophie pour Enfants de Matthew Lipman. Dans la mesure où celui-ci vise à favoriser la rigueur de la réflexion en sensibilisant les participants aux enjeux d'une vie en communauté, cet engagement prend également en compte les plus démunis, ceux qui dans la terminologie de Sen disposent de moins de liberté réelle ou de « capabilités ».

Pour Lipman, la pensée comporte une dimension à la fois affective et intellectuelle, elle est attentive au contexte. Son approche « holistique »[2] montre que rigueur et créativité peuvent très bien être reliées, que les différences de points de vue peuvent enrichir la réflexion en commun et que la défense de la démocratie et de ses valeurs mérite d'être initiée dès le plus jeune âge. La réflexion de Sen sur les capabilités ou libertés réelles peut contribuer à démontrer la pertinence du programme de Philosophie pour Enfants, l'intérêt qu'il y a à pratiquer la communauté de recherche, à la diffuser non seulement dans nos écoles mais également par le biais d'autres institutions à vocation sociale ou interculturelle, la démocratie n'étant ni une spécificité occidentale, ni un luxe réservé au pays les plus favorisés, à ceux qui disposent de davantage de ressources[3].

Matthew Lipman, et Amartya Sen s'inscrivent dans une philosophie pragmatiste soucieuse du contexte et des différences. Cependant, ils ne renoncent pas à des références plus « républicaines » basées sur l'instauration de valeurs et d'une rationalité commune. Leur approche est

1. La notion de « capabilité » est centrale dans l'œuvre d'Amartya Sen. Il s'inspire de la distinction d'Isaiah Berlin entre liberté négative (ou absence d'entraves) et liberté positive. Ce qu'il nomme « capabilité » s'apparente à une « liberté réelle » ou positive et intègre ce qu'une personne est capable d'accomplir indépendamment des contraintes directement imposées par autrui.

2. Voir M. Lipman, *À l'École de la pensée*, « Enseigner une pensée holistique », *op. cit.*

3. Dans *La Démocratie des autres, Pourquoi la liberté n'est pas une invention de l'Occident*, trad. fr. M. Begot, « Rivages Poche », Paris, Payot, 2005, Amartya Sen répond à ceux qui considèrent la démocratie comme une spécificité occidentale. Il existe, souligne-t-il, des traditions historiques de pluralisme et de culture du débat public dans plusieurs parties du monde : Inde, Iran, Afrique qu'il importe de valoriser pour éviter une conception des civilisations comme des blocs monolithiques.

d'une certaine manière complémentaire : Lipman développe des communautés de recherche qui sont en quelque sorte des « agoras délibératives »[1] et se soucie à la fois d'émancipation et de pédagogie alors que Sen s'efforce de tisser des liens entre pratiques économiques et délibération à l'échelle internationale dans un souci de faire participer ceux qui disposent de moins de ressources. Pour tous deux, la pratique de la délibération est un des outils démocratiques par excellence même si leur angle d'analyse diffère : pour Lipman, elle constitue une étape significative dans l'instauration d'une communauté de recherche et Sen y voit un exercice émancipateur permettant d'acquérir davantage de capacités, notamment économiques et sociales. Tous deux s'accordent cependant sur l'importance d'une communication interculturelle, sur l'utilité de promouvoir à la fois liberté de jugement et vie en communauté, sur la pertinence d'une activité auto-réflexive apte à faire progresser l'acte de penser et de délibérer en commun. Enfin, il partagent tous deux une vision qui donne à la philosophie un rôle de premier plan, tant dans le développement de la réflexion que dans sa contribution à l'émergence d'un esprit démocratique.

APPORT DE LA PHILOSOPHIE DE MATTHEW LIPMAN DANS L'INSTAURATION D'ESPACES DE « RÉFLEXION DÉMOCRATIQUE » OU COMMUNAUTÉS DE RECHERCHE

Combiner liberté de jugement et vie en communauté.

> Une éducation à la citoyenneté implique donc que soient assumés l'enseignement de l'histoire et des institutions – ce qui est effectif dans les écoles – mais aussi le développement de la pensée afin d'apprendre à faire des choix raisonnables dans un contexte socioculturel donné et de permettre une évolution qui gagne en qualité – ceci reste à faire. L'exercice de la pensée implique que soient ménagés un espace et un temps dans la durée d'une journée d'école. C'est en ce sens que nous parlons d'instaurer des espaces de citoyenneté, où sera enfin donnée aux enfants l'occasion de faire l'expérience de dimensions essentielles à leur devenir citoyen[2].

Assumer à la fois le développement de la pensée et inciter les enfants à s'impliquer activement dans un processus de délibération en commun,

1. La notion de communauté de recherche, « pierre angulaire » de la philosophie pour enfants de M. Lipman, sera développée plus avant.

2. M. P. Grosjean-Doutrelepont, « Apprendre à penser la citoyenneté et à juger par soi même », dans G. Leleux (coord.), *La Philosophie pour enfants, Le modèle de Matthew Lipman en discussion*, Bruxelles, De Boeck, 2005, p. 209.

voilà déjà deux aspects importants d'une éducation qui se veut démocratique. Une éducation qui est multidimensionnelle et dans laquelle l'enfant ne se réduit pas à un élève mais est déjà un citoyen en devenir amené à prendre une part active à la vie en groupe et en société. Ménager cet espace et ce temps, essentiel pour qu'il puisse mûrir sa pensée et son jugement, demande un investissement important mais nécessaire.

> Le jugement est un art qui, en tant que tel, ne peut être enseigné, encore que ce soit une chose que les penseurs peuvent peut-être apprendre par eux-mêmes. Les enfants auront d'autant plus de chances d'y parvenir que nous leur offrons un environnement intellectuellement stimulant et les encourageons à constituer des groupes d'investigation[1].

La communauté de recherche telle que Lipman la conçoit vise à la fois à rassembler et à relier un fonds commun d'expériences tout en promouvant la recherche rigoureuse d'une rationalité tempérée par le jugement et une attention au contexte. Elle se base sur un dialogue qui prend la forme d'un raisonnement collectif où chaque argumentation amenée par un des participants peut faire avancer la recherche. Le but est d'éviter à la fois une discussion à bâtons rompus et une réflexion détachée d'un souci de l'autre, axée uniquement sur une volonté compétitive et individualiste, ce qui est loin d'être une sinécure. La méthodologie est toutefois suffisamment souple pour permettre à la communauté de progresser vers un objectif commun qui soit adapté à l'âge et aux capacités de l'enfant tout en ne faisant pas l'impasse sur des visées cognitives et de progression intellectuelle.

Pour Lipman, la démocratie est à la fois synonyme de liberté de jugement et de vie en communauté. Dans cette perspective, l'école et en particulier une école conçue comme un lieu d'éducation et de socialisation devrait permettre aux enfants de devenir acteurs de leur expérience d'apprentissage. La communauté de recherche peut jouer ce rôle de laboratoire de la pensée et de l'émancipation intellectuelle et affective en instaurant des lieux où la démocratie se construit et se vit :

> Institution démocratique se situant à l'intersection de la famille et de la société, la communauté de recherche de Philosophie pour Enfants aide le jeune à prendre la place qui lui revient dans le monde. Elle forme les habitudes et la personnalité, elle intègre le bien commun ; elle modèle tout

1. M. Lipman, « Renforcer le raisonnement et le jugement par la philosophie », dans G. Leleux (coord.), *La Philosophie pour enfants*..., *op. cit.*, p. 15.

en servant elle aussi de paradigme ; bref la communauté de recherche constitue une socialisation de l'enfant[1].

Les valeurs démocratiques d'une communauté de recherche se reflètent dans la méthodologie adoptée

Il y a toute une méthodologie à suivre dans l'instauration d'une communauté de recherche philosophique. Marie-Pierre Grosjean-Doutrelepont en rappelle synthétiquement les cinq étapes[2]. Ces étapes ont à la fois une valeur démocratique et éducative. Elles sont essentielles à l'instauration d'une communauté de recherche et sont le reflet d'une société démocratique dans le sens où elles visent à accroître la participation de tous dans un processus de questionnement et de délibération en commun. En outre, la sélection de certaines questions ou problématiques ne se fait pas a priori, mais d'après certains critères choisis en fonction du contexte et fondés rationnellement. La satisfaction d'une communauté de recherche philosophique à certains critères est le gage de son fonctionnement et est essentielle pour garantir un climat propice à la réflexion et au respect de l'autre.

Ce « climat démocratique » se manifeste de différentes manières et fait intervenir plusieurs compétences :

a) L'autocorrection

Elle implique non seulement la capacité de remettre ses propres convictions en question, mais également une capacité à construire sur la pensée des autres. Cette autocorrection est rendue possible par une conscience de notre faillibilité et d'une vision de la vérité davantage intersubjective qu'imposée a priori. La démocratie n'étant pas un idéal achevé, mais un processus qui comporte des essais et erreurs, elle requiert donc une mise à l'épreuve des institutions toujours susceptibles d'évoluer et de se perfectionner.

Dans une communauté de recherche, l'enfant ou l'adulte apprend à tirer parti de ses erreurs, l'erreur ayant un statut à la fois épistémologique et éthique :

1. Lipman cité par M.-F. Daniel, *La Philosophie et les enfants, les modèles de Lipman et Dewey*, Bruxelles, De Boeck-Belin, 1997, p. 278.

2. M.-P. Grosjean, « Instaurer des espaces de citoyenneté » dans G. Leleux (coord.), *La Philosophie pour enfants. Le modèle de Matthew Lipman en discussion*, *op. cit.*, p. 209.

> L'esprit de faillibilité qui règne dans une communauté de recherche constitue une invitation de tous les participants à voir leurs erreurs relevées afin qu'on puisse chercher comment les corriger. Un tel esprit aide à dissiper l'agressivité sous-jacente qu'inspirent l'absolutisme et le fanatisme, coupant l'herbe sous le pied à la violence qui découle souvent d'une telle agressivité. La décision d'affronter la problématique et de la traiter de façon raisonnable constitue un monde à part, loin de l'inflexible insistance mise par le système éducatif à inculquer une connaissance absolue et faisant autorité[1].

b) L'ouverture au pluralisme et à l'interculturalité

Le rapport à l'autre y est considéré comme source de nouvelles opportunités. Nos préférences ne sont pas figées, a fortiori durant l'enfance, et le fait d'avoir plus ou moins d'opportunités de départ influence souvent nos valeurs et conditionne nos choix qui s'inscrivent toujours dans un contexte donné. La communauté de recherche actualise, modèle nos valeurs qui perdent du coup tout caractère absolutiste et dogmatique. Quel ancrage pourrait avoir, par exemple, la valeur de liberté si elle n'a pas été directement expérimentée en raison de structures familiales, éducatives ou politiques autoritaires ou si un manque d'opportunités nous prive de la possibilité d'en apprécier la pertinence ? Ce souci d'augmenter les libertés « réelles » de tous est également très présent dans l'œuvre de Sen pour qui la privation et le manque d'accès à certaines ressources de base ou secondaires (par exemple l'éducation) résultent souvent d'un déficit de « démocratie ».

Les *communautés de recherche*, par leur climat de liberté et d'écoute réciproque, instaurent un espace où chacun est habilité à prendre la parole dans le respect de l'autre et en donnant ses raisons. En ce sens, elles sont assez proches de ce que Hannah Arendt nomme les « oasis »[2].

Il s'agit de lieux privilégiés où l'être humain peut se ressourcer, à l'abri du bruit et de la fureur du monde et reprendre son souffle. La communauté de recherche reprend cet aspect, mais y inclut d'autres : si la narration, le partage d'une histoire en tant que référentiel commun constitue une étape, le cheminement éducatif se poursuit par un questionnement, un travail conceptuel et une initiation à la vie démocratique par l'exercice de la délibération : exercice complexe, qui repose sur la faculté de juger en tenant compte du contexte et en se basant sur des critères.

1. M. Lipman, *À l'École de la pensée*, *op. cit.*, p. 125.
2. H. Arendt, *Qu'est-ce que la politique ?*, « Les déserts et les oasis », Paris, Seuil, 1995, p. 153.

c) Réduction de la violence

La *communauté de recherche* en tant que microcosme d'une agora délibérative, permet également, par la promotion du dialogue, de réduire la violence, notamment celle qui résulte d'un contexte de départ marqué par les inégalités :

> La polis, selon Aristote, c'est la communauté des citoyens organisés politiquement. Cette abstraction est une utopie créatrice, fondée sur l'idée de l'égalité de tous les citoyens, quelles que soient, par ailleurs, leurs différences et les inégalités qui les séparent [1].

C'est le propre de la démocratie de faire abstraction des « appartenances naturelles », source de différences et d'inégalités pour instaurer un espace commun régi par des lois. Mais cette construction formelle ne suffit pas pour inculquer un véritable esprit de « citoyenneté » à la fois égalitaire et respectueux des différences. Il est important que le processus de délibération soit lui aussi inspiré par des valeurs démocratiques et qu'il ne soit pas réservé à une « élite ». La *communauté de recherche* peut jouer un rôle important dans le processus d'éducation de l'enfant en réduisant les « violences qui résultent des inégalités » et en l'intégrant dans un groupe où règne une atmosphère démocratique faite d'écoute et de respect mutuel. Ainsi, elle contribue à renforcer un sentiment positif d'appartenance à une communauté qui n'exclut pas ceux qui disposent de moins de « capacités » ou de ressources :

> Dans une communauté de recherche, sont bienvenues les opinions de tous et pas seulement celles des plus vifs et intelligents. Du fait que les membres s'écoutent mutuellement avec attention, leur respect mutuel en est renforcé [2].

d) Enfin, les valeurs sont partie intégrante du processus de délibération propre à l'instauration d'un espace démocratique

> Avoir plus d'opportunités influence la manière d'attribuer de la valeur. Afin de ne pas « négliger » l'activité réflexive des personnes sur elles-mêmes, la valeur qu'elles accordent à telle ou telle chose doit être intégrée au schéma général d'évaluation [3].

1. D. Schnapper et C. Bachelier, *Qu'est-ce que la citoyenneté ?*, Paris, Folio-Gallimard, 2000, p. 12.
2. M. Lipman, *À l'Ecole de la pensée*, *op. cit.*, p. 124.
3. J.-M. Bonvin et N. Farvaque, *Amartya Sen. Une Politique de la liberté*, « Le Bien commun », Paris, Michalon, 2008, p. 24.

Il se peut en effet que le manque d'opportunités engendre ce que Sen appelle « des préférences adaptatives » et l'adaptation à une situation de privation. Situation de privation qui peut être matérielle, mais également culturelle ou sociale. C'est le cas notamment de certaines minorités ou de personnes disposant de ressources limitées. Il convient donc d'élargir l'éventail des choix possibles, ce qui ne va pas sans une politique volontariste axée sur l'éducation et l'émancipation sociale. Et cette émancipation passe notamment par l'éducation et la participation concrète de chacun.

IMPORTANCE DES PROCÉDURES ET DU PROCESSUS DE DÉLIBÉRATION CHEZ AMARTYAMARTYA SEN ET CHEZ MATTHEW LIPMAN

La délibération, étape fondamentale dans un processus de devenir citoyen

La délibération, qu'elle soit individuelle ou collective, est une étape fondamentale dans l'instauration d'un espace démocratique : chez de nombreux auteurs « libéraux » tels que Amartya Sen, mais aussi Fareed Zakaria[1], il ne saurait y avoir de démocratie sans un respect scrupuleux des libertés individuelles. La délibération implique une sensibilité au contexte de la prise de décision, un dialogue coopératif et une discussion préliminaire sur les règles de procédure. Cette discussion « coopérative » présuppose une certaine confiance dans la capacité de chacun à contribuer à l'instauration d'un espace démocratique.

Amartya Sen partage avec le pragmatisme et avec Matthew Lipman une certaine conception de la démocratie qui repose sur la confiance dans les vertus du processus de délibération et de débat public qui vise à concilier liberté et équité. Il s'agit de ne pas confisquer le débat démocratique, mais de l'élargir à tous : c'est-à-dire aux citoyens, futurs citoyens, afin que ce ne soient pas les seuls experts qui déterminent les processus de décision. Pour cela, Sen estime prioritaire d'accroître les *capabilities ou* « libertés réelles » qui conditionnent notre aptitude à faire des choix. Mais cette visée égalitaire ne peut faire l'impasse sur des inégalités de départ : une personne

1. Essayiste et journaliste américain d'origine indienne. Dans son livre, *The Future of Freedom, illiberal democracies at home and abroad*, New York, Norton Paperback, 2004; (trad. fr. D. Roche, *L'avenir de la démocratie illibérale aux Etats-Unis et dans le monde*, Paris, Odile Jacob, 2003), F. Zakaria dénonce certains paradoxes et incohérences de la démocratie qui peut aisément dévier en tyrannie de la majorité et être fondamentalement liberticide lorsque cette majorité plébiscite le populisme ou l'extrémisme religieux.

pauvre ou malade, ou disposant de peu de ressources peut très bien se résigner à sa condition et, partant, négliger qu'elle pourrait valoriser une situation meilleure. Délibérer, c'est-à-dire faire des choix en fonction de critères rationnellement fondés, n'est possible que si certaines conditions minimales sont réunies. Ces conditions ne sont pas seulement matérielles : elles intègrent des dimensions culturelles et sociales. D'ailleurs, quelles que soient les conditions matérielles, souligne Sen, la pauvreté ne justifie jamais l'absence de démocratie et rien ne nous dit que les plus démunis accordent moins d'importance à la démocratie que ceux qui disposent de davantage de ressources. Permettre à tout citoyen de faire des choix et d'utiliser au mieux les « capabilités » dont il dispose devrait être le souci de toute société réellement démocratique :

> Dans cette perspective, tout ce qui limite ou entrave le déploiement démocratique est interprété comme un facteur d'obstruction au développement des capabilités. C'est comme cela qu'il faut comprendre le débat « identités et cultures » dans le sens d'une remise en question des normes culturelles lorsqu'elles sont porteuses de cadrages normatifs ou cognitifs qui enferment l'individu dans une identité particulière et nuisent à l'accroissement de ses libertés réelles. Mais plus généralement encore, tout cadrage normatif qui tenterait de s'imposer au débat démocratique et donc de s'y soustraire fait l'objet d'une critique sans concession de la part de Sen[1].

*Liberté comme processus (*délibération*) et comme opportunité (*capability*)*

Pour Amartya Sen, la démocratie présente de nombreux enjeux où intervient un équilibre toujours à faire entre les valeurs de liberté et d'égalité. Il a consacré de nombreux ouvrages à une réflexion sur la justice, l'équité, et la liberté. Sen a une vision large de la démocratie en termes de débat public et met l'accent tout au long de son œuvre sur la liberté et la diversité, ainsi que sur la valeur de la démocratie qui n'est pas considérée comme une création purement occidentale. Il défend une analyse de la liberté comme processus (de délibération) et comme opportunité (la capacité ou « capability »). Un des critères importants pour qualifier une décision de démocratique est de vérifier si elle passe le test du débat démocratique :

1. J.-M. Bonvin et N. Farvaque, *Amartya Sen. Une Politique de la liberté*, *op. cit.*, p. 92.

> Il s'agit donc autant que possible de faire coïncider la rationalité collective et les rationalités individuelles. D'un côté, la décision collective doit laisser la plus grande place possible aux individus concernés. De l'autre, seules les préférences individuelles passant le test du débat démocratique méritent d'être soutenues par le débat public[1].

En quoi consiste ce « test démocratique » ?

Tout ce qui accroît les libertés réelles et les capacités mérite d'être pris en compte. La question que Sen se pose est : « *Qu'aurait choisi une personne si elle avait eu les moyens de le faire* ? » En d'autres termes, la capabilité ne renvoie pas seulement à un choix *hic et nunc*, qui peut être rendu difficile par le manque d'accès à certaines capacités (éducation, structures démocratiques, égalité des chances), mais au choix qu'une personne aurait raisonnablement pu faire si elle disposait de tous les outils nécessaires.

La liberté comme processus signifie que chacun puisse être concerné et que cette participation apporte un plus, une expansion des capabilités au profit de la communauté dans son ensemble. Or cette participation est parfois entravée par un contexte de départ d'inégalité. Sen propose donc de déplacer la « variable focale de l'évaluation » en se concentrant plutôt sur les possibilités effectives des individus, dans le but de les renforcer. Critiquant l'utilitarisme, il propose de reformuler la question « comment maximiser mon utilité personnelle » par la question « quelle est ma capacité réelle » de choisir en tenant compte du contexte, des choses auxquelles j'accorde de la valeur, de mes priorités et désirs comme ceux d'être reconnus par la société à laquelle j'appartiens.

L'évaluation chez Sen comporte également une valeur réflexive : c'est-à-dire qu'il s'attache à examiner quelles sont les raisons qui nous amènent à valoriser telle ou telle chose plutôt qu'une autre, sans oublier la prise en compte des éventuelles alternatives qui s'offrent à chacun d'entre nous.

Mais les valeurs que nous nous donnons et celles dont nous héritons ne sont pas figées et définies une fois pour toutes. Sans une réelle capacité de remise en question des valeurs traditionnelles à l'aune de critères démocratiques universels, la démocratie reste un concept vide de sens. Il n'est pas suffisant pour être vraiment démocrate, de connaître les lois et les institutions, l'important étant avant tout de pratiquer la démocratie et de confronter sans cesse nos valeurs à des situations inédites.

1. J.-M. Bonvin et N. Farvaque, *Amartya Sen. Une Politique de la liberté*, *op. cit.*, p. 76.

> Sen se montre particulièrement sévère à l'égard de ces objections culturalistes qu'il dénonce comme des tentatives de perpétuer certaines formes de pouvoir autoritaires ou certaines pratiques culturelles qui ont effectivement tout à craindre d'un débat public démocratique [1].

Chacun est-il « obligé » de participer et de s'impliquer ?

a) Démocratisation comme élargissement et comme développement

Si Amartya Sen plaide pour un élargissement du nombre de participants au débat public, Matthew Lipman insiste sur le bénéfice de la philosophie dès le plus jeune âge. On peut y voir un souci commun pour le développement de la personne dans son ensemble, ou ce que Sen appelle « *empowerment* », afin que chacun soit en mesure de participer à la vie démocratique et aux décisions collectives. Cette approche nécessite à la fois de repenser l'éducation pour qu'elle soit véritablement démocratique et de mettre en place un autre cadrage cognitif et éthique qui soit en mesure de préparer au mieux l'enfant ou le citoyen à des décisions qui concernent sa vie et ses rapports avec les autres.

Amartya Sen pense les liens entre individus et société de manière réflexive et met l'accent sur la capacité du débat public démocratique à remettre en question les normes sociales ou culturelles dominantes. Dans *Identité et violence* [2], il insiste avec force, contre les culturalistes ou communautaristes, sur la nécessité de ne pas enfermer les individus dans une identité unique qui les déterminerait entièrement. Si nos choix sont influencés par notre contexte culturel de départ, ils sont toujours susceptibles d'évoluer, sans quoi on resterait dans une perspective entièrement déterministe.

> Le débat démocratique intègre les rationalités individuelles et les soumet au test de la discussion publique raisonnée (« public reasoning »). Dans un tel cadre, le critère du choix collectif n'est pas donné à l'avance, mais émerge en situation, au cours du débat démocratique [3].

Nos valeurs, nos normes, nos manières d'envisager des problèmes et situations complexes – qu'ils soient ou non reliés à des enjeux liés à la citoyenneté – sont des constructions sociales. D'où l'importance de

1. *Ibid.*, p. 78.
2. A. Sen, *Identity and Violence, The Illusion of Destiny*, New York, Norton, 2006 ; (trad. fr. S. Kleiman-Lafon, *Identité et Violence, L'illusion du destin*, Paris, Odile Jacob, 2006, p. 69-82.)
3. J.-M. Bonvin et N. Farvaque, *Amartya Sen. Une Politique de la liberté*, *op. cit.*, p. 88.

garantir à chacun – dans un souci d'équité – la possibilité d'être partie prenante de ces processus.

b) Valorisation d'une conception constructive de la démocratie

Sen accorde une grande importance à une citoyenneté réellement constructive : les droits civiques et politiques sont à la fois importants pour les individus et la collectivité dans son ensemble. Participer à la vie politique et sociale est crucial pour le bien-être de tous et fait partie des *capabilities* ou libertés réelles au même titre que le fait de disposer d'un revenu quantitativement suffisant. Mais cette participation a également une valeur intrinsèque dans la mesure où elle permet aux citoyens d'apprendre les uns des autres et à la collectivité de donner forme à ses valeurs et priorités.

Cette notion de participation joue également un rôle de premier plan chez Matthew Lipman. La citoyenneté implique la valorisation de la sociabilité de tous, elle se vit davantage qu'elle ne s'apprend. Sans être confronté à l'autre, à la différence des opinions et des valeurs de chacun, comment apprendre les limites, comment trouver sa place et mettre sa liberté à l'épreuve si on n'en acquiert pas une notion concrète et contextuée ?

Lipman – notamment dans *Mark, Recherche sociale*[1], un manuel destiné aux jeunes à partir de 16 ans, vise précisément à développer certaines compétences en relation avec la citoyenneté : responsabilité, écoute, solidarité, empathie, capacité de se remettre en question, capacité de coopérer, autoréflexion. La délibération, ou capacité de délibérer implique de nombreux facteurs : capacité de s'impliquer dans nos choix, sélectionner les informations de manière judicieuse et pertinente, opérer un tri parmi celles-ci, prendre conscience des valeurs mobilisées, pondérer ces critères s'ils sont multiples et les appliquer de manière créative dans des situations nouvelles.

Sen estime que « la liberté d'une personne peut être effectivement augmentée même si elle n'a pas de contrôle direct sur le résultat obtenu ». Il se peut en effet, que des « incapacités » temporaires entravent notre volonté de participation ou que l'on souhaite tout simplement ne pas intervenir. Par exemple en ce qui concerne la liberté de parole :

1. M. Lipman et A.-M. Sharp, *Mark, Recherche sociale*, trad. fr. N. Decostre, Berne, Peter Lang, 2009, p. 11-17.

> La liberté de parole ne requiert pas qu'une personne doive parler continuellement, mais qu'elle puisse parler si elle choisit de le faire [1].

Au sein d'une communauté de recherche, il n'y a pas non plus d'obligation d'intervenir à tout moment, les rôles et fonctions étant diversifiés, mais il est essentiel que le climat qui y règne favorise la responsabilisation de tous par rapport au processus de recherche en commun et de questionnement philosophique. De cette quête philosophique, les références à la société actuelle ne sont pas absentes.

> Les sociétés justes et libres sont celles où les institutions sont équitables, qui font appel à la participation des citoyens et où ceux-ci délibèrent de façon critique et créative. Or le jugement et le raisonnement sont alors indispensables et tenter de développer ces éléments sans recourir à la philosophie équivaudrait à mettre en scène Hamlet en supprimant le rôle du Prince du Danemark [2].

COMMENT RESPECTER LE PLURALISME DES IDÉES ET DES VALEURS EN RENDANT JUSTES ET EFFICACES LES PROCÉDURES DÉMOCRATIQUES ?

L'appartenance, un point de départ, mais non pas un horizon fermé

Aux États-Unis et au Royaume-Uni, de nombreux débats ont opposé ceux que l'on appelle les « communautaristes » (Charles Taylor, Michael Sandel) et les « libéraux » (Rawls). Ces débats ont suscité des prises de position contrastées en ce qui concerne des questions telles que : Jusqu'où faut-il accepter la diversité culturelle ? Quelles revendications faites au nom de cette diversité culturelle sont-elles acceptables (port du voile, nourriture répondant aux préceptes religieux dans les cantines…) ? Liberté culturelle et diversité culturelle sont-elles toujours compatibles ? Ces questions focalisent un grand nombre de passions et prises de position sociétales qui se reflètent également dans les interrogations des enfants. Quel modèle de société est le plus à même de favoriser à la fois les libertés individuelles et concrètes des citoyens et le besoin d'unité et de cohérence lorsque l'on se réfère aux lois et institutions ?

1. J.-M. Bonvin et N. Farvaque, *Amartya Sen. Une Politique de la liberté*, *op. cit.*, p. 88.
2. M. Lipman, « Renforcer le raisonnement et le jugement par la philosophie », dans Cl. Leleux (coord.), *La Philosophie pour enfants. Le modèle de Matthew Lipman en discussion*, *op. cit.*, p. 12.

> Ce qui fait la force de la démocratie par rapport aux régimes autoritaires réside dans cette reconnaissance de cette pluralité constitutive des identités individuelles et dans son intégration dans les processus de décision collective[1].

Pluralité et différence, thèmes souvent traités dans l'œuvre de Sen et qui fondent en partie sa vision de la démocratie. Par ailleurs, contrairement aux relativistes, il considère que certaines valeurs sont universelles, notamment l'importance de la liberté dans l'existence humaine et la possibilité de participer à un débat public. Le fait qu'une chose ait une valeur universelle – ajoute-t-il – ne signifie pas qu'elle doive faire l'objet d'un assentiment universel. La démocratie et les droits de l'homme, par exemple, sont quelquefois contestés au nom des « différences culturelles » ou en tant que spécificité liée à une culture « occidentale ». Cette conception néglige totalement qu'une bonne partie de la population n'a pas encore eu la possibilité d'en faire l'expérience et qu'il existe de bonnes raisons de penser qu'elle recueillerait leur assentiment si la possibilité concrète leur était offerte. En outre, elle considère les civilisations comme des blocs monolithiques en négligeant la grande richesse et la grande diversité qui y règnent ainsi que les interactions et influences réciproques entre pays. La reconnaissance de la diversité culturelle est un acquis important dans nos démocraties mais elle ne doit pas, au nom de la diversité, être source d'uniformité sociale et de répression.

Critique du communautarisme

Amartya Sen est quelquefois assez critique envers le modèle de société qui domine au Royaume-Uni[2], à savoir celui d'un pays composé d'une « fédération de communautés » plutôt que comme une collectivité d'êtres humains ayant une multiplicité d'appartenances. À vrai dire, le concept même de « multiculturalisme » est trompeur, il reflète plutôt – dit-il – une forme de « mono culturalisme pluriel ». Ce modèle a le défaut de ne pas faire suffisamment la distinction entre les appartenances qui sont héritées et celles qui sont librement choisies. En outre, il y a toujours le risque de regrouper des individus aux parcours différents sous une seule étiquette identitaire qu'ils n'ont pas toujours choisie. Lorsqu'on fait l'impasse – ou qu'on les relègue au second plan – sur toutes les autres composantes

1. J.-M. Bonvin et N. Farvaque, *Amartya Sen. Une Politique de la liberté*, *op. cit.*, p. 89.

2. Dans *Identité et violence, l'illusion du destin*, *op. cit.*, A. Sen consacre notamment le chapitre 8 « Multiculturalisme et liberté » au modèle qui domine au Royaume-Uni.

identitaires constitutives d'une réelle citoyenneté, le risque est grand d'accroître l'enfermement identitaire et la violence. Ceci amènerait par exemple la crispation sur une seule appartenance, considérant autrui comme une menace plutôt que comme une source d'enrichissement. C'est dire si la mise en place de communautés de recherche dès le plus jeune âge peut jouer un rôle important en familiarisant l'enfant avec la diversité, en l'amenant à remettre ses points de vue en question sans que cette remise en question soit considérée comme une atteinte insupportable à son identité. Sen estime qu'il serait dommage de priver les enfants de la richesse que constitue l'expérience de confrontation au pluralisme en les enfermant dès le départ dans des cases identitaires fondées sur un critère unique de catégorisation.

Les pièges de l'illusion communautariste et solitariste

Deux pièges sont à éviter selon Sen : d'une part, ce qu'il appelle « l'illusion solitariste » qui, de fait, néglige les dimensions plus « complètes » ou sociales de l'individu et, d'autre part, « l'enfermement communautariste » qui ne tient pas compte de la liberté de chacun à opérer des choix et à s'inscrire dans un réseau d'identités multiples. Ce dernier peut, lorsqu'il est exacerbé, provoquer tensions et violences. Afin d'éviter une vision essentialiste de l'identité, propre aux sociétés hiérarchisées et non démocratiques, Sen préconise le recours à la délibération raisonnée et au questionnement[1]. Soumettre à l'usage de la raison la foi et la pratique dont nous avons hérité et prendre nos distances avec une foi instinctive et une acceptation inconditionnelle des traditions permet de nous émanciper en évitant les schémas communautaristes. Ce sont précisément ces schémas « communautaristes » rigides qui risquent d'entraver sérieusement l'aptitude des enfants à choisir plus tard en fonction de critères rationnels et démocratiques.

Au contraire, une éducation active à la citoyenneté et la pratique raisonnée du dialogue peuvent jouer un rôle déterminant pour éviter cette réduction des capacités chez les enfants défavorisés ou issus de milieux culturels conservateurs. En favorisant l'activité de la raison et l'émergence de l'esprit critique, la communauté de recherche contribue à rendre les enfants plus aptes, mieux armés conceptuellement et affectivement à

1. Un exemple emblématique : la devise « identité, communauté, stabilité » qui est celle du « meilleur des mondes » d'A. Huxley. *Cf.* A. Huxley, *Brave new world*, Harlow, Essex, Penguin Readers, 2008; trad. fr., *Le meilleur des mondes*, Paris, Plon, Pocket, 1932.

résister aux sirènes des idéologies sectaires et à la tentation de la facilité. Lipman, dans *Mark, Recherche sociale*, explore de nombreuses pistes de réflexion liées à l'exercice de la raison et d'une citoyenneté responsable. De nombreuses questions et thématiques citoyennes y sont explorées en profondeur : justice, liberté, droits, vérité (...) dans le souci d'intégrer un maximum de facteurs. Il partagerait sans aucun doute la méfiance de Sen pour une vision « solitariste et réductrice de l'identité ». Celle-ci ne nous permet sans doute pas de sortir de l'impasse dans laquelle nous plonge le décalage éducatif classique entre « le monde tel qu'il est » et l'institution scolaire.

> Un des problèmes de l'éducation actuelle, c'est que les élèves acquièrent des bribes de connaissance qu'on pourrait comparer à des cubes de glace inertes dans leur lorgnette et incapables d'interaction. En conséquence, ce que les réformes du système éducatif ont d'abord voulu faire c'est les aider à construire des ponts d'un domaine de la connaissance vers un autre, à leur faire découvrir des variables, des moyens termes, des chaînons manquants, bref tout ce qui serait susceptible de relier des choses hétérogènes [1].

Construire des ponts, faire des liens, transposer, sont des habiletés qui ont un statut à la fois épistémologique et éthique. Pour ne citer qu'un exemple : l'autocorrection, qualité fondamentale pour progresser dans les domaines de la recherche appliquée, est tout aussi importante lorsque, transposée au domaine éthique, elle favorise une pensée attentive aux points de vue de l'autre et capable de remettre ses propres présupposés en question. Afin que la connaissance « fasse sens » pour l'enfant, il est important qu'il se sente partie prenante du processus d'apprentissage, qu'il puisse mobiliser toutes les ressources dont il dispose et que l'ambiance soit suffisamment sécurisante pour qu'il se sente autorisé à poser des questions. Il est également important de favoriser une coopération, un échange des connaissances et des points de vue, que l'accent soit mis sur le perfectionnement de chacun, de ses habiletés conceptuelles, créatives, imaginatives.

Les communautés de recherche sont à plus d'un titre une excellente méthode pour stimuler l'apprentissage et le « vivre ensemble » dans une société démocratique mais leur intérêt ne se limite pas à cela. Le but étant la recherche et non une vérité établie une fois pour toutes, elles légitiment l'esprit critique et le doute qui sont parfois les parents pauvres dans tout

1. M. Lipman, *À l'École de la pensée*, *op. cit.*, p. 63.

système éducatif autoritaire et partant, dans toute société non démocratique.

CONCLUSION
FORGER UN NOUVEAU CONCEPT DE « COMMUNAUTÉ » BASÉE SUR DES CRITÈRES DÉMOCRATIQUES, UNE UTOPIE ?

Y aurait-il chez Lipman comme chez Sen un optimisme exagéré dans la capacité de la délibération démocratique ou de l'instauration de communautés de recherche à œuvrer en faveur de l'accroissement des libertés ? Sous-estimeraient-ils tous les deux les réflexes corporatistes, communautaristes, le risque de manipulation ?

Pour répondre à cette critique, on pourrait rétorquer qu'ils ne visent pas à établir une société parfaitement juste, mais simplement à progresser vers l'amélioration des conditions permettant l'avènement d'une société plus juste. La communauté de recherche de Lipman, la mise en évidence des *capabilités* chez Sen, seraient autant d'étapes vers une société plus juste et plus solidaire. L'un comme l'autre se préoccupent davantage de la délibération que du processus de décision (qui n'est qu'une étape). Cependant une question se pose quant à la participation effective de chacun à l'exercice de la délibération. Tous sont-ils également aptes, disposent-ils des mêmes instruments (conceptuels, affectifs) pour y prendre part ? Le risque n'est-il pas que « les athlètes de la délibération » soient les plus actifs et cela au détriment des « laissés pour compte » ? Ne court-on pas le risque de tomber dans l'élitisme et dans la justification d'un monopole des experts ? En outre, n'y a-t-il pas d'autres priorités à privilégier en temps de crise ?

L'intérêt et l'originalité de la Philosophie pour Enfants résident dans son approche holistique : elle vise à la fois à stimuler la réflexion et l'engagement citoyen, à mettre en relation théorie et pratique, à améliorer sa propre pensée tout en construisant sur la pensée des autres. Elle est également dialogique et délibérative et ce dialogue se construit aussi bien avec ses pairs qu'avec la culture et le savoir des générations qui nous sont étrangers, tant au niveau spatial (les autres cultures) que temporel (notre héritage passé). Ce qui est visé dans la Philosophie pour Enfants, c'est la réalisation d'une communauté de recherche intellectuelle qui se distingue d'une communauté basée sur une appartenance et une identité commune allant en quelque sorte de soi. Ces communautés qui se caractérisent par un corpus commun : religion, traditions ou valeurs collectives ainsi que par des relations interpersonnelles codifiées entre leurs membres. Si elles sont rassurantes en offrant à l'individu une place stable et une fonction dans le groupe, elles ne sont pas pour autant systématiquement productrices de valeurs démocratiques telles que l'égalité, l'émancipation et la liberté. Sen considère en outre qu'il est paradoxal de valoriser systématiquement ce type de communauté au nom du respect de la liberté culturelle dès lors que, prises comme un tout, il est des traditions qui enferment l'individu au lieu de l'émanciper. En outre, il n'y est guère question d'identités choisies en fonction de critères rationnels mais plutôt d'une loyauté affective qu'il est toujours délicat de remettre en question.

Dans l'optique de Lipman la construction de communautés de recherche basées sur des critères rationnellement définis et choisis permet l'émancipation intellectuelle, sociale et affective. Émancipation intellectuelle par la démarche de libre-examen qu'elle présuppose et par la remise en cause d'une vision dogmatique et autoritariste de la vérité, émancipation sociale par la participation à une microsociété fondée sur le respect d'autrui et des valeurs démocratiques de solidarité, émancipation affective et psychologique par la responsabilisation et la participation qu'elle demande aux participants. Cet apprentissage prépare également l'enfant à assumer sa responsabilité future comme citoyen : respect de la parole de l'autre, questionnement critique, responsabilisation par rapport à sa prise de parole, acceptation des différences, volonté de progresser ensemble vers un objectif commun : s'engager ensemble dans un processus d'éducation et d'émancipation tant intellectuel que social.

Une communauté d'individus libres et respectueux l'un de l'autre, attentive aux différences de « capacités » et attachés à la promotion des valeurs de solidarité, est sans doute plus à même de répondre aux défis d'une société pluraliste, multiculturelle que des sociétés basées sur le savoir et la communication et où l'hyperspécialisation rend impossible l'accomplissement des tâches même les plus simples sans un partage des compétences et une mobilisation efficace des savoirs et des techniques. Dans une société en profonde mutation qui nécessite de chacun une vigilance et une capacité d'apprendre à toute étape de sa vie, la pratique de la Philosophie pour Enfants stimule de nombreuses « *capabilities* ». En renforçant l'estime de soi et l'écoute des autres, elle permet une meilleure adaptation aux exigences d'une société de la connaissance tout en accentuant les capacités critiques permettant aux citoyens de faire face aux tentatives de manipulation et d'acceptation de statu quo sécrétant des injustices et des discriminations.

L'incertitude, liée à l'interrogation philosophique et à la complexité propre à la vie dans des sociétés démocratiques, constitue-t-elle une impasse ou, au contraire, permet-elle un nouveau départ ? En cherchant à dépasser le divorce platonicien entre la vie de l'esprit et la vie publique, en valorisant la capacité de juger et de délibérer de chacun, il y a sans doute moyen d'éviter les pièges des idéologies déterministes en retissant les liens entre le monde réel et l'activité de penser. Un apprentissage qui est plus que jamais d'actualité et pour lequel il est essentiel de sortir des schémas habituels de la « crise » et de « l'urgence ».

> Du reste, c'est le plus vieil argument des obscurantistes que de faire de la misère un argument contre la pensée : s'il avait fallu attendre pour juger de l'ordre du monde que celui-ci soit délivré de la violence et de l'injustice, jamais une pierre n'aurait atteint un tyran [1].

Isabelle JESPERS
AESS Philosophie Morale ULB

1. F. Dupin, « L'Avenir de l'éducation entre école et société », *Le Philosophoire, L'Éducation*, n°33, 2010.

DÉVELOPPER UNE COMMUNAUTÉ DE RECHERCHE INTERNATIONALE

INTRODUCTION

Dans cet article, je souhaite analyser ce que signifie la notion de communauté de recherche dans des contextes multiethniques et proposer des exemples autrichiens de pratique réussie.

L'idée de communauté de recherche et la pratique de la philosophie sont toutes deux centrales au programme de *Philosophie pour Enfants*.

Non seulement l'installation d'une communauté de ce type stimule le dialogue philosophique, il s'agit en outre d'un outil permettant une activité en commun, ce qui, en préparant les jeunes à vivre dans une société multiethnique et multiculturelle, est important pour l'apprentissage de la démocratie.

Une communauté de recherche d'enfants fournit un cadre idéal pour élaborer des perceptions intersubjectives et affiner la compréhension d'écarts culturels complexes. Elle constitue un moyen idéal pour préparer, socialement aussi bien que cognitivement, la génération future à s'engager dans le nécessaire dialogue, à juger et à questionner ce qui est vital pour l'existence d'une société démocratique.

QUEL DÉFI POUR L'ÉDUCATION ?

La rapide mutation sociale et économique que nous vivons exige une révision des valeurs traditionnelles, une grande flexibilité et une réflexion au niveau mondial. Nous savons que les besoins éducatifs ont changé, et cela à tous les niveaux. Qu'est-ce que cela signifie ? C'est que le défi pour l'éducation de demain consistera à doter la jeunesse de compétences cognitives, de sensibilités interpersonnelles et d'une culture plus sophistiquée. Ce ne sont pas là des choses transmissibles simplement. Il importe d'analyser d'abord les mutations qu'entraîne la mondialisation dans nos expériences quotidiennes et aussi de prendre conscience de la manière dont la dynamique de cette mondialisation affecte nos sens, notre façon de penser, nos valeurs et nos modes de vie. Tant de questions se posent ! Par exemple : Comment préparer au mieux les enfants et les adolescents à réussir leur vie au XXIe siècle ? De quoi une personne a-t-elle besoin pour survivre dans ce monde et pour y apporter sa contribution ? Quelles sont les compétences, les stratégies, les attitudes nécessaires pour la réflexion, pour une meilleure compréhension, pour un bon jugement, pour un comportement raisonnable ?

LA RECHERCHE PHILOSOPHIQUE : UN OBJECTIF ÉDUCATIF

L'utilité de la philosophie comme objectif éducatif, c'est que chaque élève devienne un chercheur. Comme l'écrit Lipman : « Si l'on veut arriver un jour à ce que les élèves aient une pensée autonome, il est indispensable qu'à l'instar des scientifiques, ils appliquent la méthode scientifique aux problèmes qui se posent à eux. Au lieu de cela, on exige d'eux qu'ils étudient les résultats fournis par les scientifiques, favorisant ainsi les acquisitions de la recherche au détriment de son processus. Les élèves ne sont ni intéressés ni motivés par cette recherche de seconde main, et ce qu'on s'entête à appeler éducation n'est que ridicule jeu de devinettes »[1].

L'objectif d'un dialogue philosophique n'est pas d'ajuster un comportement émotionnel et affectif, mais d'encourager une pensée de forme réflexive. Un tel dialogue trouve son origine dans la maïeutique socratique. En fonction des différences de possibilités de chaque partenaire, c'est à partir de questions astucieuses que peuvent naître des idées et des pensées personnelles.

La recherche est stimulée par ce que Laurance Splitter et Ann Sharp appellent des questions ouvertes, tant du point de vue procédural que de celui de leur contenu[2].

Dewey et Lipman insistent tous deux sur l'importance de la recherche. Alors que Dewey insiste sur la recherche scientifique, pour Lipman ce n'est toutefois pas suffisant et la recherche philosophique est tout aussi nécessaire :

1. M. Lipman, *À l'École de la pensée*, *op. cit.*, p. 32-33.

2. A. M. Sharp and L. Splitter, *Teaching Better Thinking. The Classroom Community of Inquiry*, Melbourne, The Australian Council for Educational Research Ltd, 1995, p. 58.

> Une classe où les enfants sont encouragés à avoir une pensée philosophique se transforme en une communauté de recherche qui s'engage dans une procédure de recherche, dans la recherche responsable de techniques qui présupposent une ouverture à la preuve et à la raison. On estime que ces procédures de la communauté, une fois intériorisées, deviennent des habitudes réflexes [1].

LA COMMUNAUTÉ DE RECHERCHE PHILOSOPHIQUE

Faire de la philosophie signifie faire une recherche dialogique aussi bien que communautaire. L'expression de « communauté de recherche » est due à Charles Sanders Peirce (1839 – 1914) en référence à l'interaction entre scientifiques. Il s'agit d'un dispositif social de personnes qui, par le biais du dialogue, font une recherche jusqu'à ses limites à propos d'un concept confus. Pour obtenir un dialogue structuré, il importe de créer un environnement dans lequel tous les participants sont sur le même pied.

Un fonctionnement démocratique

John Dewey définit la communauté comme groupement de personnes différentes, qui se réunissent, dans un même état d'esprit, autour d'un intérêt qui devient commun au fil du temps [2]. Tout comme une société démocratique, une communauté implique une éducation fondée sur la recherche, c'est-à-dire qui peut cerner, planifier et résoudre des problèmes que pose le monde environnant. C'est ensemble qu'on résout les problèmes, là où ils se présentent, c'est-à-dire dans des communautés. Une des formes de ces communautés, ce sont les écoles [3].

Pour Matthew Lipman, la pratique de la philosophie dans une communauté de recherche peut se comparer à la méthode socratique, qui entraîne tous les aspects de la philosophie. Outre qu'elle fournit aux enfants l'opportunité de trouver sens à leur vie, la philosophie stimule en même temps une recherche coopérative en communauté.

Participer à une communauté de recherche engage les enfants, d'une part à d'importants actes cognitifs comme clarifier des concepts ou des

1. M. Lipman, A. M. Sharp and F. S. Oscanyan, *Philosophy in the Classroom*, 2nd ed. Philadelphia, Temple University Press, 1980, p. 45.
2. J. Dewey, *Democracy and Education*, New York, Free Press, 1897 ; trad. fr. G. Deledalle, *Démocratie et éducation*, Paris, Armand Colin, 1975.
3. R. Morehouse, *Cornel West And Prophetic Thought, Reflections on Community within Community of Inquiry*, *in* « Analytic Teaching », 15, 1, 1994, p. 42.

termes, formuler des hypothèses, demander ou donner de bonnes raisons, proposer des exemples et des contre-exemples, inférer, suivre une discussion là où elle mène. Et, d'autre part, ils y apprennent à considérer la recherche également comme pratique sociale. Pour Lipman, « la recherche est généralement sociale ou communautaire dans son essence, étant donné qu'elle repose sur une base de langage, de démarches scientifiques, de systèmes symboliques, de mesures et autres procédures particulières à une société donnée»[1]. La communauté de recherche aide à installer la démocratie et est emblématique de ce qu'une telle pratique peut potentiellement devenir.

Une recherche philosophique suppose une pensée critique, créative et vigilante. La classe transformée en communauté de recherche permet aux enfants d'expérimenter la vie dans un contexte de respect mutuel, de découvrir des compétences cognitives et de pouvoir les appliquer.

Le dialogue philosophique

L'idée, c'est que faire de la philosophie, dans la mesure où elle se distingue de l'étude de la philosophie, aide à faire l'expérience d'une meilleure compréhension des façons de penser le monde, de prendre des décisions et également de vivre ensemble. La communauté de recherche philosophique se caractérise par le dialogue. L'un des buts des participants, c'est « d'arriver à des jugements philosophiques fondés à propos des questions ou problèmes suscités par le dialogue »[2].

Idéalement, la relation entre enseignant et élèves prend le caractère d'un dialogue face à face. En tant que membre de la communauté, le professeur est l'égal des autres. Il ne représente pas l'autorité de la connaissance. Il/elle ne donne pas les réponses mais pose plutôt des questions. Son rôle premier, c'est de faciliter la discussion philosophique de manière à ce qu'elle devienne dialogue véritable. Il / elle doit installer un climat de confiance dans lequel les interventions des enfants seront respectées.

Compétences développées en communauté de recherche

Les élèves y apprennent à construire des raisonnements solides, à accepter la responsabilité d'intégrer leurs contributions dans le contexte

1. M. Lipman, *À l'École de la pensée*, *op. cit.*, p. 90.

2. M. Gregory, « Normative Dialogue Types in Philosophy for Children », in *Gifted Education International*, 22, 2/3, 2006, p. 160-71.

d'autres, de suivre la recherche là où elle conduit, de respecter les points de vue des autres, de s'engager par la collaboration avec les autres dans une autocorrection quand il le faut, de ressentir de la fierté des réalisations du groupe aussi bien que des siennes propres. Plus loin dans le processus, ils pratiquent l'art de faire de bons jugements dans le contexte du dialogue et de la recherche commune. En partant de problèmes et de situations qui se présentent à eux, donc de l'expérience concrète, le dialogue philosophique évolue du particulier au général. Et la démarche inverse peut aussi être démontrée : l'évolution du général au particulier. « Faire de la philosophie » c'est essayer de stimuler la curiosité à propos de la représentation linguistique de l'idée et du concept, le plaisir des jeux de langage, tout cela rendant possibles de nouveaux degrés de liberté dans la perception du monde.

Lorsqu'on fait de la philosophie avec les enfants, il ne s'agit pas de leur enseigner une connaissance factuelle, mais plutôt de développer en eux une réflexion active. Le but, c'est de leur faire prendre conscience de leur pouvoir de développer cette capacité. Compétences qui devraient les aider à mieux traiter une situation nouvelle, à repérer les liens, à découvrir d'éventuelles contradictions dans l'information, ainsi qu'à apprendre à penser de manière autonome. Il semble qu'une telle pratique encourage des habiletés et des compétences qui sont indispensables pour construire un futur en vue d'un « développement durable ». Il s'agit là d'habiletés et de compétences appartenant aussi bien au domaine cognitif qu'au domaine social : identifier le futur comme cible d'action, analyser de manière critique notre perception de la réalité et notre mode de vie, développer une pensée et un raisonnement normatifs, la reconnaissance de paradigmes et la capacité d'envisager des alternatives, une pensée holistique et la capacité de participer à un dialogue.

Exemple autrichien

Dans un projet autrichien, entamé particulièrement pour aider des enfants réfugiés, nous avons pratiqué la philosophie avec plus de 600 élèves. Des groupes d'enfants de six à dix ans et d'adolescents de dix à seize. Non seulement ces enfants se trouvaient face au fait d'avoir dû quitter leur pays et parfois leur famille, ils étaient aussi confrontés avec l'incertitude, la peur, des difficultés de langue aussi bien que des attaques racistes dans leur nouvel environnement. Des sessions hebdomadaires d'une heure furent organisées durant trois ans.

Avec, dans les classes, des enfants de nationalités différentes dont les arrière-plans sociaux et familiaux sont différents, on a pu discuter de problèmes comme l'identité et la différence, la liberté, l'équité, la pensée, l'amitié, le préjugé, le langage, l'esprit, ou encore les droits de l'enfant.

Les enfants étaient très enthousiastes.

Conclusion

On a pu constater que la discussion philosophique aide à développer des attitudes d'ouverture à des méthodes et à des idées non familières, des comportements respectueux des points de vue conflictuels, la capacité de considérer le conflit et l'opposition comme moyens d'acquérir de nouvelles perceptions et d'approfondir sa propre compréhension par une pensée autocorrective. C'est un jeu subtil entre des thèmes ou des sujets concrets d'une part, et des questions et notions philosophiques de l'autre. Ce jeu rend imprévisible le cours d'une discussion et chaque discussion sur le même sujet ou à propos de la même histoire est différente. Dans des discussions de ce genre, ce qui importe, c'est la participation au processus. Les enfants et les adultes qui s'engagent dans un tel dialogue philosophique créent une atmosphère dans laquelle la crainte, le blâme ou le jugement cèdent la place à une grande sincérité et à une confiance mutuelle.

Chaque personne, chaque enfant a une contribution particulière à apporter à la communauté, parce que chaque personne est unique et doit être respectée comme telle. Transformer une classe en communauté de recherche où l'écoute est attentive est une étape permettant d'explorer et d'approfondir notre perception et de saisir le sens. La stimulation naît quand chacun partage sa propre expérience ou ses idées.

La communauté de recherche constitue donc vraiment un exemple de pratique démocratique : elle aide enfants et adultes à développer des outils leur permettant de prendre des décisions, de devenir des citoyens plus matures et plus réfléchis. Elle se caractérise par l'hésitation et l'étonnement, la tolérance et le respect, la prise de risque intellectuel et l'autocorrection.

Une communauté de recherche est cependant davantage qu'un groupe de gens réunis pour parler. Elle présuppose des compétences et des attitudes particulières.

Quand le dialogue d'une communauté de recherche est facilité par un enseignant bien formé, les enfants deviennent plus compétents en ce qui concerne les aptitudes liées à l'éthique et à la logique. Leur conscience esthétique, sociale et politique s'améliore.

> Un dialogue philosophique est plus qu'une simple conversation. C'est une activité, une recherche partagée, une façon d'exercer ensemble une pensée et une réflexion critiques. Il aide à développer des outils permettant d'explorer des causes sous-jacentes, des règles ou des affirmations. Il peut se révéler très créatif pour trouver de nouveaux moyens de résoudre des problèmes[1].

La philosophie répond à ce nouveau défi d'un monde en perpétuelle mutation par la recherche d'une compréhension interculturelle dans un monde globalisé. Il n'y a aucun doute qu'elle peut promouvoir une pensée interculturelle, la prise de décision, qu'elle peut pousser à l'action. Un plus grand effort est cependant nécessaire pour mettre à exécution cette compétence philosophique dans les études et dans l'environnement de vie à moyen terme. Cette implantation dans l'environnement des enfants a plus de chances de réussir si l'on est bien conscient de ce qui constitue vraiment la nature en réseau d'une philosophie avec les enfants : il s'agit d'une approche dynamique holistique, qui promeut une intégration personnelle de l'existence humaine par la communication cognitive, émotionnelle et sociale.

Daniela G. CAMHY
Université de Graz, Autriche
Traduit par Nicole Decostre

1. D. G. Camhy, M. Untermoser, « Philosophical Dialogue in Environmental Education » *in* D. G. Camhy and R. Born (eds), *Encouraging Philosophical Thinking.* Proceedings of the International Conference on Philosophy for Children, Conceptus – Studien 17, Berlin, Academia Verlag, 2005.

L'IMAGINATION INCARNÉE DANS LA RECHERCHE PHILOSOPHIQUE

Ce qui vient généralement à l'esprit quand on se demande comment l'imagination peut s'incarner dans la recherche philosophique, c'est qu'elle sert de ressource pour une pensée *créative*. Dans ce sens, la *créativité* est considérée comme mouvement parallèle : la recherche fait des va-et-vient entre raison stricte et activité créatrice permettant idéalement à la raison de s'informer ailleurs, là où la créativité a pu la mener. Mon objectif, dans cet article, n'est toutefois pas de me centrer sur la manière dont l'imagination participe au jeu créatif, mais plutôt sur celle dont elle fait partie intégrante dans l'activité même de recherche. Comment entre-t-elle en jeu à mesure que l'on progresse dans une idée ou que l'on approfondit un raisonnement ?

On dit souvent que c'est elle qui permet à un esprit de quitter les sentiers battus de la pensée et de participer à des mondes imaginaires. Une autre manière dont on la considère comme incarnée dans la pensée, c'est ce que Mark Johnson, Susan Babbit et d'autres décrivent comme le développement de l'imagination morale[1]. Ce qu'ils veulent dire, c'est qu'elle joue un rôle pivot dans le développement actif d'une orientation morale à l'égard du monde. L'imagination donne à l'esprit la capacité de penser à partir d'une autre perspective, d'aller à la rencontre de l'autre, ouvrant ainsi la voie à un jugement critique[2]. Elle rend apte à développer de la sympathie

1. S. Babbit, *Artless Integrity: Moral imagination, agency and stories*, Rowman & Littlefield publishers, 2000 ; M. Johnson, « Knowing Through the Body », in *Philosophical Psychology*, 1, 1991, p. 3-18.

2. J'ai puisé ce cas d'engagement critique chez Hannah Arendt, là où elle parle de l'imagination qui permet d'aller à la rencontre de l'autre. *Cf.* H. Arendt, *La Vie de l'esprit*, Paris, P.U.F., 1981, p. 183, ainsi que la notion de « spectateur impartial » chez M. Nussbaum dans *Poetic Justice*, Beacon Press, 1997. Dans la littérature de Philosophie pour Enfants, voir J. Glaser, « Thinking Together: Arendt's Visiting Imagination and Nussbaum's Judicial

pour des vies autres et à envisager un avenir différent du présent. Elle joue alors un rôle important dans la capacité à aspirer à ce qui est valable, à glisser du « est » au « doit », de la question « Qui suis-je ? » à « Quelle est la sorte de personne que je veux devenir ? ». Ce glissement fait passer d'un intérêt sociologique pour le monde à un intérêt philosophique de construction du monde, à des questions telles que celles-ci : « Comment dois-je vivre ? » et « Quel est le monde dans lequel je veux vivre ? »

L'imagination s'incarne dans la recherche d'une autre manière encore : c'est par l'intériorisation de notre situation d'humain. C'est ce dont parle Mark Johnson quand il explore comment un corps qui occupe l'espace donne une structure interne à la pensée. Des métaphores comme : « Regarde cela d'un autre côté ! », « Plaçons-nous face à ceci pour mieux l'examiner ! », « Peux-tu isoler cet argument ? » représentent toutes des expressions dans lesquelles notre expérience en tant qu'être physique s'est intériorisée et refait surface pour procurer à la recherche quelques-unes de ses expressions les plus caractéristiques [1].

On peut résumer tout ceci en disant que l'imagination est présente d'au moins trois manières dans la recherche philosophique :

1) dans la pensée créative : par l'effort que fait une personne pour imaginer les choses autrement qu'elles sont dans sa réalité personnelle

2) dans la réflexion morale :

a) par la capacité à explorer des possibilités différentes de sa propre réalité

b) par la capacité à prendre un principe et à le situer dans un contexte particulier – à l'incorporer – et à examiner sa validité ainsi qu'à en tirer des conclusions

c) par le passage de l'être au devoir

3) dans les métaphores corporelles qui fournissent à la recherche philosophique quelques-unes de ses expressions les plus caractéristiques, expressions qui révèlent comment une expérience sensorielle s'est intériorisée en pensée conceptuelle.

Mon intention, en écrivant cet article, c'est d'explorer davantage comment ces trois dimensions se présentent dans le discours philosophique. Je commencerai toutefois par une courte parenthèse. Si j'ai intitulé mon article « L'imagination *incarnée* dans la recherche philosophique », ce choix du mot « incarnée » peut paraître bizarre. Il s'agit bien

Spectatorship as Models for a Community of Inquiry », *Thinking : The Journal of Philosophy for Children*, 14, 1, Montclair, Montclair State University Press, 1998, p. 17-24.

1. M. Johnson, « Knowing Through the Body », *op. cit.*, p. 13-18.

évidemment d'une utilisation métaphorique et, s'il m'a plu de l'utiliser, c'est pour montrer à quel point l'imagination, loin de constituer une forme particulière de réflexion (la pensée dite « imaginative »), est *vivante* dans notre réflexion quotidienne, parallèle à la créativité et contrastant avec d'autres modes de pensée (par exemple, la pensée « critique »). Cet alignement de l'imagination sur la pensée créative est souvent représenté dans des guides pédagogiques qui suggèrent que la meilleure façon de renforcer la capacité des élèves à engager leur imagination dans une recherche philosophique, c'est d'utiliser des pédagogies intégrant les beaux-arts dans la pensée (permettant aux élèves d'explorer leurs idées avec un pinceau plutôt qu'avec une plume). Alors que les beaux-arts constituent certainement une ressource importante pour la recherche philosophique, j'estime pour ma part que leur contribution consiste davantage à fournir aux élèves des modalités alternatives d'engagement et d'expression qu'à entretenir par nature une relation particulière à l'imagination. La dominance de cette optique a conduit à un flot de littérature sur le rôle du jeu créatif dans la recherche philosophique, mais a accordé peu d'attention à la manière dont l'imagination est impliquée dans la progression de la pensée, dans celle de la réflexion sur les buts, ou dans celle qui intervient dans les métaphores corporelles intériorisées que l'on propose en cours de recherche. Ce sont donc là les thèmes sur lesquels je m'attarderai.

Une bonne entrée en matière me paraît être de jeter un œil sur la série de problèmes philosophiques qui, dans la tradition occidentale, ont conduit à travailler sur l'imagination. Au moins trois problèmes distincts ayant nourri des théories sur ce sujet sont identifiables.

En premier lieu, la philosophie s'est généralement intéressée à comprendre comment on parvient à passer d'une expérience sensorielle à une pensée conceptuelle. Étant donné que les expériences sont transitoires, particulières et fragmentaires, comment arrive-t-on à comprendre des *objets intemporels*, des *concepts abstraits*, ou encore des notions d'*objectivité* ? Dans de telles problématiques, le processus consistant à *imaginer* a été considéré comme un trait central de l'imagination, celui qui permet *la construction d'une forme ou d'un cadre et qui rend possible la catégorisation*[1].

1. Intérêt particulièrement grand chez les empiristes : en partant de données sensibles, comment construire un monde conceptuel ? Voir surtout D. Hume, *Traité de la nature humaine*, trad. fr. A. Leroy, Paris, Aubier, 1946, t. 2.

Secundo, la philosophie s'est intéressée à la question de savoir comment on peut rompre avec la forme et arriver à une nouvelle vision. Comment est-il possible de dépasser les modèles et paradigmes que l'on a et d'arriver à quelque chose qui soit réellement novateur ? Une réponse, qui repose sur la notion courante qui assimile « imaginatif » et « créatif » et que j'ai mentionnée en début d'article, consiste à relier imagination et créativité, nouveauté : l'imagination rend possible l'innovation[1].

Et troisièmement, il y a le problème de savoir comment on arrive à pouvoir connaître des choses *que l'on n'a jamais soi-même expérimentées*. Si cet intérêt rejoint le premier, le problème n'est pas de savoir comment passer de modes de connaissance subjectifs à des modes objectifs (quelle que soit la manière dont on choisit de définir l'objectivité), car on est confronté à un paradoxe : comment penser à ce qui est *au-delà* de l'expérience subjective ? Ce problème est central dans les discussions sur l'imagination morale et sur le développement de l'empathie. Comment ressentir la douleur de *quelqu'un d'autre* ? Comment arriver à comprendre le point de vue de *quelqu'un d'autre*[2] ? Ici, l'imagination devient le moyen de participer à l'expérience d'autres personnes. Des discussions sont également soulevées dans une forme plus radicale : comment reconnaître des aspects du monde dépassant l'expérience humaine ? Par exemple, quel goût ont les œufs brouillés pour une blatte[3] ? Ou bien, en philosophie des sciences, comment se faire une idée d'aspects de l'Univers qui dépassent notre capacité scientifique à les détecter (par exemple, les particules Z, les dix dimensions de l'espace-temps, les quarks...)[4].

1. Ceci a suscité l'intérêt dans diverses disciplines : poésie (Wordsworth et Coleridge), théories de l'enfance (Bettelheim, Sutton-Smith), du développement (Egan), de l'éducation (Greene), philosophies transdisciplinaires (Ryle, Warnock, Barrow) et d'autres encore. *Cf.* B. Sutton-Smith « Search of the Imagination », in *Imagination and Education*, Egan and Nadaner (eds), McGRaw-Hill, Australia, Open University Press, 1988, p. 3-30 ; M. Greene, « What happened to the Imagination », *in* Egan and Nadaner (eds), *Imagination and Education*, *op. cit.*, p. 45-57 ; B. Bettelheim, *The Uses of Enchantment*, London, Thames and Hudson, 1976; (trad. fr. T.Carlier, Paris, Laffont, 1976) ; R. Barrow, « Some Observations on the Concept of Imagination », *in* Egan and Nadaner (eds), *Imagination and Education*, *op. cit.*, p. 3-30.

2. Le problème d'autres esprits.

3. Extension d'« autres esprits » au-delà de l'humain, T. Nagel, *The view from knowledge*, Oxford, Oxford University Press, 1989 ; trad. fr. S. Kronlund, *Le Point de vue de nulle part*, Paris, Éditions de l'éclat, 1993.

4. Au-delà des limites de l'expérience humaine de perception. Ce point de départ d'une discussion peut se retrouver dans une discussion sur l'imagination chez Wittgenstein (critique) et chez Nagel (théorie).

On se trouve donc devant trois champs philosophiques différents dans lesquels l'imagination joue un rôle pivot pour fournir une solution et, dès lors, les théories sur l'imagination deviennent fondamentales :

1°) pour le processus de conceptualisation (donner forme)

2°) pour la possibilité d'innovation (rompre avec la forme)

3°) pour pouvoir connaître ce qui dépasse le point de vue subjectif (y compris le point de vue *humain*).

Je m'attarderai un instant sur les traditions philosophiques qui se trouvent derrière ces théories et sur la manière dont elles nous amènent à réfléchir à l'inclusion de l'imagination dans la recherche philosophique.

PROCESSUS DE CONCEPTUALISATION (DONNER FORME)

Le problème est celui-ci : je vois l'image d'un lapin devant moi et je la revois un moment plus tard. Images floues et passagères. Comment en arriver à croire à la *continuité* de choses que l'on n'a observées que de manière *fugitive* ? Comment puis-je développer le concept de lapin existant qui soit indépendant du fait que *je* le voie ? Et si cela ne suffit pas, une autre question troublante se pose : comment puis-je l'identifier d'emblée comme lapin, comment puis-je arriver au concept *général* de lapin en n'ayant eu des lapins que des impressions *concrètes particulières* ? S'il s'agit bien là de problèmes de conceptualisation, y est associé celui de différentiation : quand je regarde un lapin dans l'herbe, qu'est-ce qui me rend capable de *séparer* une forme distincte d'une autre – le lapin de l'herbe – alors qu'elles se présentent à moi dans une expérience ou sensation visuelle *unique*[1] ?

En traitant de ces problèmes, Hume ainsi que Kant, chacun à sa manière, parlent de *s'imaginer*. Pour le premier, c'est la capacité de créer des images ou de se les rappeler qui permet de développer la notion de continuité : lorsqu'un individu fait l'expérience d'une série d'impressions similaires, son imagination confond cette similarité répétée avec l'identité[2]. Remplir les trous qui les séparent leur confère une continuité aussi bien qu'une existence indépendante de la perception[3]. L'imagination est également centrale dans la manière dont nous développons des concepts généraux : elle construit une impression générale à partir de ressemblances perçues entre des choses. Non seulement ceci permet de considérer les

1. Problèmes de perception et de continuité discutés par Hume et Kant pour qui l'imagination et la mémoire jouent des rôles clés.

2. M. Warnock, *Imagination*, London, Faber and Faber, 1976, p. 22-34.

3. D. Hume, *Traité de la nature humaine*, *op. cit.*, t. 2, 2-4.

termes généraux indépendamment de n'importe quel exemple particulier (le mot « lapin » par exemple), mais aussi de se faire une grande variété d'idées ou d'images nouvelles d'autres lapins[1].

Kant aussi tente de résoudre ce problème de la conceptualisation par le recours à l'imagination. Le mot qu'il utilise pour désigner l'imagination dans ce contexte d'imagination formative, c'est « *Einbildungskraft* », faculté d'imagination qui produit l'image. Cette imagination organise, unifie et crée des catégories d'interprétation ou de compréhension en se situant entre l'expérience et la pensée[2]. Elle joue ainsi un double rôle, portant l'expérience sensible du chaos à l'ordre selon certaines règles ou l'inscrivant dans des formes spécifiques immuables[3].

Ainsi, pour Hume comme pour Kant, le pouvoir de se représenter par l'imagination, celui de faire appel à des *images* ou à des ressemblances, joue un rôle significatif dans notre *compréhension* du monde. Il importe toutefois de se souvenir de l'avertissement de Wittgenstein pour qui c'est une erreur de mettre sur le même pied *avoir une image* et *l'activité d'imaginer* : ceci ne veut pas dire qu'*imaginer* peut constituer un puissant outil dans le processus de la réflexion[4]. La différence est facile à faire quand il s'agit de personnes : si l'on vous demande si vous connaissez Joe, vous pouvez avoir à l'esprit une impression générale de lui sans pourtant vous rappeler comment il est : dans ce cas, vous avez de lui une image sans l'imaginer[5]. Mary Warnock fait remarquer que cette image ne doit pas être prise dans un sens concret : elle suffit pour pouvoir se faire une image s'il le faut. Ce qui veut dire que je peux penser à un lapin sans avoir réellement une image de lapin sous les yeux, tant que je suis capable de m'en faire, le cas échéant, une image (une certaine impression de lapin).

Comment se faire une image trouve-t-il place dans une communauté de recherche philosophique ? Une façon courante pour les enfants d'exposer les images qu'ils ont en tête et de montrer comment elles donnent du sens, c'est le recours à des exemples. Le rôle de l'imagination peut être envisagé ici comme le fait de *se faire une image* par le jeu réciproque entre les expériences particulières que constituent les exemples et les généralisations qu'ils en tirent.

1. D. Hume, *Traité de la nature humaine*, *op. cit.*, t. 1, 7.
2. S. Parks, *The Critical Years*, Josse Bass, 1999, p. 113.
3. M. Warnock, *Imagination*, *op. cit.*, p. 30.
4. « Ce qui ne nie pas qu'une image puisse être présente. Elle n'est toutefois pas à confondre avec imaginer comme espèce de pensée. » Wittgenstein, *Le Cahier bleu et le Cahier brun*, trad. fr. M. Goldberg et J. Sackur, Paris, Gallimard, 1996.
5. M. Warnock, *Imagination*, *op. cit.*, p. 138.

Prenons ce dialogue[1]:

> Ilan — Comment peux-tu dire que quelque chose est « rubbish » ou ne l'est pas?
> Maya — Et bien, la poubelle rend « rubbish » ce qui est « rubbish ».
> David — En pensant « rubbish », les gens imaginent quelque chose de sale, de malodorant, avec des mouches tout autour et toutes sortes de choses comme ça. Ce n'est pas ce qu'on en fait, c'est comme on se l'imagine, l'idée qu'on s'en fait.
> Maya — Alors… quelque chose pourrait être « rubbish » pour quelqu'un d'autre et pas pour moi ?
> Ilan — Mais des gens peuvent dire qu'on va recycler ce qui est dans la poubelle et… découvrir alors qu'il y a… qu'il s'en écoule du sang. On ne pourrait se contenter de dire qu'on peut peut-être extraire ce sang et en faire don. C'est « rubbish », tout simplement « rubbish ».
> Susan — Quand j'étais toute petite, j'avais reçu un lapin. Ma sœur l'a mis dans la baignoire et, bien sûr, tout son bourrage s'est échappé. Quand je l'ai dit à ma maman, elle s'est contentée de me dire : « Oh, c'est "rubbish" ! » parce qu'elle ne croit généralement pas ce que je dis et, d'ailleurs, elle trouve encore aujourd'hui que c'est « rubbish ».
> David — Parfois, quand mon frère fait une colère, ma mère dit que c'est « rubbish » et ça arrive souvent.
>
> *3e degré, King David School, Melbourne, Australie. (8-9 ans)*

Quand David évoque la poubelle dont parle Maya, il en donne toutes ses particularités (sale, malodorante, avec des mouches tout autour) de manière à créer une catégorie d'interprétation (« Ce n'est pas l'usage qu'on en fait, c'est comme on se l'imagine, l'idée qu'on s'en fait »). Ilan teste des concepts et hypothèses (ce qui est « rubbish », c'est ce qu'on croit l'être, c'est subjectif) en construisant une nouvelle image (un objet avec du sang). Dans les deux cas, leurs jugements à propos de ce qui est « rubbish » comportent « voir comme » plutôt que « voir », « voir » incluant la construction d'une nouvelle image (tas d'ordures, objet sanglant) chacun en fonction de ses possibilités et de ses conséquences[2]. Ce dialogue montre en outre comment des concepts s'installent selon leur utilisation dans la vie quotidienne. La poubelle malodorante, le jouet détruit dans l'eau du bain, le récit sur le manque de confiance ou sur l'explosion

1. Le mot rubbish signifie pacotille, cochonnerie, camelote, détritus, décombres, etc. et a donc un spectre sémantique plus large que n'importe quel équivalent français. J'ai pris le parti de garder le mot anglais, d'ailleurs assez connu. N.D.T.

2. C'est analogue à la discussion de Wittgenstein à propos de la perception d'un triangle.

émotionnelle considérée comme inappropriée sont toutes occasions pour les enfants de rencontrer la notion de « rubbish » dans ses diverses utilisations. Ils recherchent ici, à partir d'exemples particuliers, à rendre abstraits les traits qui leur paraissent convenir, c'est-à-dire à organiser, à unifier et à créer des catégories d'interprétation. Le commentaire de Susan et le second de David sont particulièrement intéressants dans la mesure où ils illustrent comment des exemples particuliers d'utilisation de concepts peuvent en élargir l'application (« rubbish » ne fait plus désormais référence à des objets physiques, mais à des modes d'explication et à une réponse émotionnelle). Ces nouvelles applications conduisent les enfants à rechercher des traits communs. L'explication de Susan était considérée comme « rubbish » par sa mère parce qu'elle n'a pas été admise (si son récit n'est pas crédible, aucune vérité ne pourrait s'en déduire, l'introduire ne servirait à rien). C'est pareil pour la réaction de la mère qui trouve « rubbish » l'attitude du frère de David : elle est considérée comme performative plutôt que comme vraie ; l'attitude est vue comme « rubbish », c'est-à-dire déplacée, dérangeante.

Si ce premier dialogue véhicule des images qui correspondent littéralement au sujet dont on discute (« rubbish »), les images ne doivent pas toujours être prises à la lettre. Il arrive fréquemment que des métaphores agissent comme ressources particulièrement puissantes dans la recherche philosophique en donnant une structure formelle concrète à des concepts abstraits. C'est précisément ce qui se passe avec de jeunes enfants qui ont vécu moins d'expériences et qui disposent d'un vocabulaire plus restreint. Un excellent exemple de l'utilisation de la métaphore se retrouve dans l'échange que voici à propos de se souvenir :

> Fiona — Je pense qu'un souvenir est quelque chose qui nous est arrivé et dont nous avons en tête une sorte de journal et, hum… nous entreposons là nos souvenirs et, en quelque sorte, ils en sortent.
>
> Richard — Comme parfois, quand le vent fait s'envoler les pages et qu'alors on les oublie.
>
> Meg — Quand on ne se rappelle pas ses souvenirs, on est juste… comme devant une grande pièce dont la porte est cadenassée… Et dès qu'on se remémore, c'est cela la clef, on ouvre la porte, la mémoire revient et les souvenirs aussi.
>
> Térence — Mais parfois on ne trouve pas la porte et, même si on la trouve, on ne parvient pas toujours à l'ouvrir.
>
> Ariel — Je ne suis pas d'accord avec ces portes et ce journal et avec tous ces machins-là, parce qu'on dirait que vos souvenirs sont des choses séparées, ce que je ne crois vraiment pas parce que, comme tous se passent dans le

cours d'une vie, ils constituent une longue page unique. Vous n'arrêtez jamais de vous souvenir, même maintenant pendant que nous parlons.

Cette recherche à propos de l'action de se souvenir en faisant appel à des objets quotidiens (portes, journal personnel, pages d'un livre...) permet aux enfants de générer un vocabulaire qui donne forme à une expérience qui, elle-même, est extérieure au monde sensoriel objectif. Ceci met l'accent sur le rôle important joué par la métaphore qui permet d'appliquer les formes qu'on connaît pour explorer les phénomènes non physiques. Fiona commence par une observation sur la relation entre les gens et leurs souvenirs. Elle dit que les souvenirs impliquent qu'on ait *expérimenté certaines choses* (ils sont « quelque chose qui nous est arrivé »). Des *expériences conjuguées au présent* ne deviennent des souvenirs que quand elles se sont passées, quand elles *se conjuguent au passé*. Ceci rend les souvenirs *directs* et *immédiats* : on n'apprend rien à leur sujet, on *les a*. Ce point sera repris plus tard dans une discussion entre Fiona et Térence à propos du caractère unique des souvenirs.

À partir de là, Fiona poursuit en essayant de décrire comment s'engrangent les souvenirs. Cette description est proposée au moyen d'une analogie par laquelle elle décrit la mémoire comme « une sorte de journal dans la tête ». Comment fonctionne ce journal ? On y laisse ses souvenirs jusqu'à ce qu'ils « sortent de là ». Cette notion est ambiguë : en disant « sortir de là », Fiona veut-elle dire qu'ils sont perdus (ils s'échappent de la tête), ou bien qu'ils sont *retirés de la mémoire pour passer dans la conscience* ?

Un aspect vraiment interpelant de ces échanges, c'est la manière dont les images que propose un élève sont reprises par les autres qui construisent à partir d'elles. L'imagination permet une simultanéité de réflexion, c'est-à-dire une sorte d'objet que tous font tourner en commun dans leur tête. L'image que se fait Fiona du souvenir, le journal, est d'abord reprise par Richard, puis par Meg (qui propose sa propre métaphore) et, finalement, par Térence. Aux yeux de Richard, la phrase de Fiona « c'est comme si, en quelque sorte, ils sortaient de là » peut suggérer que certains souvenirs *se perdent* ; et si la mémoire est un journal, alors les souvenirs perdus peuvent être considérés comme les pages envolées d'un coup de vent. Vient alors Meg qui propose une autre interprétation de cette sortie des souvenirs : ils peuvent être récupérés et revenir dans la pensée consciente. Ce qui l'amène à proposer l'image suivante : celle d'une grande pièce, où l'action de se souvenir est assimilée à ouvrir la porte fermée à clef. Cette métaphore introduit en outre une notion de *compartimentation*. Térence reprend cette idée pour expliquer *pourquoi l'on n'arrive pas toujours à se souvenir*, soit que la porte soit fermée, soit que, l'ayant trouvée, on n'arrive pas à l'ouvrir. Dans chacun de ces cas, c'est le contenu de l'expérience quotidienne qui est mis à profit en imagination pour cerner l'idée de mémoire.

À ce stade-ci, la critique que fait Ariel de journaux et de chambres constitue une étape très sophistiquée qui illustre jusqu'à quel point des enfants, même très jeunes (8 ans), sont capables, dans leur recherche d'une meilleure compréhension, non seulement d'amener sur le tapis des images et des formulations tirées de leur propre expérience, mais aussi de s'intéresser explicitement à des éléments structurels d'images mentales, de critiquer la justesse de la forme prise par ces images :

> Ariel — Je ne suis pas d'accord avec ces portes et ces journaux et avec tous ces machins-là, parce qu'on dirait que les souvenirs sont des choses séparées, ce que je ne crois vraiment pas parce que, comme tous se passent dans le cours d'une vie, ils constituent une longue page unique. Vos souvenirs sont présents tout le temps, même maintenant pendant que nous parlons.

Mark Johnson (1987) peut nous aider à comprendre le rôle que joue ici l'imagination par son ouvrage sur la métaphore et sur les *schèmes d'images*. Pour Johnson, les « schèmes d'images » « … impliquent le recours à des modèles sans lesquels notre expérience serait chaotique et incompréhensible ».

Les schèmes d'images « fonctionnent au départ comme structures abstraites d'images. Ce sont des structures de formes, consistant en parties qui sont en relation et organisées en touts unifiés, au moyen desquelles notre expérience manifeste un ordre discernable. Pour comprendre cet ordre et pour y réfléchir, de tels (…) schèmes jouent un rôle central. » (p. XIX)

Le poème de Wallace Stevens y fait très joliment allusion :

> Les rationalistes, portant des chapeaux carrés,
> Pensent, dans des pièces carrées,
> Regardant le sol,
> Regardant le plafond,
> Ils restent confinés
> Dans des triangles aux angles droits.
> S'ils essayaient des losanges,

Des cônes, des lignes ondulées, des ellipses –
Comme, par exemple, l'ellipse de la demi-lune
Les rationalistes porteraient des sombreros[1].

Il est important de distinguer les structures schématiques d'images des images elles-mêmes. Comme le relève Johnson, « le schème d'image n'est pas vraiment une image. C'est, au contraire, un moyen de structurer schématiquement une expérience donnée de façon à donner un ordre à nos perceptions et à nos conceptions et à les relier entre elles ». (Johnson, p. 75) Dans le poème de Stevens, c'est autour du cube que les rationalistes structurent leur expérience et leur engagement. L'objection faite par Ariel aux descriptions métaphoriques de la mémoire proposées par ses condisciples montre qu'il a conscience de la manière dont les schèmes d'images «partie/tout» donnent forme à leur raisonnement. Ce qui, évidemment, ne signifie pas qu'il dispose du langage explicite pour nommer cette structuration spatiale, mais sa critique de leurs métaphores est à ce niveau de schéma structurel. Alors que Fiona, Meg et Térence voyaient tous trois les souvenirs comme des « choses séparées » (une espèce de chose à part – stockée à un endroit spécial dans notre cerveau et à laquelle nous devons pouvoir avoir accès), Ariel les envisage comme faisant *partie du continuum de l'expérience tout au long de la vie*. Ariel rejette donc la manière dont les autres structurent la mémoire selon des parties et un tout (pages d'un livre, pièces d'une maison), proposant à la place un schème relié à une extension continue ; la mémoire constitue pour lui l'unité de l'expérience qui construit la chaine de sa vie.

POSSIBILITÉ D'INNOVER (ROMPRE AVEC LA FORME)

L'imagination permet aussi la transformation, la création de nouveaux champs en « étendant les possibilités de vision »[2]. Pouvoir qui nous rend capables de « percevoir le normal dans l'anormal, l'opposé du chaos dans le chaos »[3]. L'imagination rend possible l'émergence d'alternatives ; les choses ne sont pas comme *elles* sont. Bettelheim, Luthi et d'autres ont

1. W. Stevens, « Six Significant Landscapes » (dernière strophe), in *Harmonium*, New York, Knopf, 1916 ; trad.fr. C. Malroux, « Six paysages significatifs », Paris, Corti, 2002.

2. M. Greene, « What Happened to Imagination », *in* Egan and Nadaner, *Imagination and Education*, *op. cit.*, p. 46.

3. W. Stevens, *L'Ange nécessaire*, « Essai sur la réalité et l'imagination », trad. fr. S. Bechka-Zouechtiagh et C. Mouchard, Paris, Corti-Circé, 1997.

exploré cet aspect de l'imagination dans sa relation avec le folklore et le mythe, où imaginer implique se promener dans le réel et en arriver à voir que les choses auraient pu être autres qu'elles ne le sont. Imaginer peut nous amener à *isoler ce qui est connu et familier pour le recombiner sous des formes pouvant nous aider à saisir l'inconnu et le non familier.* Alors que ceci peut en fait comporter *se faire une image*, il ne s'agit pas simplement d'une « imitation » dans le sens où Hume l'envisage (« pâle ombre de la réalité ») ; c'est plutôt que l'imagination devient la « véritable nourriture de la pensée »[1]. C'est l'instrument libérateur qui nous pousse à devenir différents, à « faire le choix à l'encontre de ce qui est »[2]. Dans ce sens, l'imagination se rapproche davantage du sens dans lequel on la met sur le même plan que la créativité : en effet, elle exige l'insertion de nouveauté, d'une pensée qui rompt avec la tradition existante. L'histoire de la pensée (à travers diverses disciplines) nous montre ce sens de « rupture d'avec la forme », notamment dans le changement de représentation d'une nature morte à mesure qu'émergent de nouvelles tendances artistiques (la transformation qu'elle subit, par exemple, entre le réalisme baroque du peintre hollandais Floris van Dijck, Cézanne et le cubisme de Picasso)[3].

Cette *rupture* d'avec la forme caractérise également l'invention qui signifie sortir du cadre qui se présente d'abord à nous pour reconcevoir consciemment l'objet dans une nouvelle configuration. Dans l'illusion d'optique de ce dessin classique du canard / lapin, nous avons consciemment à nous débarrasser de notre cadre pour pouvoir voir l'image soit d'un lapin soit d'un canard.

Cependant, si notre tâche présente consiste à explorer le rôle de l'imagination dans la *recherche philosophique*, considérer qu'elle permet de rompre avec la forme de cette manière générale est exagéré. L'imagination peut exister comme mode de pensée novateur sans pour autant *faire progresser la pensée*. On peut avoir des idées tout à fait fantaisistes, rompant avec la façon de voir habituelle, mais qui peuvent n'être d'aucune utilité, ni pour un *progrès intellectuel*, ni pour permettre d'arriver à faire un *jugement raisonné* à propos du problème discuté. La question qui se pose alors est celle de savoir s'il existe un moyen d'identifier des modes de pensée imaginative (dépassant donc les confins de nos modèles de pensée) qui permettraient de progresser et informeraient le jugement. Une forme

1. B. Sutton-Smith, *in* Egan and Nadaner, « Search of the Imagination », *op. cit.*

2. M. Greene, « What Happened to Imagination », *op. cit.*, p. 45.

3. Par exemple, comment la nature morte se renouvelle dans sa forme, si l'on compare celle de van Dyck, à celle de Cézanne et à celle de Picasso.

d'activité imaginative de ce type jaillit dans la recherche philosophique lorsqu'on émet des hypothèses (si…) ou que l'on cherche à construire un « monde possible ». Questionner et élaborer des hypothèses permet de tester les frontières des idées et des mondes conceptuels en les imaginant autres qu'ils sont et en explorant les conséquences de cette démarche.

En pleine discussion à propos de « Qu'est-ce qui fait que tu es ce que tu es ? »

> David — Et la seconde chose, c'est que si tu prends un couteau ou une scie électrique pour te couper le visage, tu ne vivras pas longtemps et tu mourras, tout simplement.
> L'enseignant — Reste à voir ce qui arriverait alors. Supposons que nous soyons dans un monde où on peut se détruire le visage, serais-tu encore toi-même si tu le faisais ? Nous savons que, dans la pratique, nous ne pouvons le faire ici.
> Tom — C'est bien vrai !
> Georgina — Tu penses que tu serais toujours toi si tu te défigurais ?
> Tom — Eh bien, si c'était possible, oui, ce serait toujours toi.
> Léon — Tu serais normal parce que… parce qu'on aurait l'habitude de voir des gens déambuler ainsi, ou avec leur visage sous le bras, comme ceci. (Rires) Ce serait tout à fait normal.
> Fiona — Ce serait vraiment extraordinaire !
> L'enseignant *(la classe rit)* — Extraordinaire, n'est-ce pas ?
> Steven — Le visage devenu une chose…
> L'enseignant — C'est ça !
> Steven — Ce serait extraordinaire pour nous. Ce serait extraordinaire pour nous dans ce monde-ci. Mais là, nous parlons d'un monde où cela peut se faire.
> L'enseignant — Oui…
> Steven — Ils y seraient tout à fait habitués mais nous, nous verrions tout cela autrement.
> Alise — Vous avez donc l'air de dire que ce sont nos visages qui font de nous ce que nous sommes parce, dans ce monde, ils sont une partie de nous tellement importante …
> Steven — Oui.

En pénétrant dans le nouveau monde créé par cette expérimentation de leur pensée, un monde dans lequel les visages sont aussi amovibles que leurs baskets, Léon envisage quelles conséquences cela entraînerait que l'on puisse négocier son corps et son identité (nous pourrions « déambuler ainsi, ou avec le visage sous le bras, comme ceci »). Sur quoi Fiona exprime à quel point un tel monde serait extraordinaire. On pourrait dire qu'alors que Léon se met dans la réalité de ce monde nouveau, Fiona regarde et juge d'un point de vue de spectatrice se situant dans notre monde. Ce qui se passe ensuite est particulièrement intéressant par le fait qu'une troisième possibilité surgit, reliant une sorte de travail par questionnement et hypothèses adressées à l'imagination morale et au jugement. Steven regarde le monde avec les yeux de ceux qui l'habitent (ce serait normal pour eux mais extraordinaire pour nous). Nous nous trouvons là devant un fabuleux exemple de la notion d'Hannah Arendt sur ce que cela représente pour notre imagination *d'aller à la rencontre* de l'autre. Cette démarche suppose le développement d'une imagination sociale dans laquelle on juxtapose sa propre expérience et celle de l'autre, prenant en compte les deux façons d'être dans notre raisonnement.

> La pensée critique n'est possible qu'à partir du moment où les points de vue de tous sont accessibles. Par la force de l'imagination, cela rend les autres présents et peut évoluer dans un espace qui est public, ouvert de tous côtés. (…) Penser avec l'esprit ouvert signifie entraîner son imagination à aller à la rencontre de l'autre[1].

Cette sorte d'imagination sociale est centrale pour la délibération démocratique où l'accent est mis sur une délibération collective en vue du bien commun, prenant en compte les intérêts et points de vue de tous les membres de la polis. En réalité, prétendre que la participation à une Communauté de Recherche éduque à la démocratie délibérative repose souvent sur l'idée que les Communautés de Recherche ne développeraient que cette sorte-là d'imagination sociale. Or, le lien avec la démocratie ne se fait pas seulement par l'égalité des voix dans la Communauté de Recherche, mais par le développement du jugement critique qui vise la « raisonnabilité ». La « raisonnabilité » se différencie de la raison par le fait qu'elle ne nous demande pas seulement de juger de la pertinence de notre raisonnement à la lumière de considérations épistémiques, mais de tenir compte du contexte dans l'élaboration de nos jugements. La « raisonnabilité » exige que l'on ne s'occupe pas seulement de ce qui est « bien par principe » mais que l'on trouve ce qui convient dans telle *situation particulière*. À ce point de vue, Arendt fait la distinction entre la généralisation qui se fait au moyen de l'imagination sociale (en occupant de multiples positions *vécues*) et celle qui vient d'une abstraction de la pensée à partir de détails.

Cette généralité n'est toutefois pas la généralité du concept – du concept « maison » dans lequel on peut inscrire tous les bâtiments existants. Elle est au contraire étroitement liée aux détails, aux conditions

1. H. Arendt, *La Vie de l'esprit*, Paris, P.U.F., 1981.

particulières des points de vue dont il faut tenir compte pour arriver à son « point de vue général » personnel[1].

Cette sorte d'attention au point de vue d'autrui se trouve exprimée dans la description que voici par une fillette de 9 ans. Fiona décrit comment sa pensée a changé depuis qu'elle a commencé à pratiquer la *Philosophie pour Enfants*. Ce qui est ici important, ce n'est pas qu'elle soit parvenue à voir le monde avec les yeux de sa sœur (à voir comment sa sœur fait l'expérience du monde), mais c'est qu'elle s'est placée du point de vue de sa sœur, la voyant comme quelqu'un qui – tout comme elle-même – est engagée dans l'acte de *juger*. En étant arrivée à considérer sa sœur comme un être pensant, elle cherche à comprendre comment elle raisonne. Elle se demande ce qui peut rendre raisonnable la vision que sa sœur a du monde (et qui est différente de la sienne).

> Fiona — La philosophie m'a aidée dans mes conflits.
> Jen — Que veux-tu dire ?
> Fiona — J'avais l'habitude de toujours me disputer avec ma sœur. Chaque fois qu'elle disait quelque chose de différent (de ce que j'avais dit), je me disais qu'elle ne le faisait que pour me contrarier. C'était tout le temps comme ça. Maintenant, je me dis : « Peut-être le pense-t-elle vraiment ». Je me pose la question et j'y réfléchis réellement.
> Jen — Quand tu dis que tu y réfléchis réellement, à quoi réfléchis-tu ?
> Fiona — Je me demande ce qui peut l'amener à penser ainsi, si elle s'appuie sur quelque chose et comment elle en est arrivée à penser ainsi[2].

La manière dont opère l'imagination sociale chez Fiona a subi un profond glissement. On pourrait dire qu'alors que cette imagination sociale était structurée autour d'une herméneutique de suspicion, elle l'est maintenant dans une herméneutique de confiance. Alors que son expérience de pensée par questions et hypothèses avait d'abord été menée dans un monde polarisé (noir et blanc), dans lequel sa sœur était, soit avec elle, soit contre elle (et où une différence d'opinion la faisait conclure qu'elle était contre elle), ce travail par questionnement et hypothèses prend désormais place dans un monde qui admet que les gens peuvent légitimement occuper des points de vue variés, points de vue pouvant à leur tour fournir de

1. *Ibid.*

2. Extrait de l'enregistrement de l'interwiew de 1993 avec Fiona (3ème année, King David School, Victoria, Australie – ce n'est pas son vrai nom). Fiona a participé à un programme de pensée critique intitulé « Philosophie pour Enfants » qui avait lieu deux fois par semaine dans son école. La Philosophie pour Enfants implique que la classe se transforme en une « communauté de recherche », dans laquelle les enfants discutent de problèmes philosophiques. Fiona est ici un exemple de la notion de penseur critique équitable selon Paul.

l'information à ses propres jugements. Contrairement à l'exemple des têtes amovibles où questionnement et hypothèses visaient à changer des aspects de notre monde pour voir ce qui en résulterait, dans ce cas-ci, cette manière de faire s'adresse à des situations réelles, afin de voir comment nous pouvons donner du sens à un point de vue autre, comme manière alternative raisonnée d'envisager une réalité socialement partagée.

Nous avons vu jusqu'à présent comment l'imagination, celle qui « étend les manières de voir », nous rend aptes à nous engager dans des possibilités alternatives concernant la façon dont les choses *sont* ou *pourraient* être. Il y a cependant encore une manière dont l'imagination permet d'aller plus loin dans la possibilité de considérer, c'est celle qui nous permet de concevoir comment les choses *devraient* être. C'est-à-dire que l'imagination joue un rôle crucial dans la dimension morale de la recherche en nous rendant capables de raisonner à partir de « ce qui est » vers « ce qui doit être ». Les visions du bien ne sont pas là comme des projections causales à partir de l'état des choses, mais comme orientations normatives guidant notre compréhension du futur et nos efforts vers un changement de société.

Dans son analyse du champ actuel d'études de futurologie, Sohail Inayatullah y distingue trois orientations épistémiques différentes[1] : (a) l'empirico-prédictive, extrapolant à partir du présent, en prenant en compte les variables existantes ; (b) la culturo-interprétative, où l'on cherche à comprendre des problèmes spécifiques du futur à travers des points de vue transculturels ; et (c) la critico-post-structurelle, qui vise à déconstruire les structures et intérêts de pouvoir sous-jacents aux lectures acceptées du présent et du futur. Si l'on relie ceci aux thèmes de cet article, on peut dire que la première recherche la précision de la prévision et utilise l'imagination dans la mesure où elle cherche à obtenir une compréhension du futur selon des tendances, des événements existants ainsi que leur impact. La deuxième recherche une compréhension plus générale et plus globale, reflétant ainsi la position herméneutique de l'imagination sociale. Dans la troisième, Sohail voit l'imagination utilisée avec un regard rétrospectif, rendant explicite le pouvoir dynamique implicite qui donne aux choses leur structure actuelle. Aucune ne comporte l'imagination morale. Toutes s'intéressent à comprendre le futur en accord avec ce qui est plutôt qu'avec ce qui *doit* être. Une quatrième orientation envers le futur existe : l'imagination y est engagée dans la tâche normative de construction d'un

1. S. Inayatullah, « Deconstructing and Reconstructing the Future : Predictive, cultural and critical epistemologies », in Butterworth and Co.· *Futures*, t. 2, 2, Mars 1990, p. 115-141.

monde dans lequel ce que nous recherchons, c'est un futur de qualité. Ici, nous « choisissons d'être contre les choses telles qu'elles sont » en fonction de (et enracinées dans) nos idéaux et de notre vision du bien. Pour qu'un esclave envisage une vie libre, ou qu'un jeune enfant envisage un monde sans racket, cela exige qu'ils s'engagent dans une forme de construction du monde qui soit à la fois informée et modelée par des valeurs. Au lieu de partir de ce qui est, cela commence par une recherche au sein des concepts et des valeurs où la tâche cognitive consiste à devenir plus nuancés dans nos évaluations pour pouvoir donner un rapport plus élaboré des formes de vie (et des vies individuelles) qui donnent à celles-ci du relief. Une telle dimension de recherche est ambitieuse. Dans la *Philosophie pour Enfants*, la dimension de recherche intègre des intérêts épistémiques et moraux lorsque les enfants se représentent « comment il faut vivre » Dans une *Communauté de Recherche*, le glissement de l'engagement individuel avec la question « Comment *dois-je* vivre ? » à un engagement collectif : « Comment *devons-nous* vivre ? » place l'ambitieuse dimension normative de la pensée dans un contexte social (informé via l'imagination sociale) à mesure que les enfants réfléchissent ensemble à un futur partagé.

> Sylvia — On ne peut ignorer quelqu'un pour la simple raison qu'il vous a blessé.
> Fred — Eux aussi sont des personnes.
> Sylvia — Que veux-tu ? Elle passe en rue près de moi et détourne la tête à gauche. Non. Je dis : « L'autre jour, tu m'as blessée. » Je trouve un moyen d'engager la conversation…
> Ilan — C'est embarrassant.
> Roberta — Si tu as fait aller ta tête comme ça, elle aura vu que tu es fâchée.
> Fred — Mais passer sans rien dire ? Je ne le ferais pas.
> David — Peut-être qu'elle n'a aucune envie de parler.
> Sylvia — Tu trouves un moyen, tu trouves un moyen [1].

L'imagination s'invite ici dans le raisonnement des enfants à plusieurs niveaux. La construction du monde de Sylvia est guidée par un jugement normatif : si quelqu'un te blesse, c'est *mieux* de lui parler que de l'ignorer. Ce qu'elle cherche à installer, c'est le genre de monde dans lequel elle veut vivre ainsi que l'avenir. Alors qu'elle n'offre aucune raison, Fred en propose une : « Eux aussi sont des personnes. » ; « ignorer » quelqu'un n'est tout simplement pas une façon morale de traiter une personne. La réaction qui suit utilise l'imagination autrement : Sylvia incorpore concrètement

1. Transcription de la séance de « Philosophie pour Enfants », King David School, Victoria, Australie, 1993. (Les noms ont été changés)

son idée dans un scénario. Le travail par questionnement et hypothèses transforme le principe en une pratique (la rencontre d'un futur imaginé) et, dans l'espace ouvert par cette rencontre, elle poursuit en proposant une nouvelle réaction. À mesure que ceci s'installe, on voit Ilan, Roberta et Fred mis en situation : chacun d'eux propose un avis ou un jugement différent (ils sont, effectivement, à la rencontre de l'autre). David ramène alors la conversation vers Sylvia (si la personne qui t'a blessée ne souhaite pas parler), à quoi sert de parler avec elle ? Si l'on se réfère aux catégories d'Inayatullah, on pourrait dire que la façon dont David pense au futur est prédictivo-empirique. Le problème pour lui n'est pas normatif, mais pratique. Il cherche à faire intervenir une nouvelle variable afin de pouvoir faire la prévision la plus fiable possible à propos de ce qui va se passer. Ce à quoi Sylvia répond : « Tu trouves un moyen, tu trouves un moyen », ce qui renforce sa position normative. Si l'on recherche ce qui est bon, on ne peut tout simplement pas laisser les choses telles qu'elles sont.

Ce qui est important, imaginer un futur normatif où les gens résolvent des conflits quand ils surgissent, peut ne pas inclure imaginer une stratégie pour les résoudre (cela peut prendre la forme d'une description d'un état final plutôt que d'un processus). Cependant, alors que la question de la stratégie reste ouverte, développer une telle stratégie n'est possible que si l'on choisit d'abord de s'orienter « contre les choses telles qu'elles sont ». Développer cette sorte d'imagination reconstructive et guidée par un projet est crucial dans toute éducation qui recherche un changement de société.

MÉTAPHORES CORPORELLES

En début d'article, j'ai fait remarquer qu'il existe encore un autre moyen permettant à l'imagination de s'incarner dans la recherche philosophique : c'est l'intériorisation de notre spatialité. Les métaphores dérivées de l'intériorisation de l'expérience sensible et de l'expérience spatiale donnent une structure interne à la réflexion. Des expressions typiques comme « Regarde cela d'un autre côté ! », « Relevons cet argument pour l'examiner d'un peu plus près ! », « Peux-tu prendre cet argument à part ? », « Pouvons-nous atteindre une conclusion ? », « Saisissons-nous de cette idée pour le moment » sont toutes expressions dans lesquelles notre expérience, intériorisée, resurgit pour donner à la recherche quelques-unes de ses expressions les plus caractéristiques. Il convient toutefois de remarquer que, dans la majorité des cas, les chercheurs dans le domaine des schèmes d'images et leur développement situent ce sens de la spatialité en tant qu'êtres humains dans l'expérience corporelle du sujet singulier, du « Je ». Des métaphores communes du type « soulever » / « baisser », « avant » / « arrière », « saisir », « rencontrer » ont toutes comme point de référence l'orientation et une gestuelle propres aux individus[1]. Ceci soulève d'intéressantes questions à propos de *l'expérience spatiale du corps* au sein de la communauté de recherche philosophique et comment ceci pourrait s'ajouter à la série de schèmes d'images dont nous disposons quand nous raisonnons.

Si l'on envisage la communauté de recherche philosophique comme un champ d'action commune, elle devient alors un espace essentiellement *relationnel* dans lequel penser ensemble n'est absolument pas réductible à une séquence linéaire, c'est-à-dire à une séquence dans laquelle je pense, puis tu penses, et puis je pense à nouveau. Elle ne l'est pas davantage à ses composants, c'est-à-dire où les contributions resteraient isolées. On peut donc considérer que participer à une telle communauté de recherche fait naître une expérience corporelle d'action commune qui, à son tour, s'intériorise en tant que *spatialité relationnelle du corps* qui, à son tour, peut générer un ensemble supplémentaire de structures d'organisation (à un niveau schématique) permettant de voir plus clair dans notre façon de donner du sens au monde. Tout cela, à son tour, génère dans le cerveau de nouvelles métaphores corporelles relationnelles.

Si ceci s'avère, ce qui s'intériorise de la participation à une communauté de recherche prend une bien plus grande signification que celle qui serait attribuable aux contenus cognitifs de l'échange (entendre des points de vue variés, autocorrection). L'expérience corporelle relationnelle née de l'expérience sociale d'une communauté de recherche s'intérioriserait dès lors en tant que structures organisatrices, elles-mêmes d'un caractère essentiellement relationnel. Cependant, pour comprendre à quoi peuvent ressembler de tels schèmes d'images, il importe de comprendre d'abord plus profondément l'expérience corporelle relationnelle d'une action menée en commun. David Carr propose à ce propos une intéressante étude phénoménologique. Il explore ce qu'on ressent en regardant la Tour Eiffel avec un ami. Voir cette tour *ensemble* constitue une expérience corporelle différente que la voir seul. Si on la regarde *ensemble* :

> (…) chacun de nous voyait la tour en se rendant compte que l'autre aussi la voyait. Ce sentiment *particulier* de voir quelque chose ensemble, tel qu'exprimé dans le « nous » par les deux parties dans la description de

1. Voir notamment M. Johnson, *Knowing through the body*, *op. cit.* ; G. Lakoff, *The Body in the Mind*, et S. Gallagher, *How the body Shapes the Mind*.

> l'expérience, indique qu'on s'en souvient aussi bien en tant que sujet commun que comme objet commun[1].

Un sentiment physique se dégage de nous et se développe quand nous participons à un événement dans lequel notre participation comporte notre conscience de celle d'autres, dont la participation, de la même manière, inclut la conscience de la nôtre. Bien que je ne le voie pas par tes yeux : «(...) le voir par tes yeux aussi bien que par les miens fait partie de l'expérience que j'en ai – ou plutôt, à laquelle je participe[2]». La manière dont nous caractérisons cette simultanéité sera différente si l'on parle à la troisième ou à la première personne. Dans un récit à la troisième personne, la simultanéité de la recherche en commun peut être rompue par la référence à la façon dont chacun inclut dans son récit la manière dont l'autre comprend ce qui se passe. Ce qui n'est pas le cas si l'on raconte à la première personne son expérience d'une communauté: chacun vit l'expérience de la participation avec d'autres. Cette expérience de notre spatialité est à la fois personnelle et relationnelle: on y fait soi-même l'expérience dans le contexte d'un « tout » plus vaste.

On peut dès lors se demander quel type de structures organisationnelles de la pensée peut sortir d'une action commune de ce genre. Deux viennent à l'esprit. Tout d'abord, elle comprend le type d'expérience physique contextualisée qui est sous-jacente à la structure de l'imagination sociale et à la sorte de jugement critique (associé avec «la rencontre de l'autre» d'Arendt) que nous avons envisagé précédemment. C'est-à-dire qu'elle suscite un méta-schème essentiellement relationnel dans lequel ma capacité à apprécier la signification de quelque chose exige de moi que je prenne en compte l'expérience d'autres aussi bien que la mienne. Une pensée complexe de ce type contribue à nous faire comprendre le lien entre «communauté de recherche» et participation dans une démocratie délibérative. Ce qui suggère que la pédagogie d'une Communauté de Recherche donne lieu à une expérience corporelle de participation dans une polis capable alors de donner une forme structurelle à la façon dont les élèves en arrivent à juxtaposer intérêts et points de vue de tous les citoyens quand ils décident du sens et de l'action.

1. D. Carr: «Cogitamus Ergo Sumus : The Intentionality of the First-Person Plural», in *The Monist*, t. 69, 4, 1986, p. 523.

2. *Ibid.*

En second lieu, elle retient l'expérimentation de la *simultanéité* qui est un composant tellement puissant de l'expérience que le corps fait de la spatialité dans une communauté de recherche (simultanéité de personnes réfléchissant à un problème commun, de participants travaillant à cette action complexe de la communauté)[1]. On peut considérer que cette expérience de simultanéité s'intériorisera en tant que structure d'esprit *juxtaposable* grâce à laquelle on détient des aspects simultanés dans la relation à l'intérieur d'une plus grande complexité[2]. C'est là le type de méta-schèmes, structure organisatrice qui sous-tend des choses comme l'ironie, où deux possibilités sont envisagées à la lumière l'une de l'autre, de sorte qu'une nouvelle possibilité surgit de leur juxtaposition. Supposons qu'en voulant aller faire une promenade ensemble, on voie par la fenêtre qu'il commence à pleuvoir. Si je dis : « Oh ! Quelle belle journée pour une promenade ! », vous ne comprendrez ce que je veux dire que si vous avez compris le sens qu'a pour moi « belle journée » (une douce température de 22° et un temps clair) et que vous le juxtaposez à la réalité du moment, en interprétant l'un à la lumière de l'autre pour arriver ainsi à une nouvelle interprétation « complexe », ironique.

Si la spatialité de la Communauté de Recherche est intériorisée comme série différente de méta schèmes (ainsi que je l'ai suggéré), quelles métaphores d'une spatialité relationnelle du corps pouvons-nous rechercher dans le vocabulaire de notre raisonnement ? Des exemples pourraient comporter : « relier » (« Ce que je dis est *relié* à ce que dit Lisa »), « entrer » ou « interférer » (« Je pense à quelque chose qui peut interférer *avec* ce que Sam et Fiona viennent de dire »), « avec » (« Je suis *avec* David sur ce point-là »), « ensemble » (« Georges et moi avons émis ensemble la même idée »), ou encore des structures complexes telles que « ni-ni ». En outre, cette idée

1. Charles Taylor fait référence à ceci au moyen de notre expérience dans l'activité dialogique : la danse, ou bien deux hommes sciant un tronc de part et d'autre d'un arbre. Il s'agit d'une même action à laquelle deux corps participent et font en rythme l'expérience corporelle d'un même événement. *Cf.* Ch. Taylor, « The Dialogical Self », *in* R. Goodman and W. Fisher (eds), *Rethinking Knowledge*, Albany, Suny Press, 1995, p. 62-63. « Dans les cas de danse ou de sciage d'un tronc d'arbre, il est crucial pour qu'ils soient en rythme que cela soit partagé. Ces actions ne réussissent que si nous nous mettons dans un rythme commun réunissant nos actions particulières. Expérience différente de celle qui coordonnerait mon action avec la vôtre. »

2. Pour un excellent texte à ce propos en relation avec un dialogue entre enfants en communauté de recherche, voir D. Kennedy, « Young Children's Discourse and the Origins of the World : A Reading of Essences », *in* R. Reed (ed.), *When We Talk : Essays on Classroom Conversation*, Forth Worth, Analytic press, 1992, p. 19-63.

de relation peut être amenée par des pratiques requérant juxtaposition, par exemple l'ironie, la métaphore ou le raisonnement analogique.

Une question supplémentaire se pose en relation avec le développement de schèmes d'images. Au cours des dernières années, la manière dont l'expérience corporelle s'inscrit dans l'esprit a donné lieu à d'intéressants travaux dans les études de genres cherchant à voir comment l'expérience corporelle de la fille est différente de celle du garçon[1]. Si, effectivement, la spatialité s'intériorise différemment, il serait intéressant d'explorer plus avant pour voir si cette différence conduit à des préférences et à des vocabulaires différents selon les genres en ce qui concerne l'utilisation de métaphores corporelles dans le raisonnement et s'il existe une différence de genre dans la manière dont les relations sociales s'intériorisent et régissent la pensée. Le travail empirique réalisé par Marina Santi parle des multiples rôles que sont amenés à jouer les enfants dans la communauté de recherche (facilitateurs, modérateurs, aiguillons, ceux qui synthétisent, ceux qui vont dans le sens de ce qui est dit et ceux qui proposent des contre-exemples...)[2]. La question du genre soulève une question fascinante : les schèmes structurels qu'expriment ces relations sociales intériorisées sont-ils aussi liés au sexe selon la manière dont les enfants sont socialisés dans leurs mondes interpersonnels. L'expérience corporelle de Sally qui aide au ménage se traduit-elle par le fait qu'elle joue le rôle de facilitatrice dans une discussion de classe ? Un autre domaine de recherche ouvert à la réflexion sur l'incarnation de l'imagination de la recherche est comment ces *façons d'être relationnelles* intériorisées en arrivent à structurer la manière dont les enfants sont concernés par le développement d'idées comme objets de recherche.

Finalement, il importe de garder à l'esprit que l'imagination structurelle ne travaille pas seulement pour donner forme à la pensée. Un enfant qui cherche un mot et qui fait en même temps un mouvement des mains comme s'il chiffonne les pages d'un livre, *cherche littéralement un mot* avec son corps[3]. Le mouvement du corps ici active une sorte d'imagination corporelle, réalise une métaphore de l'esprit. Ceci rappelle la discussion des enfants citée plus haut, dans laquelle se souvenir est comparé à trouver une page d'un journal intime. Cela se rencontre souvent

1. Par exemple, K. Conboy *et al.*, *Writing on the Body: Female, Embodiment and Feminist Theory*, New York, Columbia University Press, 1997.

2. M. Santi, « Philosophizing and Learning to Think : Some Proposals for a Qualitative Evaluation », *Thinking*, t. 10, 3, 1993.

3. Enregistrement video, King David School, classe de 3ème, 1993.

dans la recherche philosophique, quand la physicalité d'un enfant reflète les mouvements de son esprit. Ce qui peut passer pour simple distraction quand il ou elle lace sa chaussure ou qu'il ou elle a le regard absent, peut donner une expression corporelle à l'écoute attentive du sujet discuté, ou au repli momentané nécessaire pour réfléchir tout seul à une idée au beau milieu d'une discussion. On le voit bien dans l'extrait suivant d'un entretien avec un élève. Le cours de philosophie précédent ayant été enregistré en vidéo, un court segment en a été montré à Ben. Il semblait qu'à ce moment précis, Ben avait décroché. Pourtant, le récit qu'il fait de la manière dont il réfléchit à ce moment-là reflète comment sa posture physique révèle métaphoriquement sa concentration intérieure.

> Res — Tu sais dans quelle position tu étais assis. Comment décrirais-tu ce qui se passait alors dans ta tête ?
> Ben — Je n'en sais rien. J'écoutais simplement ce que chacun disait, vraiment et… en même temps je regardais Don.
> Res — Quelqu'un qui verrait cette vidéo pourrait dire que tu es en train de rêver éveillé. Que répondrais-tu ? Oui ou non ?
> Ben — Eh bien, je répondrais que non. Je n'étais pas en train de rêver éveillé. Je regardais, tout simplement.
> Res — Si tu regardes, droit devant toi, vers Don, cela t'aide-t-il vraiment à te concentrer pour mieux écouter ? Fixer un endroit précis ?
> Ben — C'est que je pensais…, essayant de m'imaginer ce qu'ils essayaient de dire, mettant des images sur ce qu'ils voulaient dire [1].

EN RÉSUMÉ

Dans cet article, j'ai tenté de montrer comment l'imagination s'incarne dans le raisonnement par une riche variété de moyens. Ces derniers ont tourné autour de trois aires :

1) La pensée créative : notre mouvement pour imaginer des choses autres qu'elles sont.
2) La pensée morale.
3) Les métaphores corporelles qui donnent forme à la recherche philosophique.

J'ai illustré ces mouvements par les paroles des enfants, proposant des exemples scolaires pour aider à voir comment ces idées y sont vécues dans la pratique de la Philosophie pour Enfants. Bien que je n'aie souvent fait

1. Transcription d'un interview à St. Kilda Park Primary school, 3ème, 1993. (Les noms sont changés.)

qu'effleurer ces thèmes, j'espère avoir au moins réussi à élargir l'espace pour une recherche plus approfondie sur la manière dont l'imagination est tissée en une pensée très élaborée qui soit à la fois critique, créative et vigilante au sein de la Philosophie pour Enfants.

Jen GLASER
Senior Faculty at Mandel Leadership Institute Jerusalem
Traduit par Nicole Decostre

DIALOGUE PHILOSOPHIQUE, PENSÉE CRITIQUE DIALOGIQUE ET CONSCIENCE HUMAINE. COMMENT LA PHILOSOPHIE POUR ENFANTS DONNE UNE VOIX AUX ADULTES ANALPHABÈTES [1]

Une des figures dominantes de l'éducation aux adultes est sans conteste le philosophe brésilien Paolo Freire. Dans les années 1970, Freire a procédé à une alphabétisation des masses paysannes du Brésil au moyen d'une *praxis*. La *praxis* est une méthode d'enseignement/apprentissage basée sur le dialogue; elle sous-tend une relation entre la réflexion et l'action qui est susceptible de donner à l'adulte un pouvoir sur sa propre réalité sociale et politique. Freire allait dans les villages et demandait aux paysans quels étaient les problèmes qui caractérisaient leur vie quotidienne (alcoolisme, prostitution, exploitation...) À partir de dialogues sur ces problématiques, il guidait les paysans vers l'apprentissage de la lecture et de l'écriture. Parallèlement, Freire a mis de l'avant un processus d'évolution de la conscience humaine qui se définit selon quatre composantes allant du silence à la conscience critique. Le silence étant la soumission à l'Autorité, la croyance que seul l'autre a des choses à dire, que ma parole est muette. À l'autre extrémité du continuum, la conscience critique se manifeste par la capacité d'argumenter et par l'examen systématique des prémisses, des croyances, des résultats... [2]

1. Nos remerciements vont à France-Line Carbonneau qui a accompagné durant une année les trois animateurs du Centre d'alphabétisation populaire *La Jarnigoine* (Montréal, Québec) dans leur *praxis* philosophique. Nous remercions également les trois animateurs Clode, Amélie et Stéphane, qui ont accepté d'enregistrer leurs ateliers à chaque semaine et finalement les participants qui ont librement accepté de participer au projet de recherche.

2. P. Freire, *Pedagogy of the Oppressed*, New York, The Seabury Press, 1970; trad. fr., Pédagogie des opprimés, Paris, Maspéro, 1974 ; *Education for Critical Consciousness*, New York, The Continuum Publishing Company, 1973.

Le monde du silence, tel que décrit par Freire, est à dépasser : C'est un monde dans lequel les personnes ne comprennent pas ce que les autres disent. C'est un monde caractérisé par la confusion et la peur (peur de ne pas savoir, peur d'être pointé du doigt, peur d'être exclus, peur de se perdre...) Dans cette culture du silence, les personnes (analphabètes ou non) ne semblent pas avoir de représentation du monde ni de projet de vie; elles vivent dans les limites du présent et du concret. Une vie qui se déroule dans les dichotomies exclusives (bon/mauvais, riche/pauvre, raison/tort...) et dans la soumission à l'autorité[1].

Des statistiques récentes indiquent que près de 900 millions de personnes sur la Planète sont analphabètes et ce, qu'elles vivent dans des pays en voie de développement ou dans des pays industrialisés[2]. Ces personnes sont susceptibles d'être marginalisées par rapport au mode de vie du XXIe siècle, centré sur les nouvelles technologies de l'information, le dialogue, le questionnement, la réflexion critique[3].

En 2008, nous avons été invitée, par un organisme d'alphabétisation populaire de Montréal (Québec, Canada), à participer à un projet de recherche visant à stimuler chez leurs participants des habiletés à dialoguer et à penser de manière critique. L'approche préconisée était la Philosophie pour enfants (PPE) conçue par Matthew Lipman à la fin des années 1960[4] et développée puis diffusée à travers le monde par Lipman et sa collègue Ann-Margaret Sharp.

Dans ce texte, nous étudierons le processus d'apprentissage du dialogue et de la pensée critiques chez ce groupe d'adultes analphabètes qui a expérimenté des ateliers de PPE durant une année scolaire. Nous présenterons d'abord une définition de l'alphabétisation ainsi que le contexte du projet de recherche. Ensuite, nous élaborerons un cadre théorique à trois volets composé d'une typologie des échanges, des composantes du processus d'apprentissage d'une pensée critique et des niveaux de développement de la conscience. Finalement, nous présenterons les résultats de notre analyse à l'aide d'extraits d'échanges entre les adultes.

1. Voir aussi Belenky *et al.*, *Women's Ways of Knowing: The Development of Self, Voice, and Mind*, New York, Basic Books, 1986 pour une étude à grande échelle sur la voix des femmes ; et Danis et Solar, *Apprentissage et développement des adultes*, Montréal, Éditions Logiques, 1998.

2. UNESCO, http://www.unesco.org/education/litdecade/discussion.html, 2001.

3. J. Delors, *L'éducation, un trésor est caché dedans. Rapport à l'UNESCO de la commission internationale sur l'éducation pour le vingt et unième siècle*, Paris, Odile Jacob, 1996.

4. Voir M. Lipman, *A Life Teaching Thinking*, Montclair, New-Jersey, IAPC, 2008.

ANALPHABÉTISME ET ALPHABÉTISATION

L'analphabétisme ne se restreint pas au Tiers-Monde; en Amérique du Nord et en Europe, il existe plusieurs millions d'analphabètes. Et, contrairement à la croyance populaire, ces personnes ne sont pas seulement des immigrants nouvellement arrivés dans les pays riches. Un lien entre analphabétisme et pauvreté a été établi par l'UNESCO, de sorte qu'il convient désormais de prendre conscience que l'analphabétisme touche aussi « les nôtres », particulièrement s'ils sont issus de classes socio-économiques défavorisées (*Dictionnaire de l'Académie française*, citant des données de l'UNESCO).

L'alphabétisation est une notion complexe et changeante, interprétée et définie de manières différentes selon les cultures et les époques. Pour l'UNESCO, c'est non seulement un outil indispensable pour une éducation à long terme mais c'est également un pré-requis essentiel pour le développement de la citoyenneté, de la personne et de la société [1].

Différemment, pour d'autres intervenants, l'alphabétisation n'est pas une pré-condition essentielle pour les autres formes d'apprentissage, bien qu'elle en facilite l'acquisition. En effet, soutiennent les tenants de cette position, certaines personnes peuvent apprendre par le biais d'autres médias que le texte écrit, comme la radio et la télévision. Aussi, elles sont en mesure de prendre des décisions, de diriger des employés, d'exercer un métier technique et s'y développer sans savoir lire et écrire [2].

Quoiqu'il en soit, nous sommes d'avis avec l'UNESCO qu'être alphabétisé ne signifie pas être capable de lire tous les types de texte, mais cela suppose savoir « trouver, évaluer et utiliser une information de différentes manières dans un texte » [3]. De ce fait, être alphabétisé dépasse les aspects techniques de la connaissance objective et mesurable (la forme des lettres, la logique de la construction des syllabes, la ponctuation, l'accord des verbes, etc.). En effet, chercher pour « trouver une information » sous-tend une capacité de problématiser et de questionner; « évaluer » est une habileté de pensée complexe, en ce qu'elle suppose la capacité d'analyser et de discriminer le valide du non-valide, le viable du non-viable; « utiliser

1. UNESCO, http://www.unesco.org/education/litdecade/discussion.html, 2001.

2. J. Lynch, *Education and Development: Tradition and Innovation*, t. 4 : *Nonformal and non governmental approaches*, London, Cassell, 1997 ; A. Rogers, *Re-Thinking Adult Literacy and Post-Literacy: From an International Perspective*, Conférence présentée à The Roby Kidd Memorial Lecture, New Delhi. Uppingham Press, 2002.

3. UNESCO, L'analphabétisme un problème qui concerne aussi l'Europe selon l'UNESCO, http://portal.unesco.org/fr/ev.php-, 2009.

une information de différentes manières» sous-entend un transfert des informations, une capacité de penser de manière analogique donc complexe. Notre position est à l'effet que l'alphabétisation est une activité multidimensionnelle : en plus de l'apprentissage de la lecture et de l'écriture, elle présuppose le développement d'une pensée complexe, et ce dernier est intimement relié au développement affectif (confiance en soi, estime de soi)[1].

L'analphabétisme au contraire est une source de frein et de rupture dans le processus fonctionnement individuel et d'intégration sociale d'une personne. D'où l'impératif d'alphabétiser par le biais de communautés de recherche, lesquelles inscrivent l'alphabétisation dans l'apprentissage du questionnement et du dialogue entre pairs. D'autant plus si ces communautés de recherches sont d'essence philosophique, puisqu'il a été montré que ces dernières favorisent le développement de la personne sur plusieurs plans (cognitif, de la communication, social, affectif)[2].

CONTEXTE DE L'EXPÉRIMENTATION ET PPE

Dans cette section, nous présentons l'organisme populaire où l'expérimentation s'est déroulée et nous décrivons le projet de recherche, les participants ainsi que l'approche de PPE.

La Jarnigoine

L'expérimentation menée auprès des adultes analphabètes s'est déroulée dans un groupe d'alphabétisation populaire du quartier Villeray de Montréal (Québec, Canada) appelé *La Jarnigoine*. Cet organisme communautaire à but non lucratif est accrédité et subventionné par le Ministère de l'éducation, des loisirs et du sport du Québec depuis 1985. Inspirée de la pédagogie de Freire, de l'approche belge *Reflect-Action*[3] et de la *Reflect*[4], la mission de l'organisme consiste à offrir des ateliers

1. Voir entre autres Lago-Bernstein, « The Community of Inquiry and the developent of self esteem », *Thinking*, 9 (1), 1990, p. 12-17.

2. Voir entre autres : M. F. Daniel *et al.*, « Developmental dynamics of a community of philosophical inquiry in an elementary school mathematics classroom », *Thinking*, 15(1), 2000, 2-10 ; UNESCO, *La philosophie une école de la liberté. Enseignement de la philosophie et apprentissage du philosopher. État des lieux et regards pour l'avenir*, Paris, Éditions de l'UNESCO, 2007.

3. F. Lemaître, « L'approche Reflect-Action expliquée », *Le Monde alphabétique*, 20, 2009.

4. C. Lamarre et M. Fillion, « Deux capsules Reflect », *Le Monde alphabétique*, 20, 2009.

d'alphabétisation à la population des quartiers environnants, dans le but d'émanciper les personnes qui ne sont pas à l'aise avec la lecture et l'écriture.

Le projet de recherche et l'équipe des animateurs

En 2008, l'équipe de trois animateurs avait à cœur d'aider les adultes non seulement à s'alphabétiser mais, parallèlement, à penser de manière critique afin qu'ils deviennent des citoyens autonomes et responsables. En termes concrets, leur objectif était de sortir ces personnes du silence qui les caractérisait et du malaise qui les habitait lorsqu'ils se retrouvaient en société et devaient accomplir des gestes du quotidien (faire un chèque, remplir un formulaire, etc.). Bien que le programme d'ateliers que *La Jarnigoine* offrait déjà aux participants était riche et diversifié (lecture, théâtre…), la PPE leur apparut un outil significatif pour donner une voix et une conscience critiques à ces adultes, à cause de la notion de dialogue en communauté de recherche qui lui est particulière. Une subvention leur a permis d'expérimenter la PPE durant une année scolaire (23 ateliers de philosophie). Leur projet s'intitulait : *Je pense donc j'agis.*

Les trois intervenants, déjà initié à diverses approches éducatives alternatives et ancrés dans une pédagogie ouverte, ont reçu une formation théorique particulière d'une demi-journée sur la PPE et ils ont bénéficié d'un suivi régulier durant toute l'année de l'expérimentation par une personne-ressource, France-Line Carbonneau.

Les participants

Le groupe des participants était composé de 10 hommes et femmes âgés entre 40 et 72 ans. Certains étaient québécois d'origine, d'autres, des immigrants. Certains fréquentaient le centre d'alphabétisation depuis quelques années et d'autres étaient nouvellement inscrits. Ils ont choisi librement d'assister aux ateliers philosophiques, qui ne constituaient pas une activité obligatoire de *La Jarnigoine*. Tous ont accepté d'être enregistrés sur bande audio pour les fins de l'analyse du projet.

La PPE et le matériel utilisé pour l'expérimentation

Pour l'animation philosophique des ateliers hebdomadaires, les animateurs suivaient les trois étapes suggérées par Lipman et ses collègues (1980). La première étape prend ses racines dans la lecture d'un texte significatif pour les participants, mais sous-tendant des ambiguités, des paradoxes, des questionnements. En effet, c'est lorsque l'esprit rencontre un défi cognitif (en terme piagétien) ou un doute (en terme deweyen) que le processus de recherche de solutions s'active puisque, comme Dewey l'explique, l'esprit humain tolère mal l'incertitude (1960).

La deuxième étape de la PPE est la collecte des questions que les participants aimeraient discuter pour éliminer justement l'incertitude créée par la lecture du texte et rétablir l'équilibre cognitif. Cette étape est difficile pour une majorité de participants (enfants ou adultes) puisque nos systèmes scolaires sont essentiellement ancrés dans la recherche de « la » bonne réponse (celle écrite dans le manuel et attendue de l'enseignant) plutôt que dans le questionnement philosophique. Apprendre à formuler une question (d'autant plus si elle est d'essence philosophique) est un travail intellectuel exigeant qui nécessite une *praxis*.

La troisième étape de la PPE est le dialogue en communauté de pairs afin de trouver ensemble des éléments de réponses aux questions posées à l'étape précédente. Par dialogue philosophique (ou critique), nous entendons : organiser leurs idées de façon claire, rigoureuse et efficace, préciser leur pensée à l'aide d'un vocabulaire précis, justifier leur point de vue, nuancer leur position, écouter le point de vue des pairs, comprendre et respecter la perspective d'autrui même si différente de la leur, questionner de façon critique les propos énoncés, s'autocorriger lorsque nécessaire, etc.[1] Le dialogue critique transcende la communication, plus spontanée et plus ludique, pour s'arrimer à une argumentation de type coopératif (vs un débat où un individu entre en compétition avec les pairs pour remporter une joute verbale). Pour Dolz et ses collègues (1999) l'argumentation est une composante de la communication qui présuppose un apprentissage qui conduit la personne à se décentrer, à intérioriser les points de vue de l'autre, à influencer ce dernier et à modifier sa pensée afin de comprendre le monde par l'alliage de sa propre pensée et de celle de l'autre.

Les textes utilisés comme déclencheurs des ateliers de philosophie n'étaient pas les romans philosophiques de Lipman, qui s'adressent à des élèves de 6 à 15 ans. Les animateurs ont plutôt préféré des textes à concepts ouverts qui représentaient davantage l'expérience quotidienne des participants. L'ensemble des textes choisis avait donc comme dénominateurs communs la souffrance et la frustration d'être marginal et marginalisé, l'incompréhension quant au fonctionnement de la société, une aliénation par rapport à l'Autorité – problématiques philosophiques s'il en est. Pour

1. Ces habiletés du « dialoguer » correspondent aux deux derniers échelons de la compétence *communiquer oralement* décrits par le Ministère de l'éducation, des loisirs et du sport du Québec, 2002, p. 28.

compléter les textes qui servaient de prétexte aux échanges entre pairs, des plans de discussion ont été élaborés par les animateurs et la personne-ressource, inspirés par ceux des Guides pédagogiques des ouvrages de Daniel[1] et de Lipman et Sharp[2].

L'aéroport est un des textes lus et discutés durant les ateliers de PPE. Il est issu d'un recueil intitulé *Le cri de l'injustice*, qui avait été conçu l'année précédant l'expérimentation par les adultes analphabètes et qui a été publié comme tel par le centre d'alphabétisation :

> L'aéroport.
> J'étais à l'aéroport en France. J'attendais l'avion pour venir au Canada. La dame à la douane m'a dit de lui donner mes papiers. C'étaient mes papiers pour immigrer au Canada. J'ai refusé de lui donner. La dame m'a pris les papiers de force. Elle les a mis dans le bureau.
> Moi, nerveuse, j'ai pleuré. J'ai pris mon courage et je suis rentrée dans le bureau. J'ai repris mes papiers. La dame m'a attrapé par le bras. Elle était très fâchée. J'ai serré mes papiers sur ma poitrine. J'ai dit : « Ce sont mes papiers pour le Canada, pas pour la France. »
> L'agent de bord de l'avion est arrivé. Il m'a défendue. Je suis partie avec lui et j'ai pris l'avion. Toute son équipe s'est occupée de moi. Ils m'ont dit : « Bravo et bonne chance au Canada ! »

GRILLE D'ANALYSE À TROIS VOLETS : DIALOGUE PHILOSOPHIQUE, PENSÉE CRITIQUE DIALOGIQUE ET LA CONSCIENCE CRITIQUE

Dans les pages suivantes, nous présentons le cadre théorique à trois volets que nous avons utilisé pour procéder à l'analyse des échanges entre les participants de *La Jarnigoine*, à savoir le dialogue philosophique, la pensée critique dialogique et le développement de la conscience.

1. M.-F. Daniel, *Dialoguer sur le corps et la violence : un pas vers la prévention*, 3e édition, Québec, Éditions Michel Cornac, 2009.

2. M. Lipman et A. M. Sharp, *Social inquiry, instructional manual to accompany Mark*, Montclair, N.J., Institute for the Advancement of Philosophy for Children, 1980; trad. fr. N. Decostre, *Mark, Recherche Sociale*, *op. cit.* ; *Looking for meaning, Instructional Manual to accompany Pixie*, 2e édition, Montclair, N.J., The First Mountain Foundation, 1984 ; *Ethical inquiry, instructional manual to accompany Lisa*, 2e édition, Lanham, MD, University Press of America et Institute for the Advancement of Philosophy for Children, 1985; trad.fr. N. Decostre, *Lisa, Recherche éthique*, *op. cit.*

Dialogue philosophique

Qu'est-ce qu'un dialogue philosophique? Quels en sont les indicateurs? Certains estiment que, dans la mesure où il est réfléchi, tout échange est philosophique. Or, nous estimons qu'un échange réfléchi peut être logique, rationnel et intelligent, sans pour autant être dialogique (chaque personne tentant de remporter la joute verbale) ni philosophique (on pense aux discours scientifiques, littéraires, etc.). Dans l'objectif d'opérationnaliser le dialogue philosophique, nous nous sommes appuyées sur les thèses de John Dewey [1] et des pragmatistes contemporains [2] et nous avons tracé un trait d'union entre dialogue philosophique et dialogue critique [3].

Avec une équipe de chercheurs [4], nous avons analysé comment le dialogue critique (philosophique) se manifestait et se développait chez des élèves (québécois, australiens et mexicains) de 9 à 12 ans, qui expérimentaient la PPE durant au moins une année scolaire [5]. Cinq types d'échanges ont émergé de l'analyse. Cette typologie a été validée auprès d'enfants

1. J. Dewey, *Comment nous pensons*, trad. fr. O. Decroly, Paris, Flammarion, 1925 ; *The quest for certainty: A study of the relation between knowledge and action*, New York, Capricorn Books, 1960.

2. M. Lipman, *Thinking in Education*, *op. cit.*; *À l'école de la pensée*, *op. cit.* ; R. Rorty, *Philosophy and the Mirror of Nature*, Princeton, N.J., Princeton University Press, 1979 ; *Contingency, Irony and Solidarity*, New York, Cambridge University Press, 1989; trad. fr. P.-E. Douzat, *Contingence, ironie, solidarité*, Paris, Armand Colin, 1997 ; *Philosophy and Social Hope*, London, Penguin Books, 1999 ; B. Weber, « Hope Instead of Cognition? The community of philosophical inquiry as a culture for human rights based on Richard Rorty's understanding of philosophy », *Thinking*, 18 (4), 2008.

3. M.-F. Daniel et E. Auriac, *Philosophy, Critical thinking and Philosophy for Children. Educational Philosophy and Theory*, (sous presse).

4. Le projet de recherche était subventionné par le Conseil de Recherches en Sciences humaines du Canada (CRSH). L'équipe était composée de M.-F. Daniel (responsable) et de L. Lafortune, R. Pallascio, P. Mongeau, (co-chercheurs) ainsi que de L. Splitter, C. Slade, T. de la Garza (collaborateurs).

5. Cette expérimentation a été menée à partir du matériel philosophico-mathématique que nous avons conçu en 1996 pour des élèves de la fin primaire. Ce matériel explore des questions comme : Est-ce qu'un cube parfait existe? Est-ce que zéro égale rien? Si on pouvait compter tous les grains de sable de la terre, dirait-on qu'ils sont en nombre infini ou indéfini? Etc. Voir M.-F. Daniel *et al.*, *Les aventures mathématiques de Mathilde et David*, 2e édition. Québec, Éditions Michel Cornac, 1999 ; *Philosopher sur les mathématiques et les sciences*, 3e édition, Québec, Éditions Michel Cornac, 2004 ; « Modeling the development process of dialogical critical thinking in pupils aged 10 to 12 years », *Communication Education*, *54*(4), 2005.

de 5 ans qui apprenaient à philosopher dans des classes au Québec et en France[1]. En voici les cinq composantes.

1)Un échange *anecdotique* fonctionne à partir d'une pluralité d'objectifs subjectifs (i.e. sans objectif commun) et il se réduit à une série d'anecdotes personnelles adressées à l'enseignante ou à l'adulte en autorité. Le discours fait ressortir une pensée concrète basée sur l'expérience perceptuelle et sur l'incapacité des apprenants à justifier leurs énoncés, même lorsqu'ils y sont incités par l'adulte. 2) Dans un échange de type *monologique*, les réponses des apprenants sont brèves (quelques mots et non une phrase complète) et indépendantes les unes des autres comme si chacun poursuivait un monologue intérieur. Les énoncés ne sont pas spontanément justifiés par les apprenants et ces derniers tentent de trouver la réponse attendue par l'enseignante afin de recevoir son approbation. 3) Un échange est considéré *dialogique* lorsque les apprenants commencent à former une communauté de recherche, c'est-à-dire lorsqu'ils construisent leurs interventions à partir de celles des pairs et qu'ils s'investissent dans la réflexion en étant motivés par un problème commun à résoudre ensemble. Toutefois, un échange dialogique n'est pas automatiquement critique. Il peut être *dialogique non-critique* ou *quasi-critique.* Un échange *dialogique non critique*, d'une part, s'ancre dans une question commune et reflète la construction des idées à partir de celles des pairs mais, d'autre part, il n'évalue ni ne questionne la validité ou la viabilité des points de vue. 4) Dans un échange *dialogique quasi-critique*, on retrouve encore une question commune à résoudre ainsi que des liens explicites entre les interventions des apprenants. Ce qui est différent, c'est que les apprenants sont désormais suffisamment critiques pour remettre en question les acquis, les préjugés et les points de vue des pairs, mais ils ne sont pas suffisamment critiques pour se laisser influencer par la critique émise et modifier ou ajuster leur point de vue. 5) Dans l'échange *dialogique critique*, les critères des précédents échanges dialogiques sont

1. Voir M.-F. Daniel et A. Delsol, *Apprendre à dialoguer de manière critique en maternelle. Une étude de cas québécoise. Psychologie de l'interaction*, (sous presse). Cette autre expérimentation a été menée à partir d'un recueil de 16 courts contes philosophiques destinés aux enfants de 4 à 7 ans, dans une perspective de prévention de la violence. Ces contes mettent en scène des enfants et des animaux qui réfléchissent et se questionnent quant aux petits détails de la vie : Si un papillon a une aile déchirée, est-ce parce qu'un plus grand lui a fait mal? Si une marmotte vient manger les carottes de mon potager, ai-je le droit de la chasser? À qui appartiennent les carottes? La terre? Etc. Voir aussi M.-F. Daniel, *Les contes d'Audrey-Anne*, Québec, Éditions Michel Cornac, 2002; *Dialoguer sur le corps et la violence : un pas vers la prévention*, 3e édition, Québec, Éditions Michel Cornac, 2009.

encore présents. On y retrouve, en outre, des préoccupations sociales et morales qui modulent et orientent l'échange, ainsi que des habiletés et des attitudes critiques comme la décentration, l'intériorisation des points de vue de l'autre, la tolérance face à l'incertitude, la coopération, la recherche d'alternatives, la modification de sa pensée[1].

Pensée critique dialogique

Le deuxième volet de notre cadre théorique correspond à la pensée critique dialogique[2]. La parole étant considérée comme le reflet de la pensée, ce volet est directement relié au précédent. La pensée critique dialogique est un processus évolutif (vs un produit arrêté) qui se manifeste par le biais de quatre modes de pensée (logique, créatif, métacognitif et responsable) et de trois perspectives épistémologiques (égocentrisme, relativisme, intersubjectivité). Le mode *logique* comprend des interventions d'apprenants reliées à une recherche de cohérence, à la logique informelle, à l'ordre, à la convergence et à l'uniformité dans le discours. Le mode *créatif* comprend des interventions reliées à une recherche de sens, à la contextualisation des points de vue et à la transformation des significations, de même que les interventions sous-tendant des relations originales, différentes, divergentes. Le mode *responsable* comprend des interventions qui établissent un rapport entre les comportements et les règles morales ou principes éthiques dans une visée d'amélioration de l'expérience personnelle et sociale. Finalement, le mode *métacognitif* comprend des interventions reliées à la conscience de soi et des autres, des interventions reliées à la capacité de penser à propos des tâches effectuées, des points de vue et des perspectives émis (par soi ou par les pairs).

Nos analyses ont indiqué que chacun de ces quatre modes de pensée pouvait se manifester de manière simple ou complexe. La

1. Voir M.-F. Daniel, *Pour l'apprentissage d'une pensée critique au primaire*, Québec, Les Presses de l'Université du Québec, 2005.

2. Nous avons nommé ce type de pensée « dialogique » pour la distinguer des autres formes possible de pensée critique qui peuvent être plus ou moins compétitives (voir R. Gagnon, « Quelle progression pour l'argumentation orale en classe de français ? » dans R. Bergeron, G. Plessis-Bélair, L. Lafontaire (dir.). *La place des savoirs oraux dans le contexte scolaire d'aujourd'hui*, Québec, Presses de l'Université du Québec, p. 175-199; C. Le Cunff, « Enseigner ce que parler veut dire. » dans R. Bergeron, G. Plessis-Bélair, L. Lafontaire (dir.). *La place des savoirs oraux dans le contexte scolaire d'aujourd'hui*, Québec, Presses de l'Université du Québec, p. 199-222 et, pour bien la situer dans une perspective de communauté de recherche et de coopération entre pairs M. F. Daniel, *Pour l'apprentissage d'une pensée critique au primaire*, Québec, Les Presses de l'Université du Québec, 2005.

complexification a été associée à trois perspectives épistémologiques hiérarchisées ou trois manières de se comprendre et de comprendre le monde. L'*égocentrisme* reflète une pensée essentiellement orientée vers le moi ou vers le tangible et le particulier, une pensée qui a besoin d'un support concret pour s'exprimer; une pensée qui ne parvient pas à s'expliquer ou à se justifier, même sous la stimulation de l'enseignante. Le *relativisme* reflète une capacité de se décentrer de son expérience personnelle pour s'intéresser aux points de vue des pairs. Si cette ouverture d'esprit est positive, elle peut néanmoins entraîner une accumulation d'opinions juxtaposées sans sélection ni priorisation à partir de critères valides et viables. L'*intersubjectivité* reflète une pensée ouverte à la diversité et assurée du bien-fondé de la justification de ses énoncés et de la critique constructive; elle s'ancre dans une compréhension élargie de soi et du monde et elle s'inscrit dans une recherche d'amélioration de l'expérience individuelle et sociale.

Soulignons que le processus d'apprentissage d'une pensée critique dialogique dépasse l'abstraction et la conceptualisation pour englober une mise en contexte et une conscience éthique et critique - composantes qui font de l'apprentissage du dialogue et de la pensée critique une éducation globale de la personne.

Niveaux de conscience

Le troisième volet de notre cadre théorique est intimement relié au précédent et il le complète. Il s'appuie sur la méthode de l'alphabétisation englobante (*comprehensive literacy*). Cette méthode repose sur la multi dimensionalité de la personne et elle s'ancre dans la notion de compréhension, qui s'étend des relations privées (le pôle individuel) aux relations intersubjectives entre les cultures et les peuples (le pôle planétaire). Sa visée concerne le développement de la conscience qui, grâce au dialogue et à l'interprétation, est susceptible de transcender le particulier pour accéder à l'universel. Ici, la conscience n'est pas entendue comme un état, mais comme un acte; elle est une relation caractérisée par la réciprocité, en ce que pour se construire, elle s'appuie sur les autres consciences tout en les mettant en lumière. En effet, la personne est « non pas un *moi séparé* mais un *nous*. Le nous désigne la communication des consciences (…) la communication désigne à la fois la solidarité fondatrice par laquelle les consciences se constituent et la coopération active par laquelle elles se développent »[1].

Les quatre niveaux de conscience, tels que présentés par Valdivielso[2] sont : 1) la *conscience individuelle*, qui s'intéresse aux besoins, intérêts et visées d'un individu et met l'accent sur le subjectif, 2) la *conscience humaine* qui inclut autrui dans sa manière de percevoir la réalité et qui met l'accent sur les relations humaines, 3) la *conscience sociale* qui réfère aux idéologies, fondements et visées économiques des pays ou des cultures, s'orientant vers la justice sociale, la démocratie et la paix sociale, 4) la *conscience planétaire* qui s'inscrit dans un processus de globalisation s'attardant aux problèmes de la planète et au bien-être de l'humanité. Les trois premiers niveaux de conscience de l'alphabétisation englobante s'apparentent aux trois niveaux du processus d'apprentissage d'une pensée critique dialogique, reliant ainsi l'égocentrisme à la conscience individuelle ; le relativisme à la conscience de l'autre ; l'intersubjectivité à la conscience sociale.

Dans les pages suivantes, nous présentons les résultats de nos analyses, relativement à la nature de l'échange entre les participants de *La Jarnigoine*, aux habiletés de pensée sous-jacentes et aux niveaux de conscience. Le but de la recherche consistait à déterminer si les ateliers de PPE avaient une incidence sur la pensée des adultes analphabètes et sur la manière qu'ils avaient de se comprendre et d'appréhender le monde[3].

RÉSULTATS DES ANALYSES MENÉES AUPRÈS DES ADULTES ANALPHABÈTES

Début de l'année scolaire

Lors de la première rencontre, les animateurs ont présenté l'approche de PPE et les éléments constituants de leur atelier qu'ils avaient nommé « Lire et Parler ». Une analyse exhaustive du verbatim a indiqué que l'échange était parfois anecdotique mais généralement monologique. Elle montrait également que les habiletés sous-jacentes à l'échange étaient

1. J.-M. Labelle, « Réciprocité éducatrice et conduite épistémique développementale de la personne », dans C. Danis et C. Solar, *Apprentissage et développement des adultes*, Montréal, Éditions Logiques, 1998, p. 105.

2. S. Vadivielso, « Functional literacy, functional illeteracy : The focus of an ongoing social debate », *Convergence*, 39 (2-3), 2006.

3. Certains estiment qu'à l'âge adulte (dans le cas de nos participants, l'âge variait entre 40 et 72 ans), il est trop tard pour changer ses schèmes de pensée et pour améliorer sa façon d'agir et d'interagir.

essentiellement reliées à une pensée logique, laissant quelque place à une pensée créative (i.e. des exemples pour illustrer leur point de vue) et peu ou pas de place aux autres modes cognitifs, à savoir responsable et méta-cognitif. L'épistémologie des participants, c'et-à-dire leur façon d'apprhender le monde était essentiellement égocentrique, c'est-à-dire concrète et particulière. Parallèlement, leur niveau de conscience était individuel. Voici un extrait de ce premier échange[1] :

A — (…) Pensez-vous qu'écouter et entendre serait la même chose ?
P1 — (silence)
A — P2 ?
P2 — (silence)
A — Est-ce qu'il y a une différence entre écouter de la musique et la télévision et écouter une personne qui parle ?
P3 — C'est la même chose. Pour moi c'est la même chose entendre et écouter. J'entends avec mon oreille et j'écoute la musique avec mon oreille.
P5 — (…) Moi je vais écouter et entendre mais je pourrai pas répéter mot à mot ce que l'autre personne a dit. Je suis pas capable.
P4 — (…) J'avais un exemple. Quand une mère punit son enfant elle demande Est-ce que t'a bien entendu ou écouté ? Quand t'écoutes je pense que ça rentre tout de suite.

À la troisième semaine, la question qui avait été retenue pour discuter était « Pourquoi le monde est sans amour ? » Voici un extrait qui illustre le déroulement de cet échange :

A — Pourquoi le monde est sans amour ?
P1 — Parce que les personnes ne sont pas de bonne humeur.
P2 — Parce qu'on a peur des changements parce qu'il y a tellement de religions différentes. La prière peut aider.
P3 — Il y a beaucoup de chicanes.
A — Oui mais pourquoi le monde est sans amour ?

P2 — Aimez-vous les uns les autres.
A — (…) J'ai peut-être une question plus simple : Quels gestes on fait par amour ?
P1 — Quand une personne te confie des choses, elle a confiance ; c'est une sorte d'amour, c'est une relation
A — Qui est d'accord avec cette idée ? Est-ce que confier un secret est de l'amour ? Pourquoi ?
P1 — Parfois on marche ensemble au métro, ça me fait du bien.

1. Par souci de confidentialité, nous avons remplacé les noms par des codes. Ainsi, A réfère à l'animatrice et P1, P2…, aux participantes et participants.

P2 — Des cadeaux.
P3 — Ceux qui sont dans la rue on leur donne des choses.

L'analyse de l'ensemble du verbatim indique que l'échange était surtout de type monologique, c'est-à-dire que chaque participant disait ce qu'il pensait, de manière simple et concrète, sans entrer en dialogue avec les pairs. De ce fait, les habiletés de pensée étaient assez simples, reflétant non pas la multimodalité cognitive, mais presqu'essentiellement une pensée logique où les points de vue étaient émis sans être justifiés. La perspective épistémologique des participants pouvait être qualifiée d'égocentrique, en ce que la compréhension qu'ils avaient d'eux-mêmes et du monde était orientée vers des objets concrets et particuliers (la mauvaise humeur, la peur, les chicanes, confier des secrets, marcher ensemble, des cadeaux) et leurs points de vue s'exprimaient sans justification. Bien que le contenu de l'échange portait sur la relation d'amour, la perspective du groupe ne dégageait pas d'écoute de l'autre, d'empathie ou de réciprocité. Quant au niveau de conscience, nous le situerions dans l'individuel, en ce que les idées émises exprimaient la personnalité et la perception propre des participants de manière subjective (vs un concept objectivé) et indépendante (sans effort de compréhension envers autrui).

En début d'année scolaire, donc, une des difficultés majeures des participants résidait dans la capacité d'écoute de l'autre et dans la construction de son idée à partir de celle des pairs. Ces deux habiletés ne sont pas spontanées ; elles nécessitent un apprentissage, en ce qu'elles supposent une qualité d'attention et une capacité de décentration. La décentration présuppose/requiert un déplacement de l'intérêt qu'un participant porte à sa réalité vers celle de l'autre, dans le but de se laisser transformer par autrui (voir Gendron, sous presse). Dans une perspective d'apprentissage du philosopher, la décentration consiste à dépasser le subjectif pour atteindre le « cognitif pluriel ». Par cognitif pluriel, nous référons aux idées et aux concepts utilisés par l'autre, l'analyse rationnelle que le participant peut en faire pour apporter des nuances, des précisions… qui vont enrichir l'idée du groupe. La disponibilité à l'autre, différemment des théories féministes comme celle, par exemple, de Nel Noddings (voir Gendron, sous presse) se manifeste non pas dans l'affectif mais dans la critique constructive (questionnement, précision, nuance) qui est formulée dans une perspective d'entraide et de coopération et qui trouve ses assises dans une « communauté de recherche ». Autrement dit, je ne critique pas l'idée des pairs pour montrer que je suis meilleur qu'eux, mais pour les aider à clarifier leur pensée et à mieux l'articuler. Et c'est grâce aux apports de la communauté de recherche que ma croyance peut se transformer en point de vue éclairé et justifié : « Ce n'est pas parce que je pense que nous pensons, mais c'est parce que nous pensons que je pense » (Freire).

Mi-année scolaire

Après trois ateliers de PPE, la question à la base de notre recherche devenait la suivante : les adultes analphabètes peuvent-ils évoluer dans leur manière de communiquer, dans leur pensée et leur épistémologie, alors que leurs échanges étaient monologiques et que leur représentation du monde et leurs schèmes de pensée étaient, depuis le début des ateliers, ancrés dans une épistémologie que nous avons nommé l'égocentrisme ?

Nous présentons dans les pages suivantes des extraits de l'atelier 14, centré sur les questions de fierté et de honte, qui montrent les apprentissages complexes effectués par les participants sur : a) le plan de l'échange (qui s'est avéré généralement dialogique et parfois dialogique quasi-critique), b) le plan cognitif (multimodalité de la pensée et complexification épistémologique) et c) le plan de la conscience (qui est passée de la conscience individuelle à la conscience humaine). La multimodalité représentant l'évolution la plus remarquable de ce groupe de participants, nous avons regroupé les extraits d'échange en fonction de chacun des quatre modes de pensée. Ce regroupement contribuera également à mettre en lumière le relativisme de la perspective épistémologique et le niveau de conscience.

Pensée logique qui apporte des définitions plus conceptuelles :

> A — La confiance, est-ce que c'est la même chose que la fierté ?
> P1 — La fierté c'est avoir confiance en soi. Etre capable d'être moins gêné, de se cacher moins, de dire les choses, de se donner plus.
> A — Et quelle serait la différence alors ?
> P2 — Être fier de soi c'est plus qu'avoir confiance. Avoir confiance c'est le chemin qui nous amène vers la fierté. Mais en même temps être fier de soi, c'est des valeurs par exemple la générosité.

Pensée logique et cohérente qui explicite une démarche qui reprend les étapes 2 et 3 de la démarche scientifique proposée par Dewey, à savoir la définition du problème et la recherche de solutions :

> A — Peut-on ressentir de la fierté même si on ne sait pas lire ni écrire ?
> P5 — Quand on a un problème, la première chose est de connaitre le problème parce que si je dis toujours la même chose, on va pas loin. On doit reconnaitre qu'on ne sait pas lire et écrire. Si la personne ne reconnaît pas (...) La deuxième chose est de chercher la solution. Qu'est-ce que c'est la solution pour ne pas sentir la honte ?

Pensée créative, analogique qui sait créer des relations originales pour illustrer un état de fait :

> A — Qu'est-ce qui fait que maintenant tu n'as plus honte ?
> P1 — Parce que je suis venue ici. J'ai plié sur toute ma fierté ou je ne sais pas quoi. (...) Je démarre ma vie à partir d'aujourd'hui que je commence à lire et à écrire. Ça veut dire que je commence à nager sur l'eau.

Pensée métacognitive, consciente du malaise des analphabètes et des préjugés sociaux qui sont véhiculés à leur égard :

> P7 — Nous autres on sait pas lire ni écrire. On a des trucs : j'ai oublié mes lunettes, j'ai de la misère à voir, j'ai pris des médicaments...
> P1 — ... c'est pour se cacher.
> A — (...) D'où vient la honte?
> P1 — des préjugés.
> P2 — c'est les autres qui ont créé chez nous la honte parce qu'on était mal vu.
> P4 — (...) Tu sais pas lire et écrire c'est la honte. Et puis t'apprends et c'est la fierté. T'es content.

Pensée responsable qui trouve ses fondements dans le souci de l'autre et dans les relations interpersonnelles :

> P6 — (...apprendre à lire et à écrire aux autres...) ça c'est une manière d'être fier. Elle (P5) a de la misère à écrire et à lire, puis comme moi je suis plus débutant qu'elle, elle prend son temps pour m'expliquer des choses.
> P5 — (...) Moi je suis fière des efforts de P6 parce qu'il fait beaucoup de concentration et d'efforts à lire. Je suis fière de lui.
> P6 — Je suis bien content d'apprendre ça. C'est la fierté. Puis elle fait des efforts, elle prend son temps pour expliquer, elle me donne plus confiance, on discute de toutes sortes d'affaires (...)
> P2 — Je trouve que c'est dommage qu'on ait juste un cours comme ça.
> P3 — Ça crée un lien d'amitié.

Les extraits précédents indiquent qu'à la mi-année scolaire, la décentration et l'écoute de l'autre se sont manifestés et ont complexifié graduellement la compréhension que les participants avaient de leur personne et du monde qui les entoure. À partir de la mi-année, les participants commençaient à généraliser leurs énoncés; si parfois ils s'exprimaient encore de manière concrète et particulière, utilisant le « je », bien souvent le discours portait sur autrui et sur les personnes de leur entourage. Leur perspective épistémologique avait donc graduellement dépassé l'égocentrisme (en 14 séances de PPE) pour rejoindre l'autre dans ses idées, c'est-à-dire pour accéder au relativisme, perspective épistémologique qui met en lumière une pensée logique qui commence à généraliser et à se justifier; une pensée créative qui établit des relations pour donner du sens à son point de vue et se faire comprendre par les pairs; une pensée responsable reliée au désir de comprendre autrui et de l'inclure dans l'échange, dans l'action, dans la société; une pensée métacognitive qui saisit les relations causales, qui commence à réfléchir sur les sources de la honte.

Parallèlement, le premier niveau qui caractérisait la conscience des participants en début d'année scolaire (conscience individuelle) s'est modifié pour laisser la place au deuxième niveau plus complexe, la conscience humaine, qui priorise les autres (ceux qui ont des difficultés à lire et à écrire) au détriment du moi particulier. La conscience humaine se manifestait dans la co-construction du sens des concepts (fierté, honte) avec les pairs par le biais du dialogue et de la réflexion en communauté de recherche.

Comment expliquer cette transformation cognitive, épistémologique et de la conscience? Nous sommes d'avis que la connaissance contribue à la transformation de la personne dans la mesure où apprendre signifie comprendre et que comprendre réfère à la fois aux connaissances et à soi (ses propres expériences...). L'adulte qui décide de s'alphabétiser, en plus d'accéder au sens des lettres et des mots, accède à ses propres projets de vie; il se trouve lui-même au terme de ses recherches[1]. Dans la mesure où la connaissance se construit par le biais du dialogue en communauté de recherche, il devient possible d'établir un lien entre la conscience que le participant acquiert de son développement (langagier et cognitif) et le développement de la confiance en soi[2]. Or, la confiance en soi semble une composante de la personne qui donne à l'apprenant l'élan nécessaire pour s'ouvrir aux autres et à la diversité des perceptions. Ainsi, le renversement épistémologique devient possible de même que l'évolution de la conscience.

1. J.-M. Labelle, « Réciprocité éducatrice et conduite épistémique développementale de la personne », *op. cit.*

2. M.-F. Daniel *et al.*, « Developmental dynamics of a community of philosophical inquiry in an elementary school mathematics classroom », *Thinking*, 15(1), 2000; J.-M. Labelle, « Réciprocité éducatrice et conduite épistémique développementale de la personne », *op. cit.*

Fin de l'année scolaire

Les participants ont-ils poursuivi leur évolution entre la mi-année et la fin de l'année scolaire (21e et 22e ateliers de PPE) ? Ont-ils développé une conscience sociale? Ont-ils atteints la troisième perspective épistémologique de notre modèle d'apprentissage d'une pensée critique dialogique? Rappelons que dans cette perspective, reliée à l'intersubjectivité, les participants s'inscrivent dans un dialogue critique et ils sont capables de conceptualiser (pensée logique), de transformer les perspectives (pensée créative), de s'appuyer sur des principes sociaux et éthiques (pensée responsable) et de formuler des critiques et de s'auto-corriger (pensée métacognitive). Nos recherches précédentes avec les élèves du primaire avaient montré que cette perspective était intégrée par les élèves qu'après 2 ans ou plus de *praxis* philosophique. Voyons un extrait de ce dernier échange entre les participants.

> P1 — La vie a des vraies règles, on a des obligations : faut aller travailler.
> P2 — C'est comme de venir ici. On a un code de vie pour faire nos devoirs.
> P3 — Quand une personne grandit, faudrait qu'elle aille à l'école et si elle y va pas, faut qu'à 14-15-16-17 ans, faut commencer à gagner notre vie. C'est une obligation. Ca prend de l'argent pour manger (...).
> A — (...) Donc le travail c'est une règle?
> P4 — Moi je suis pas d'accord avec ce qu'on vient de dire. Même si on avait pas d'argent, on prend l'exemple des Amérindiens, à l'époque où ils avaient pas d'argent (...)
> P5 — Ils faisaient du troc.
> P4 — (...) Dans les autres pays la personne peut avoir trois quatre partenaires. Les droits sont différents d'un pays à l'autre. Au Canada, on a nos droits et d'autres pays, c'est pas pareil.
> P5 — Moi je pense que je vais m'en aller là-bas.
> P6 — (...) Si quelqu'un viendrait chez nous, j'y montrerais la manière que nous vivons: le manger puis comment la manière que nous autres on mange, la viande, n'importe quoi qu'eux autres ils mangent pas là-bas.
> A — (...) Qu'est-ce qui est important de faire connaitre aux autres, comme valeur?
> P6 — Avoir un appartement, avoir un poêle et un frigidaire. Ils connaissent pas ça.

Ainsi, on voit que dans ces extraits, la conscience des participants s'est éloignée du particulier (conscience individuelle) et même des pairs qui participent au groupe d'alphabétisation (conscience humaine) pour se tourner vers le social et englober une réflexion sur les autres cultures. Nous ne pouvons toutefois pas soutenir que les participants sont entrés dans la conscience sociale, en ce que leur pensée, bien qu'elle réfère à des cultures et des modes de vie différents, demeure empreinte de préjugés négatifs envers ces autres. Quant au plan épistémologique, une analyse complète des deux dernies verbatims indique que le discours des participants n'est pas inscrit dans l'intersubjectivité, en ce que ces derniers, s'ils dialoguent parfois de manière quasi-critique, cherchent encore à avoir raison et à gagner leur point. Les attitudes reliées à l'intersubjectivité et au dialogue critique (ouverture d'esprit face à l'incertitude, recherche de critiques pour améliorer leur point de vue, tolérance face à la diversité des points de vue, pensée orientée vers le Bien commun, la justice sociale...) ne sont pas présentes dans les deux derniers verbatims. Comme le souligne Morin, la communication n'apporte pas nécessairement la réciprocité ou la compréhension intersubjective. Les mots apportent l'intelligibilité ou la compréhension intellectuelle, qui est nécessaire mais non suffisante à la véritable compréhension sociale, qui est intersubjective. Cette dernière nécessite la connaissance de l'autre, connaissance qui exclut les préjugés et inclut l'empathie, l'ouverture, la générosité[1].

En somme, les participants du centre d'alphabétisation de Villeray ont évolué sur plusieurs plans. Après une année de *praxis* philosophique, la plupart des participants sont capables de dialoguer, voire dialoguer de manière quasi-critique; leur épistémologie est devenue relativiste et leur conscience s'enrichit désormais des perceptions de leur entourage.

DISCUSSION/CONCLUSION

Dans le contexte d'alphabétisation populaire, la PPE s'est avérée un outil efficace pour stimuler chez un groupe d'adultes analphabètes leur capacité de communiquer de manière plus dialogique, de penser de manière plus critique et de comprendre le monde de manière plus englobante. Une analyse de la pédagogie des animateurs conduit à soutenir qu'une des clés de ce succès réside dans le choix des textes utilisés comme points de départ : ceux-ci étaient significatifs pour les participants, en ce qu'ils étaient issus de leur réalité quotidienne (*Le cri de l'injustice*, l'amour, la fierté, la honte...). Dans la perspective d'une éducation multi dimentionnelle, discuter en communauté de recherche sur des textes « contextualisés » pour reprendre une expression de Mezirow (1996) fait en sorte que l'apprentissage de la lecture et de l'écriture n'est plus une fin en soi, mais représente un moyen d'autonomisation des participants, un moyen qui

1. E. Morin, *Les sept savoirs nécessaires à l'éducation du futur*, Paris, Seuil, 2000.

est susceptible d'aider les personnes à comprendre leurs difficultés immédiates, de les aider à analyser leurs problèmes et à en comprendre les causes, de les aider à trouver ensemble des éléments de solutions et de passer à l'action[1].

Dans cette optique, être alphabétisé dépasse largement le cadre scolaire et la réussite à l'examen; être alphabétisé c'est avant tout être capable de transférer les apprentissages dans d'autres contextes, comme l'ont souligné les participants de *La Jarnigoine* lors d'un atelier synthèse à la toute fin de l'année :

> P1 — Il y a des mots qu'on connaissait pas et qu'on découvre pour la première fois.
> A — Ça donne quoi de connaitre plus de mots?
> P4 — La personne qui connait plus de mots va se débrouiller mieux dans la vie.
> P5 — Parce que c'est (...) pas juste pour apprendre le français c'est pour apprendre beaucoup de choses.

En effet, l'apprentissage devient prise de pouvoir lorsqu'il produit chez la personne une connaissance nouvelle qu'elle réussit à intégrer et qui la rendra capable d'agir. En d'autres termes, « l'apprentissage se fait transformation lorsqu'il permet à l'individu qui a assumé une prise de pouvoir de modifier l'orientation qu'il donne à certains aspects de sa propre vie en développant surtout de nouvelles compétences.»[2] Bref, l'alphabétisation socialise et donne aux participants la possibilité d'atteindre leurs propres buts personnels et sociaux[3].

Une autre clé du succès de la PPE se trouve dans la communauté de recherche philosophique qui permet le choc des idées dans le respect des différences :

> P1 — Il y a un problème. On discute du problème. On est pour et on est contre. On a une opinion. Puis l'opinion qu'on dit des fois c'est bon et des fois c'est pas bon.
> P2 — C'est d'apprendre à respecter les opinions des autres et des fois c'est pas toujours évident parce qu'on pense pas pareil. Les personnes ont des opinions différentes sur les mêmes sujets.

1. Voir L. Ramdas, « Literacy and empowerment: A definition for literacy », *Convergence*, 20 (3-4), 1987.
2. C. Danis et C. Solar, *Apprentissage et développement des adultes*, *op. cit.*, p. 49-50.
3. Department For International Development, *Re-defining Post-Literacy in a Changing World*, Research Report, 29, London, DFID Press, 1999.

Si la pluralité des points de vue devient, avec le temps, positive et enrichissante, c'est que la communauté de recherche philosophique modèle une méthode d'enseignement/apprentissage inclusive, en ce qu'elle regroupe des personnes qui ont différents niveaux de difficultés, sans discrimination et sans préjugés à l'égard des moins alphabétisés. Elle reflète la thèse de Kidd (1973) selon laquelle les adultes apprennent davantage des pairs que d'un enseignant. Les échanges entre pairs, la collaboration et le partage des connaissances sont des outils significatifs. Comme nous l'avons montré dans un extrait précédent, des personnes analphabètes mais avec plus d'expérience en alphabétisation étaient capables non seulement d'enseigner à d'autres analphabètes à lire et à écrire, mais ils le faisaient avec respect et tolérance et ils en tiraient de la fierté; sans compter que des liens d'amitié se tissaient entre les participants.

Finalement, l'impact des ateliers de PPE sur le développement de la confiance en soi et de l'autonomie s'est manifesté chez les personnes qui étaient le plus engagées dans les communautés de recherche :

> P1 — Il y a des affaires que je dis à mes parents et que je dis au psychologue. Maintenant j'essaie de montrer mon point. C'est ça et c'est ça. (...) Avant je tenais pas mon point; ça me tentait pas de m'obstiner.
>
> P2 — Maintenant je suis capable de dire non, avant je disais tout le temps oui. J'avais de la misère. Je me laissais tout le temps embarquer dessus.

En conclusion, dans une optique de travail avec des adultes analphabètes, nous sommes en mesure de soutenir que la PPE ne représente pas uniquement une méthode pour apprendre à lire et à écrire; elle peut être un lieu pour apprendre à faire et pour apprendre à être. Toutefois, il convient de préciser que pour que cet apprentissage advienne, la PPE doit être une *praxis* hebdomadaire. Et pour que l'apprentissage se poursuive vers le dialogue critique, l'intersubjectivité et la conscience sociale, il convient de prévoir les ateliers philosophiques sur deux années consécutives ou plus. Enfin, avant de généraliser les résultats obtenus dans le cadre de cette recherche, il serait important de poursuivre les expérimentations avec d'autres groupes d'adultes analphabètes.

Marie-France DANIEL
Professeure Université de Montréal

QUELQUES TENDANCES IDÉOLOGIQUES DU PROGRAMME DE *PHILOSOPHIE POUR ENFANTS*

ANALYSE DE MARK, RECHERCHE SOCIALE

Cette étude a pour objectif de détecter les présupposés idéologiques présents dans le roman *Mark*, aussi bien que dans les idées directrices, les plans de discussion et les exercices de *Recherche sociale*, le manuel d'accompagnement. Je dégagerai d'abord quatre dimensions thématiques que j'ai pu identifier dans l'ouvrage : a) une dimension épistémologique, b) une dimension psychosociale, c) une dimension politico-juridique et d) une dimension éthique. Ce que je veux examiner, c'est comment la tradition philosophique occidentale est représentée dans ces quatre dimensions. Je suis bien conscient du fait qu'une telle classification a quelque chose d'artificiel. Je pense que si j'avais adopté la structure donnée par Lipman aux idées directrices, une série de thèmes reliés entre eux dans le roman et dans le manuel auraient été négligés. Je n'ai pas non plus suivi la division rudimentaire en sujets proposée par Lipman dans son introduction, car une telle analyse aurait été incomplète et ne m'aurait pas permis d'aller suffisamment à fond par rapport à mes objectifs. J'ai plutôt examiné plus attentivement chaque exercice pour pouvoir les placer dans des catégories qui puissent s'appliquer aux quatre domaines philosophiques que j'ai mentionnés. Il va sans dire que chaque division constitue un a priori artificiel et qu'il est nécessaire de se souvenir constamment des relations entre les différentes dimensions thématiques.

Thèmes épistémologiques

Des thèmes épistémologiques ne sont pas très saillants dans *Mark, Recherche sociale*. Ils constituent cependant un élément inhérent de la méthodologie du programme éducatif de *Philosophie pour Enfants* qui commence avec l'affirmation que si c'est naturellement que les gens se mettent à penser, le perfectionnement de la réflexion exige des stratégies complexes. Connaître et comprendre ne sont pas des activités mentales innées : elles doivent être construites et générées. Ce qui explique la nécessité d'une épistémologie générative grâce à laquelle, comme le dit Lipman, une première intervention éducative stimule l'esprit à faire une recherche dans une problématique tout autant que dans les réalités du monde. Et c'est ainsi que l'acte originel d'ignition a peu à peu, par étincelles et éclairs successifs, des répercussions jusque dans l'esprit. Rendre opératives ces stratégies complexes est le but ultime du programme de *Philosophie pour Enfants*. Ce qui veut dire que dans les recherches délibératives dans lesquelles s'engage la communauté de recherche, il importe de reconnaître tout le temps la primauté de la méthodologie utilisée, qui a autant de signification que les sujets de discussion. Cette synthèse procédure/contenu est le but d'une pensée complexe qualifiée par Lipman de matrice cognitive, qui aboutit au jugement fondé. Voici ce qu'il en dit dans *À l'École de la pensée*[1] :

> La pensée réflexive est celle qui est consciente de ce qu'elle affirme et des implications de ses affirmations ; elle est également consciente des raisons et de la justification de ses conclusions. Elle tient compte de la méthodologie, des procédures qui lui sont propres, ainsi que de sa perspective et de son propre point de vue. Elle est prête à reconnaître les facteurs qui entrainent parti pris et mauvaise compréhension. Elle suppose penser aux *procédures* en même temps qu'au *sujet*.

En cela, *Mark* s'inscrit dans la ontinuité du programme entier de *Philosophie pour Enfants*, par le fait qu'il reprend toutes les compétences et dispositions logiques qui sont présentes dans l'ensemble du programme. Dans *Philosophy in the Classroom*, Lipman identifie trois dimensions logiques qui sont sous-jacentes à tout le matériel : 1) la logique formelle qui a trait aux structures régulées de pensée et de langage ; 2) une approche par de « bonnes raisons », c'est-à-dire la recherche et l'évaluation de raisons en fonction des actes et des idées et 3) une action raisonnée, qui cherche à se fonder sur les modèles de pratique raisonnable.

Ces trois domaines se retrouvent dans *Mark, Recherche sociale*. Commençant par récapituler les compétences dans divers aspects du syllogisme et de logique acquises principalement grâce à *La Découverte d'Harry Stottlemeier* et à *Suki, Writing, Why and How?* Lipman explore leurs frontières et trouve des domaines dans lesquels la logique

1. M. Lipman, *À l'école de la pensée. Enseigner une pensée holistique*, *op. cit.*, p. 38.

syllogistique ou la logique formelle se trouve coincée, par exemple dans le cas de phrases non descriptives ou narratives. Autrement dit, la logique syllogistique n'apparaît dans l'ouvrage que comme introduction à une logique ou une argumentation comportementale.

En composant la section sur le raisonnement inductif (p. 266-269), Lipman a été influencé par un essai sur l'induction, *Problems in Philosophy* (1912), dans lequel Bertrand Russell conçoit un principe double d'induction et tente de réduire l'ambivalence de la probabilité. D'autre part, la distinction faite dans le manuel entre des relations d'idées et des liens factuels peut se rattacher à la dichotomie faite par David Hume entre un « raisonnement idéalistique » qui a pour objet des relations d'idées et un « raisonnement sur les probabilités » qui a pour objet des relations factuelles. Ce sont ces deux points de vue qui forment la base des exercices du manuel sur le raisonnement hypothétique, sur la résolution de problèmes, sur la recherche d'alternatives ; Lipman les utilise pour développer la pensée critique en générant une boucle intellectuelle allant de situations particulières à des généralisations.

Puisque le raisonnement formel aussi bien que l'inductif nous laissent avec des problèmes, un autre système de logique a été introduit dans *Mark*. Il se fonde sur des situations manquant de règles précises de dérivation, mais dans lesquelles on sent la puissance d'un argument dans sa plausibilité ou sa cohérence. Ce raisonnement appelé comportemental, une variante de la logique non formelle, a été décrit avec précision par Carl Wellman dans *Challenge and Response* (1971). Lipman lui-même se réfère à une ligne de raisonnement dans laquelle la conclusion ne découle pas de manière logique, mais « ... on pourrait dire qu'elle découle naturellement ». D'autres formes de raisonnement informel, de valeur équivalente à l'approche de Wellman ne figurent pas dans *Recherche sociale*. Il s'agit, par exemple, de la théorie classique de l'argumentation d'Arne Naess, qui met l'accent sur l'importance de l'observation et favorise les aspects sémantiques de certains types de raisonnements plutôt que leurs aspects formalistes ou syntaxiques ; ou l'approche procédurale de Stephen Toulmin, qui tente de créer un modèle standardisé pour toute forme d'argumentation.

Cependant, l'épistémologie est plus que la somme de systèmes logiques divers ; elle a aussi à voir avec la force d'argumentation. Des capacités de logique ne peuvent être mises en pratique de façon efficace qu'en faisant partie d'une chaine argumentative. Pour bien le montrer, le manuel propose de nombreux exercices qui explorent diverses théories de l'argumentation et les rendent opérationnelles. Par exemple, « l'approche par les bonnes raisons », qui n'a pas de règles logiques spécifiques, mais qui, selon Lipman, se fonde sur les quatre intuitions de base d'une pratique philosophique, à savoir l'impartialité, l'objectivité, le respect des autres et l'ouverture à davantage d'investigation.

Un autre exemple de l'insistance de Lipman sur l'importance de l'argumentation dans le développement d'une pensée complexe est son exploration exhaustive de l'utilisation de critères dans des discussions philosophiques. Pour lui, les critères sont des instruments faisant partie de notre appareil de raisonnement : « Isolés par catégories dans une taxonomie, ils semblent inertes et stériles alors qu'engagés dans le processus de la recherche, ils peuvent fonctionner de manière dynamique et critique »[1]. On peut trouver des discussions intéressantes à ce propos dans *Theory of Important Criteria* (1966) de Michael Anthony Slote qui parle d'« associations de termes » auxquelles peut être appliqué ce principe : « x n'appartient vraiment qu'à y si x répond à tous les critères importants de l'appartenance à y ». Slote essaie de se dissocier de la vision selon laquelle il n'existe pas un seul critère qui soit en relation avec un terme général méritant le statut de nécessité logique. Optique qui a été formulée dans des philosophies du langage, par exemple par Wittgenstein pour qui des associations de termes dépendent du jeu de langage dans lequel elles apparaissent. En cela Lipman suit Slote : il fait la même distinction entre « critères importants » et « considérations non décisives », se dissociant ainsi de l'idée que certains termes généraux sont fondamentalement indéfinissables de manière objective. On pourrait dire qu'il a pris de la distance par rapport à la ligne dure des philosophes du langage qui plaident pour une contextualité sémantique infinie.

Outre « l'approche par les bonnes raisons », je suis parvenu à détecter dans *Mark* des traces d'autres théories de l'argumentation ayant à voir avec l'identification de considérations sous-jacentes, avec la notion de cohérence au sein d'une séquence argumentative, ainsi qu'avec l'étude de la nature et de la dynamique de relations logiques de toutes sortes. Par rapport à cette dernière notion, un exercice spécifique sur les relations entre moyens et fins révèle l'influence de John Dewey. Il est précédé d'un certain nombre de directives impliquant une approche perspectiviste selon laquelle une pratique n'est pas seulement nécessaire pour ajuster les moyens aux fins, mais pour envisager chacun d'eux comme flexible, comme moyen possible plutôt que comme moyen définitif. Dewey a développé ce point de vue dans sa *Theory of Valuation* (1959). Il prétend

1. M. Lipman, *À l'École de la pensée*, *op. cit.*, p. 207.

qu'aucun but n'a de valeur intrinsèque parce que tout objet qui sera valorisé comme but sera déterminé en considérant les conditions existantes disponibles comme moyens. Au sein du continuum existentiel des fins et des moyens chez Dewey, il n'y a pas de modèle a priori par lequel stipuler la valeur d'une solution supposée pour une situation concrète. Cependant, en dehors de l'expérience, se développera une sorte de cadre servant à distiller des principes généraux d'une manière empirique et régulatrice. Lipman a incorporé le point de vue perspectiviste de Dewey dans *Mark, Recherche sociale*, donnant ainsi poids à ses paroles : « Les cas pour lesquels les fins et les moyens ne coïncident pas sont les cas anormaux, ceux qui dévient d'une activité conduite intelligemment ». Pour Dewey comme pour Lipman, les conditions d'une pratique raisonnable et du développement d'une pensée critique et créative sont nécessairement relationnelles, contextuelles et perspectivistes.

Finalement, en insistant sur l'interrelation indissoluble entre théorie et pratique, sur la connexion réciproque entre « agir » et « penser », Lipman tourne le dos aux penseurs exclusivement cérébraux de la tradition et rejoint l'école pragmatiste américaine de C.S. Peirce, William James et John Dewey pour qui raison et expérience constituent les deux volets d'un tout. Dans sa justification de la méthodologie de la *Philosophie pour Enfants*, il proclame que son objectif ultime n'est pas la pensée réflexive pour elle-même, mais en vue d'une conduite réflexive, d'un comportement raisonné.

Thèmes psychologiques et sociologiques

Les neuf thèmes que je vais décrire sous le vocable « psychologiques et sociologiques » ne représentent pas neuf sujets différents qui seraient traités séparément dans *Mark, Recherche sociale*. Au contraire, ils sont mutuellement intriqués et interdépendants. Et c'est précisément cette intime interrelation qui rend si efficace la communauté de recherche pour la recherche scientifique en éducation sociale. Il n'existe dans *Mark* aucune dichotomie entre sujets psychologiques d'une part et sujets sociologiques de l'autre. Une telle dichotomie négligerait l'essence même et le but du programme de *Philosophie pour Enfants*, qui résiste à la tentation de séparer les deux.

Placer la sociologie et la psychologie dans une relation et… et plutôt que dans une relation ou… ou est en accord avec l'optique éducative de Dewey qui marie les deux. Dewey a commencé par affirmer que c'est le psychologique qui est à la base de l'éducation parce que les « instincts et les pouvoirs » de l'enfant doivent constituer le point de départ d'une pratique défendable ; il a cependant explicité le fait qu'« aucun ne peut être subordonné à l'autre sans que ne s'ensuivent des résultats néfastes ». Dewey comme Lipman considèrent que les dimensions psychologiques et sociologiques de l'existence humaine sont organiquement entrelacées. L'éducation ne peut jamais devenir un compromis entre les deux, car l'individu est toujours un individu social et la société une union organique d'individus. Selon Dewey, « si l'on élimine de l'enfant le facteur social, on ne se trouve que devant une abstraction ; si l'on élimine de la société le facteur individuel, on ne reste qu'avec une masse inerte, sans vie ».

Un premier thème sociopsychologique rencontré dans *Mark, Recherche sociale* [1], se rapporte au fait que la réflexion d'un individu et ses comportements extérieurs sont capables, soit de se conformer aux normes du groupe social, soit d'en dévier. Ce dualisme implicite entre conformité et culture de son propre individualisme est traité à plusieurs reprises dans l'ouvrage. Le but semble en être que les élèves puissent réfléchir de manière critique à la nature et à l'admissibilité d'un comportement social anormal, personnel, excentrique, non conformiste. Les questions liées à ce thème ne requièrent toutefois pas de réponses exclusivement psychologiques ; elles visent à incorporer des causes extra individuelles aux comportements aussi bien conformistes qu'anticonformistes. Ce qui place Lipman dans la tradition de sociologues comme Émile Durkheim. Lipman tend ici à mêler psychologie et sociologie, en minimisant la théorie psychologique ou sociologique dans sa forme « pure » ou même à ne pas la prendre en compte.

De loin plus importante pour Lipman est la place centrale qu'il donne au déroulement de l'éternelle discussion à propos de la nature humaine qui fait partie de la tradition philosophique, ainsi qu'à la relation entre la notion occidentale de nature humaine et les diverses philosophies sociales et politiques. Il prétend que la manière dont les élèves répondront à ces questions fondamentales influencera leurs idées sur eux-mêmes, sur les autres, sur la société envisagée comme un tout. Dans l'idée directrice 13 du chapitre VII du manuel, il offre une interprétation schématique pour ce problème et il suggère que la nature humaine est faite de deux parts : d'un côté, tous les besoins nécessaires et universels de chacun des membres de l'espèce ; de l'autre, la multitude de façons dont les gens expriment ces besoins. Par cette formulation, il offre à la communauté de recherche une

1. M. Lipman, *Mark*, Institute for the Advancement of Philosophy for Children, Montclair State College, Upper Montclair, N.J., 1980 ; trad. fr. N. Decostre, *Mark, Recherche sociale*, Peter Lang, Éd. Scientifiques Internationales, 2009, *op. cit.*

approche holistique du problème, sans tenir compte des positions de principe de philosophes comme Hobbes, Stirner ou Rousseau.

À propos du thème concernant les émotions, *Mark, Recherche sociale* favorise clairement le point de vue symbolicointeractionniste, pour lequel l'empathie – qui ne peut exister qu'en se plaçant du point de vue ou dans la position de l'autre – est considérée comme la base du self-control individuel. La capacité d'objectivation, décrite par Lipman comme nécessaire, n'est, d'un point de vue symbolicointeractionniste, quasiment rien d'autre que la capacité de poursuivre une conversation intérieure et de se considérer par là comme un individu social. Ces capacités peuvent se perfectionner si l'on joue en connaissance de cause le rôle d'une autre personne, réelle ou imaginaire, ou celui de l'autre en général. Le résultat, c'est une disposition à l'autocritique, conduisant à une plus grande capacité d'autorégulation.

À un niveau plus large, on a pu dire que le noyau de la méthodologie de *Philosophie pour Enfants* est en elle-même symbolicointeractionniste. Les histoires s'efforcent de refléter les expériences de vie réelle des groupes concernés. Pour Lipman, un discours à la troisième personne représente pour les enfants la voix extérieure, la voix de celui ou celle qui sait tout et qui prévoit tout, c'est-à-dire de l'adulte. La première personne représente la voix intérieure, une voix qui est celle du jeune lui-même. Dès que la voix extérieure devient la première, la légitime, les élèves se mettent à douter du statut de la voix intérieure, qui devient celle de la déviance, de l'individualité sans légitimité. C'est la raison pour laquelle, en créant des textes philosophiques pour les enfants, « on ferait bien », dit-il, « de commencer par la première personne et glisser vers la troisième personne un peu avant de passer de la forme narrative à la forme expositive. Le début de ce que Piaget appelle le « stade formel opérationnel » est à peu près le moment de passer de la première à la troisième personne ».

En relation également avec le sujet de la socialisation et de la croissance de l'identité, nous trouvons un schème d'interprétation dans le manuel (idée directrice 15 du chapitre III) proposant une visualisation sous forme d'une toile d'araignée de la relation entre les individus et l'ensemble dont ils constituent une partie, et comment cela détermine leur identité. Cette vision de l'identité sociale des gens est utilisée en sociologie ainsi que dans d'autres disciplines scientifiques, dans ce qu'on appelle des études de réseaux. Ce qui peut s'interpréter comme une modernisation de la manière traditionnelle dont les sciences sociales ont tenté de systématiser le monde de l'expérience individuelle, notamment en partant du noyau familial vers la famille étendue, vers le groupe, l'organisation, l'institution, la société et la culture. Plus on s'écarte du noyau, moins les relations deviennent personnelles. On peut suivre dans la plupart des exercices adéquats du manuel cette vision quelque peu trop abstraite. Lipman propose également la théorie symbolique interactionniste revue de George Herbert Mead sur le développement du moi, et bien qu'il déclare qu'il ne sert à rien de présenter de telles théories aux enfants, elles peuvent être incorporées par les plans de discussion dans les dialogues de la communauté. D'autres approches de la structure et de l'émergence de l'identité devraient prendre en compte la théorie psychanalytique freudienne, l'approche behavioriste de Watson, ou encore l'analyse phénoménologique d'Erikson.

Comme cela a déjà été suggéré par l'interprétation par le réseau, cet ouvrage est attentif à la fois aux entités plus petites et plus grandes. Peut-être un des thèmes majeurs est-il le concept de *société*. Et pourtant, il n'y est pas exploré profondément ni systématiquement. Ce que Lipman justifie en disant qu'« un programme d'études sociales ne peut traiter de manière exhaustive un sujet aussi vaste que celui de société »[1]. Dans presque chaque contexte où il en est question, le concept de société est traité comme « fait social ». Interprétation que Lipman défend en disant qu'« il est fort important d'amener les jeunes à concevoir qu'il existe des choses qui sont des faits, même si on ne les perçoit pas comme tels. Vous pouvez les amener à reconnaître qu'il y a des familles en plus du fait que ces familles se composent d'individus et, qu'à l'école, il y a des classes en plus du fait qu'il y a des individus qui en font partie. Ainsi, les élèves devraient être à même d'envisager la possibilité que des tribus, clans, pays et sociétés constituent des faits non moins réels que les membres qui les composent »[2]. Ce faisant, il s'engage dans l'optique traditionnellement reliée à la sociologie de Durkheim. Ce dernier insistait pour que, dans l'étude de la société, l'on évite toute tendance réductionniste et qu'on interprète tous les phénomènes sociaux *sui generis*. Ce qui signifie que le point d'intérêt devrait être les déterminants structurels de la vie sociale humaine. Pour Durkheim, les phénomènes sociaux ne sont pas explicables en termes d'analyse individuelle ou comportementale parce que ce sont des faits sociaux décrits par lui comme « … tout mode d'action, fixe ou pas, capable d'exercer sur l'individu une contrainte extérieure ». Ils possèdent des traits distinctifs qui, non seulement sont extérieurs à chaque entité biologique, mais qui écrasent la temporalité de tout individu particulier. C'est pour cette raison qu'ils ont le pouvoir qu'ils ont de se renforcer sur des individus

1. M. Lipman, *Mark, Recherche sociale*, *op. cit.*, p. 28.
2. *Ibid.*, p. 110.

au moyen de lois et d'habitudes et de canaliser les besoins et tendances de chaque personne.

Le schème de Durkheim d'interprétation de la société revient souvent dans les exercices du manuel. Il entre dans les cinq thèmes sociologiques qui caractérisent *Mark* et que j'ai identifiés comme (i) la division du travail, (ii) l'évolution de communauté à celle de société (*Gemeinschaft* à *Gesellshaft*), (iii) les institutions et organisations, (iv) l'anomie et la déviance et (v) la stratification sociale. Si l'on veut adapter cet ouvrage à une base théorique moins univoque, la pensée d'Habermas peut être utile. Jusqu'en 1970, on peut détecter clairement une similitude de caractère historico-sociologique de Durkheim dans l'œuvre d'Habermas, mais dans les années 80, elle a pris une tournure clairement intersubjective, comme on le voit dans sa préoccupation pour la théorie de la communication. Alors que *Mark* critique cette tournure, il serait intéressant d'incorporer certains aspects de sa théorie des systèmes et de vie globale, vu l'insistance qu'il met sur la phénoménologie et sur l'éthique des relations intersubjectives.

Finalement, quatre thèmes psychologiques et sociologiques jouent un rôle relativement mineur dans *Mark, Recherche sociale.* Les voici :

- Culture et traditions, où est cruciale la notion d' universaux culturels développée par Clifford Geertz.
- Étude et éducation, dans laquelle l'influence de Dewey est à nouveau frappante. Des éléments de sa « nouvelle pédagogie » apparaissent fréquemment dans des exercices comme alternative à une éducation conservatrice.
- Le problème de surpopulation.
- Discussions à propos de la méthodologie des sciences sociales.

Thèmes politiques et juridiques

Le but des exercices centrés sur des thèmes politiques et juridiques semble être de faire de manière philosophique une recherche à propos des aspects conceptuels aussi bien que concrets de différentes formes de pouvoir ou de gouvernement. La plupart des sujets concernent les traits caractéristiques de toutes les structures politiques – des États totalitaires aux États communistes, des néo-libéraux aux sociaux-démocrates –, c'est-à-dire la loi, l'administration, l'endoctrinement, etc. C'est la raison pour laquelle je ne me suis pas concentré que sur des éléments propres aux USA, même si ces traits sont souvent très éclairants pour illustrer le propos.

Le manuel comporte des plans schématiques des structures législatives, exécutives et judiciaires américaines[1]. Si ces exercices peuvent se révéler très utiles pour susciter en Amérique du Nord le dialogue philosophique, il ne faut toutefois pas les interpréter comme la base des éléments politiques et juridiques contenus dans *Mark*. Lipman lui-même, dans sa critique de l'insistance mise dans les études sociales sur les mécanismes de la démocratie américaine, s'exprime ainsi :

> (...) on présume généralement que les jeunes sont familiers avec les réponses à ces questions et l'on s'imagine qu'aucun mal ne pourra être fait si l'on passe directement à l'étude des mécanismes du processus démocratique. Or, si l'on n'envisage pas les problèmes sous-jacents au contexte de compréhension de matières spécifiques factuelles, il y a des chances pour qu'ils comprennent ou interprètent mal l'information.(p. 25)

L'ouvrage traite de deux formes politiques très importantes qui ne sont pas présentes dans tous les systèmes gouvernementaux : la démocratie et le constitutionnalisme. Dans le cadre de son analyse comparative des structures politiques, Jean Blondel (1900) met l'accent sur la fonctionnalité universelle des systèmes gouvernementaux. Pour lui, la raison essentielle de l'existence de tout ordre politique, c'est l'élaboration et l'instrumentalisation de décisions nécessaires au fonctionnement de la société, et ces décisions tournent autour du transfert ou de l'attribution de valeurs. Il soutient qu'un système n'existe que pour transmettre certaines valeurs, non que ces valeurs doivent être allouées à d'autres, mais tout simplement parce qu'elles sont nécessaires à la viabilité de la société. Blondel considère que loi et bureaucratie sont des traits de tout système de gouvernement, tout comme l'est le phénomène d'institutionnalisation. Quant au constitutionnalisme et à la démocratie, parfois interactifs, ce sont deux résultats historiques particuliers du processus d'attribution de valeurs, et ils ne sont pas applicables à toute forme de gouvernement.

En ce qui concerne la notion de « démocratie », Lipman propose aux enseignants les pistes que voici : au cours de l'Histoire, s'est développée la conviction que les gens auxquels l'autorité a été confiée portent la responsabilité de ceux qui ont abdiqué de leur pouvoir en leur faveur. Une seconde conviction, c'est que la capacité d'exercer son raisonnement en matière politique est inhérente à tous les citoyens. C'est pourquoi on peut arriver à un consensus qui soit la voie à suivre la plus fiable pour une

1. Dans la traduction française, je me suis écartée de ces réalités américaines pour suggérer aux enseignants une recherche sur leur propre pays. (N.D.T.)

société. En même temps, les démocraties reconnaissent le pouvoir du droit : il n'est permis à personne, quelle que soit sa position sociale ou politique, de se mettre au-dessus de la loi. Le droit tire sa force de l'idée que dans toute démocratie, qu'elle soit directe ou représentative, l'autorité émane du consentement des citoyens et qu'elle s'exerce toujours en vue de l'intérêt général. Et Lipman poursuit en disant que la politologie distingue toutefois deux sortes de théories concernant les systèmes gouvernementaux et sociaux. D'une part, des conceptualisations normatives où sont proposées des théories décrivant la manière dont devrait être organisé le gouvernement, c'est-à-dire ce qu'il devrait faire et ce qu'il ne devrait pas faire. Ces théories se fondent sur des systèmes de normes et de convictions élaborés idéologiquement. Et d'autre part, des théories empiriques qui examinent la manière dont fonctionne le gouvernement dans la réalité, quelles que soient ses déclarations normatives. L'approche adoptée dans *Mark, Recherche sociale* peut être qualifiée de normative, même si aucune théorie explicite n'y est mise à l'avant-plan. Le but poursuivi par l'exercice concernant le gouvernement, c'est de rechercher les critères majeurs d'un « bon » système démocratique. Shéa, en 1987, définit le concept de « démocratie » comme « l'égalité entre les citoyens dans chacun de ces quatre domaines : gouvernance, libertés civiles, droits civils et économiques », domaines qui sont couverts dans le manuel de façon telle que la communauté de recherche soit encouragée à réfléchir de manière critique à ces principes démocratiques.

La notion de « constitutionnalisme » n'est pas universellement présente dans tous les systèmes gouvernementaux ou sociétaux. Elle pourrait même ne pas constituer un critère important de démocratie : le Royaume-Uni n'a pas de Constitution écrite. Ce qui a poussé Lipman à inclure une série d'exercices sous l'idée directrice 16 du chapitre II « Les démocraties possèdent-elles toutes une Constitution ?[1] ». Et il a intitulé ainsi l'exercice 37 : « Toutes les démocraties possèdent-elles une Constitution et sont-elles les seules à en posséder ? » Cet exercice vise à engager les élèves dans une recherche comparative à propos du rôle du constitutionnalisme dans des systèmes gouvernementaux différents afin qu'ils puissent examiner à fond la relation entre démocratie et constitutionnalisme. Même si certains thèmes développés dans ce chapitre sur l'exploration philosophique du constitutionnalisme sont facilement transposables à des situations politiques d'Europe occidentale, le traitement par Lipman de ce sujet me paraît

1. M. Lipman, *Mark, op. cit.*, p. 129-130.

trop typique de la situation américaine[1]. Cependant, n'oublions pas que son but est surtout le développement chez les élèves de compétences comparatives et évaluatives.

Parmi les autres sujets politiques et juridiques traités dans *Mark, Recherche sociale* on trouve la loi, le concept d'« État », l'administration, les relations internationales, le lavage de cerveau, l'endoctrinement, etc. Il m'a été difficile, voire impossible, de détecter une quelconque idée préconçue, dans les exercices à propos de ces thèmes notamment. Je pense que c'est dû à la manière dont ils sont construits. La majorité d'entre eux tournent autour de deux positions majeures dans l'histoire de la philosophie occidentale. La plupart des exercices à propos de la loi, par exemple, ont un rapport avec la distinction entre la tradition de loi naturelle (*cf.* notamment Thomas Hobbes) et la tradition juridique positiviste pour laquelle les droits n'ont été reconnus qu'avec le progrès des sociétés démocratiques, une fois qu'ils ont eu prouvé leur utilité et qu'ils ont été reconnus comme profitables à la société.

Thèmes éthiques

C'est surtout en fin de volume que l'on rencontre ces thèmes éthiques, aux chapitres VII et VIII. En tant que tels, ils constituent le point final de tout le programme de *Philosophie pour Enfants*. C'est que la plupart des thèmes ont, d'une façon ou d'une autre, déjà fait l'objet de recherche dans les ouvrages précédents du programme, particulièrement dans *La Découverte d'Harry Stottlemeier* et dans *Lisa, Ethical Inquiry*. Dans *Mark, Recherche sociale*, je distingue quatre thèmes éthiques majeurs : les concepts de volonté, de responsabilité sociale, de justice, de liberté. Mon but n'est pas de rapporter de manière précise les multiples controverses que ces thèmes ont engendrées dans l'histoire de l'éthique du monde occidental. Je souhaite simplement relever les cadres conceptuels et les discours caractéristiques identifiés dans la tradition par Lipman. L'influence de John Rawls est clairement présente dans le traitement qu'il fait du concept de justice. Les arguments proposés par Rawls dans *A Theory of Justice*[2] sont fréquemment suivis fidèlement, voire littéralement, dans les plans de discussion et les exercices du manuel. L'idée directrice 8 du chapitre VIII, « Justice et équité » (p. 393) cherche à explorer la notion

1. *Cf.* note p. 220. (N.D.T.)

2. J. Rawls, *A Theory of Justice*, New York, Oxford University Press Inc., 1971 ; trad. fr. C. Audard, *Théorie de la Justice*, Paris, Seuil, 1997.

d'équité comme critère de définition de la justice, ce qui est également la notion centrale de Rawls. L'idée directrice 10 du même chapitre (p. 399-400), « L'équité consiste-t-elle à traiter tout le monde de la même manière ? » envisage le premier principe de justice chez Rawls, la notion d'égalité. Quant aux exercices de l'idée directrice 11, « L'injustice, l'inégalité des chances » (p. 401-402), ils sont centrés sur le second principe. Je ne veux pas faire croire que Lipman n'aurait fait qu'importer la théorie de la justice de Rawls dans *Mark*, mais il est clair que l'analogie de l'approche qu'il emprunte influencera, dans la recherche des élèves, le cadre conceptuel et le vocabulaire. On peut dès lors se demander jusqu'où la discussion des utilisateurs de *Mark* (aussi bien que des autres ouvrages du programme) peut ou doit être influencée par des plans de discussion et des exercices si profondément ancrés dans une tradition éthique. Étant donné que les plans sont conçus pour promouvoir une recherche dialogique ouverte à partir de l'expérience vécue des élèves, la possibilité d'influence d'une tradition donnée est limitée si ces plans sont utilisés à bon escient. Mais d'autre part, alors que le but de la *Philosophie pour Enfants* n'est certainement pas l'endoctrinement dans une tradition ou un discours particulier, le choix même des mots dans un exercice donné – ou l'absence d'exercices offrant d'autres points de vue – pourrait limiter la recherche.

CONCLUSION

La phrase écrite par Ronald Reed en 1991, « ... il serait intéressant de voir un Harry Stottlemeier hégélien » soulève un fait un peu inconfortable : le matériel original du programme de *Philosophie pour Enfants* est quasiment l'œuvre d'une seule personne, qui reste fidèle à une tradition philosophique particulière, qui, à son tour, est propre à une culture historique particulière, la culture anglo-saxonne. L'analyse que j'ai faite m'amène aux conclusions concernant les sources philosophiques de *Mark, Recherche sociale*. Dans le champ de l'épistémologie, la principale tendance qui se révèle dans le manuel est une analyse logico-linguistique de penseurs comme Wittgenstein et Russell. Les thèmes psychologiques et sociologiques doivent beaucoup à l'approche structuro-fonctionnaliste dont Durkheim est un exemple et qui insiste sur l'exploration scientifique de faits sociaux, psychologiques et sociologiques. Dans le domaine politique et juridique, ainsi que dans le domaine éthique, on détecte l'influence prédominante de penseurs du contrat social, Jean-Jacques Rousseau et Locke, jusqu'à la vision politico-constructiviste de Rawls. En général, l'approche, typiquement anglo-américaine, est différente de ce que serait une approche européenne. Par l'insistance mise dans ce programme sur la méthode scientifique et sur l'analyse du langage, les élèves reçoivent une vision unidimensionnelle de la philosophie, ce qui est particulièrement patent dans l'ouvrage sociologique, politique et éthique que constitue *Mark, Recherche sociale*. Comme l'a relevé Reed, « Aussi bon que soit ce matériel et aussi explicite que soit la volonté d'éviter d'écrire à partir d'une école particulière de philosophie, il y a presque inévitablement une sorte de caractère unique à la *Philosophie pour Enfants* : Lipman n'est ni un existentialiste, ni un phénoménologiste, ni un positiviste… »

En effet, où trouver des traces de tradition européenne ? Le discours phénoménologique de Husserl, Heidegger ou Merleau-Ponty semble en être absent. La tradition existentialiste de Sartre ou de Kierkegaard n'est pas représentée, ainsi que les traditions structuralistes ou poststructuralistes de Foucault ou Derrida. La tradition herméneutique de Dilthey ou de Gadamer en est absente. Il n'y a pas (ou peu) de traces de la tradition marxiste ou néo-marxiste de l'École de Francfort et d'Habermas. Comment pourrait-on dès lors adapter ou transformer ce matériel au contexte flamand ou d'Europe occidentale ?

Certains auteurs vont plus loin dans leur critique. Ekkehard Martens, professeur de philosophie à l'Université de Hambourg, plaide en faveur d'une approche plus holistique des principes et de la pratique de la philosophie avec les enfants : « N'ai-je pas toujours dit de la philosophie occidentale qu'elle a laissé de côté le bouddhisme, le confucianisme et le Zen japonais ? Peut-on réellement pratiquer la *Philosophie pour Enfants* à un niveau international sans philosophie orientale ou autre ?…, c'est-à-dire si nous ne voulons pas réduire le raisonnement des enfants à une pensée calculatrice et instrumentalisée ». Quant à Karin Murris, philosophe engagée dans la formation d'enseignants pratiquant la *Philosophie pour Enfants*, c'est d'un point de vue plus pratique qu'elle émet sa critique : pour elle, le programme a peu de chances de survivre, à moins qu'il se mette sérieusement à examiner ses propres affirmations et ses présupposés. Pour elle, le contenu et la méthodologie du programme sont pris entre deux contextes historiques, le moderniste et le postmoderniste. Tant que le postmodernisme, qui se concentre sur la crise de la rationalité et sur le sujet rationnel, n'est pas introduit dans le matériel de *Philosophie pour Enfants*, il ne réalisera pas les potentialités que représente sa méthodologie.

Dans mon analyse de *Mark, Recherche sociale*, j'ai essayé d'envisager ces critiques avec sérieux. Il semble clair que si l'on veut traduire ou adapter ce matériel pour des écoles et des situations d'Europe occidentale, il est d'une importance majeure, non seulement de reconnaître le caractère anglo-américain de *Mark*, mais aussi d'éliminer quelques-unes des restrictions philosophiques qu'il contient en incorporant – c'est bien le moins – les différentes traditions occidentales, dans le récit comme dans le manuel. De tels changements ne constitueraient pas un progrès pour ce volume seulement, mais pour tout le programme de *Philosophie pour Enfants* et ils constitueraient une approche plus judicieuse et plus ouverte de la philosophie en général.

Sven COPPENS
Résumé de sa dissertation présentée à l'Université de Gand
pour l'obtention du certificat en Sciences morales
Article paru dans *Thinking,*
The Journal of Philosophy for Children, vol.14, N° 3, p. 37-43.
Traduit par Nicole Decostre

LE DIALOGUE PHILOSOPHIQUE

Une trouvaille décisive et profondément novatrice de Matthew Lipman, fondateur aux États-Unis du programme de *Philosophie pour Enfants* dans les années soixante, c'est d'avoir mis l'accent sur le fait qu'il faut amener très tôt l'enfant à penser philosophiquement, car il en est capable. Son objectif a d'abord visé les enfants de onze à treize ans, avant de s'étendre aux plus jeunes ainsi qu'aux plus âgés, pour finir par constituer un programme complet et solidement charpenté, destiné à faire de la philosophie de trois à dix-huit ans.

C'était là un objectif totalement novateur pour les philosophes qui conçoivent habituellement la philosophie comme une activité à laquelle on ne peut se livrer avant la fin de l'adolescence. Ce l'était également pour les psychopédagogues, surtout, qu'à l'époque, la diffusion de la psychologie évolutive de Piaget gardait le raisonnement de l'enfant très éloigné de la pensée abstraite propre à la philosophie. Enfin, c'était là une proposition étrange pour les professeurs : leur formation initiale comportait très peu de philosophie et nulle part dans le monde anglo-saxon n'avait existé de tradition de la philosophie comme discipline académique dans l'enseignement primaire ou secondaire ; dans le monde de tradition latine au sens large, existait une tradition visant à ne permettre l'accès au baccalauréat qu'à une minorité sociale privilégiée du point de vue académique. Les résistances à ce projet de Lipman furent peu à peu surmontées jusqu'à ce qu'il conquière une ample acceptation dans le monde entier, grâce au grand nombre de personnes impliquées dans une grande variété d'expériences éducatives, de nouveaux matériels, et grâce à une vaste recherche précise sur l'impact éducatif de l'application du dialogue philosophique dans des contextes variés d'apprentissage.

La proposition de faire de la philosophie constituait le nœud du programme grâce auquel Lipman prétendait faire face à une exigence éducative qui, si elle était urgente aux États-Unis dans cette septième décennie du siècle passé, l'était tout autant dans notre pays comme partout ailleurs. L'objectif présent dans tous les modules du programme et partagé par un grand nombre de gens, c'était d'enseigner aux enfants une pensée critique, créative et également solidaire ou vigilante. L'originalité de ce projet réside dans le pari de considérer la philosophie comme la discipline pouvant le mieux contribuer à cet objectif général. Une première justification du choix de la philosophie comme fil conducteur de cet apprentissage, c'était la conviction que la meilleure façon d'apprendre à penser consiste à réaliser une activité que l'on peut qualifier de métacognitive : si nous voulons que nos élèves pensent plus et mieux, invitons-les à se forger leurs idées personnelles. À cet effet, suscitons chez eux une attitude réflexive qui les amène à porter leur attention sur leurs propres processus mentaux, c'est-à-dire sur ceux qui sont en relation avec le raisonnement et l'argumentation, sans pour autant négliger l'affectif. Il fallait pour cela ouvrir dans le curriculum un espace et un moment spécialement dédiés à la réflexion délibérative. C'était déjà une des préoccupations de la tradition philosophique occidentale dès ses origines grecques anciennes. Si l'on se souvient de l'apport décisif de Socrate, le dialogue philosophique est non seulement le recours essentiel pour la réflexion philosophique, mais on peut en outre l'inclure à la philosophie, considérée avant tout comme une activité à part entière. On essayait, par conséquent, d'utiliser dans un sens plus strictement formel que pragmatique et également plus rhétorique la solidité traditionnelle dont elle avait fait preuve dans son étude de l'art de penser bien. D'autre part, si nous allons au-delà de l'activité pure et que nous nous centrons sur les contenus ou les thèmes qui lui sont propres, nous voyons qu'elle consacre une grande part de son activité, si pas l'entièreté, à quelques concepts très généraux qui sont présents dans toutes et dans chacune des disciplines, concepts qui constituent en quelque sorte les principes les plus profonds et les plus fondamentaux sur lesquels s'appuient ces disciplines.

Nous nous trouvons ainsi devant un programme qui propose de faire de la philosophie dès l'âge de trois ans. Dans sa formulation optimale, il considère qu'il faut le faire chaque année de la scolarisation obligatoire, deux fois par semaine si possible. Il propose en outre à toutes les disciplines d'enseignement de dédier, elles aussi, un moment de l'horaire qui leur est imparti à favoriser chez leurs élèves une compréhension plus profonde et plus claire des principaux concepts de base qui se rencontrent au cœur de chacune d'elles. Le dialogue philosophique comme fil conducteur des activités qui se déroulent dans la classe, et la communauté de recherche comme modèle permanent d'organisation, constituent le cœur du projet. Cependant, il n'est pas simple de présenter une description rigoureuse de ce qui caractérise un dialogue philosophique. Si beaucoup de gens défendent actuellement l'idée qu'il faut davantage de dialogues vrais en classe, cela constitue indéniablement un soutien et fait l'objet d'une importante bibliographie. On ne peut toutefois affirmer que ce qui est proposé constitue un type spécifique de dialogue que l'on peut qualifier de philosophique. Une telle clarification s'impose, non seulement pour mieux orienter la tâche de l'enseignant, mais également pour offrir une certaine normativité permettant de déterminer quand on fait de la philosophie et quand on fait autre chose. Ce qui suit prétend répondre à cette question ; c'est-à-dire que, partant de l'air de famille qui caractérise la réflexion philosophique occidentale, je vais tenter d'exposer ces caractères distinctifs.

Commençons par envisager quels sont les thèmes que traite la philosophie. Il est certain que si l'on peut traiter philosophiquement n'importe quel thème (c'est ainsi qu'on peut parler de la philosophie d'une équipe ou de la philosophie d'entreprise), certains sont majoritairement présents. Fondamentalement, la philosophie aborde la réflexion sur des concepts de caractère très général, par exemple ceux de vérité, de réalité, de bien, de justice, de croyance, d'idées, et bien d'autres encore. Il s'agit de concepts qui apparaissent de manière constante dans nos conversations et que nous manions généralement avec désinvolture ; nos interlocuteurs ne se rendent même pas compte que nous les utilisons et il ne nous est dès lors jamais facile de les définir avec précision. Il s'agit pourtant de concepts qui nous sont communs à tous et qui occupent une place centrale dans notre réflexion. Ce sont en outre des concepts discutables sur lesquels il arrive fréquemment que, même si nous faisons l'effort de nous entendre, nous n'arrivons pas à nous mettre d'accord. Prenons, par exemple, une question d'enfant telle que celle-ci : « Maman, pourquoi les mamans ne disent-elles pas toujours la vérité? » Question aussi claire qu'embarrassante, surtout pour la mère à qui elle est posée qui, comme nous d'ailleurs, l'a parfaitement comprise. En fait, ce que l'enfant a voulu dire, c'est que : (a) il est clair pour lui que les mères ont des obligations qu'elles doivent remplir et qu'il a pleinement confiance dans l'idée que sa mère les remplira ; (b) il a décelé qu'elles ne les remplissent pas toujours, ce qui le rend pour le moins perplexe ; (c) il est parfaitement capable de distinguer le concept de vérité de son contraire, le mensonge, qu'il peut en outre distinguer d'une erreur ou d'une équivoque. Dès lors, il est bon de profiter d'une telle occasion pour explorer avec davantage de rigueur ces concepts aussi quotidiens que profonds et difficiles et qui sont, dans cet exemple, ceux de « devoir », « mère »; « vérité », « mensonge » ou « falsification ». Il est certain que cela contribuera à améliorer les compétences et habiletés de l'enfant et, en même temps, celles de l'adulte qui entre en dialogue avec lui pour affronter des thèmes cruciaux pour lesquels il n'existe aucune réponse définitive, et pas davantage de réponse également satisfaisante pour tous les interlocuteurs.

Cet exemple montre manifestement qu'il s'agit de concepts que nous avons l'habitude d'utiliser comme acquis dans la vie quotidienne ainsi que dans les diverses disciplines, sans prendre la peine de nous y arrêter pour y réfléchir, alors qu'ils occupent une place centrale et cruciale parce que c'est d'eux que dépendent en grande partie la compréhension et la signification de ce qu'on pense, de ce qu'on dit ou de ce qu'on lit et, bien sûr, de tout ce qu'on fait. Quand on dit, par exemple, que c'est la pure vérité, ou qu'on utilise l'expression : « La réalité dépasse la fiction », on utilise deux concepts fondamentaux, ceux de « vérité » et de « réalité » qui sont loin d'avoir une signification claire et partagée par tous, à moins qu'ils aient fait l'objet d'une recherche à leur propos. Le concept de temps, couramment manié dans le domaine historique sans que l'on se pose de questions, comme celui de causalité l'est en science et celui d'infini en mathématiques, donnent lieu, dès qu'on se met à rechercher leurs fondements, à d'importants débats philosophiques approfondis et nuancés, que ce soit en philosophie de l'Histoire, en philosophie des sciences ou des mathématiques. C'est peut-être par là que, de communs et généraux, ils se transforment en concepts spécifiques dès qu'ils sont bien utilisés par tous, à quelque niveau que ce soit. Outre qu'ils sont essentiels, ces concepts, même discutés, gardent un degré élevé d'abstraction et de difficulté qui fait qu'y réfléchir, essayer de mieux les comprendre et de mieux les utiliser reste une tâche cognitive très exigeante.

C'est bien de relever des thèmes spécifiques, mais peut-être est-il plus important d'exposer comment en discuter philosophiquement. S'en rapproche la proposition de José Antonio Marina, qui a récemment prôné la nécessité d'inclure dans l'enseignement la compétence philosophique. Il le dit clairement et avec conviction : « Alors que nos étudiants vont capter des messages contradictoires, il est nécessaire qu'ils aient des idées claires de la réalité, de leur place dans le monde. Ils doivent pouvoir penser, sélectionner l'information et avoir sur tout cela un regard critique s'ils veulent être libres. C'est un problème sérieux parce que nos adolescents ont besoin de structures mentales, affectives et éthiques leur permettant de s'orienter dans la réflexion et dans la réalité »[1]. Pour la même raison, l'introduction du dialogue philosophique pourrait offrir une base impor-

1. J. A. Marina, « La Actitud filosofica como novena competencia », *Aprender a pensar*, Centro de Estudios sobre Inovacion y Dinamicas educativas, Madrid, juin 2009.

tante à l'effort visant à rendre l'éducation plus solide. S'il est certain que les philosophes n'arriveront jamais à se mettre tous d'accord sur les traits fondamentaux de la réflexion philosophique, il est tout aussi certain qu'ils possèdent tous un air de famille qui nous permet, selon la proposition de Thecla Rondhuis.[1], d'en relever trois. En premier lieu, il s'agit d'une réflexion qui fait preuve d'une évidente capacité d'analyse et de raisonnement ; deuxièmement, c'est une réflexion qui montre une préférence particulière pour la discussion sur des concepts ou des thèmes ambigus, vagues, incertains, limites… ; et enfin, on élabore et on utilise de grands cadres de référence que nous pourrions aussi appeler conceptions du monde, en établissant des liens entre théorie et pratique ou entre les expériences de la vie réelle.

Je vais exposer maintenant ce que l'on peut considérer comme une méta-activité. C'est-à-dire que notre relation au monde qui nous entoure est directe dans une certaine mesure, du fait que nous interagissons constamment avec ce monde, avec la matière, avec les objets, avec le monde vivant (animaux et plantes), avec la société (les autres gens, les institutions, les pratiques culturelles). Et depuis la plus tendre enfance, pour pouvoir maintenir cette relation, nous élaborons des hypothèses et des théories qui orientent notre activité et que nous sommes disposés à réviser sans cesse dans la mesure où nous n'atteignons pas les objectifs que nous nous sommes fixés. Ainsi, la philosophie se situerait en tant que réflexion de caractère plus général et plus abstrait permettant d'analyser de manière critique ces théories, d'établir entre elles des relations afin d'obtenir une vue d'ensemble, une conception du monde, de nous-mêmes et des autres êtres humains.

Telle que je viens de la présenter, la philosophie est loin de pouvoir se caractériser comme une activité très spéculative, à l'écart de la vie de tous les jours. Ce que j'ai au contraire essayé de mettre en évidence, c'est son enracinement dans la vie quotidienne. C'est une réflexion à laquelle nous ne pouvons échapper, puisque c'est d'elle que dépendra ce que nous ferons ; en outre, nous ne devons pas l'éviter non plus afin de nous mettre à l'abri de désagréments futurs, car la qualité de ce que nous ferons et, par conséquent, celle de notre vie, dépendra en grande partie de la qualité de cette réflexion. Une capacité de réflexion philosophique bien aiguisée aide à éviter l'acceptation sans critique de préjugés, permet de manier les concepts avec une plus grande précision en évitant les ambiguïtés et les

1. T. Rondhuis, *Sociale Wetenschappen Proefschriften*, Utrecht, Utrecht University, 2005.

flous, aide à relier idées et concepts apparemment éloignés, permet de mieux utiliser les analogies, aide à unir les parties au tout de manière plus large que ce qu'on percevait au premier abord. C'est-à-dire qu'elle nous familiarise avec un ensemble de compétences et d'attitudes qui sont d'une grande valeur dans la vie.

Si nous remontons aux origines de la réflexion philosophique occidentale, nous pouvons rappeler les observations qu'a faites Aristote au début de sa *Métaphysique*. Selon lui, qui suit la tradition inaugurée par Thalès de Milet et poursuivie par les philosophes présocratiques, par les sophistes, ainsi que par Socrate et Platon, ses maîtres immédiats, les êtres humains cherchent à savoir, ont un une soif ardente et spécifique de connaître, avec une dimension purement théorique et une autre pratique. Nous sommes des êtres curieux, très curieux, et cette curiosité, à la différence de celle d'animaux les plus proches de nous, dure toute la vie. Stephen Jay Gould a attiré l'attention sur ce phénomène, le considérant comme un exemple clair de néoténie, qu'il explique entre autres choses par notre disposition à poursuivre notre apprentissage tout au long de notre vie, par-delà l'enfance et l'adolescence. Associé à la curiosité, Aristote a signalé l'étonnement comme autre attitude fondamentale de l'être humain, c'est-à-dire sa capacité à s'étonner de tout ce qui l'entoure, y compris de choses qui lui sont familières. Personne ne possède autant que les enfants cette double capacité de curiosité et d'étonnement que nourrit l'apprentissage permanent ; c'est d'elle que part la philosophie et c'est sur elle qu'elle élabore un sérieux et rigoureux processus de réflexion s'appuyant sur la capacité de chacun à raisonner de façon autonome. Dans la même ligne, Kant considérait qu'il y avait deux choses qui attiraient puissamment son attention, la voûte étoilée au-dessus de sa tête et la loi morale dans son cœur. C'est de là que son activité philosophique s'est orientée à chercher des réponses à ces trois questions : « Que pouvons-nous connaître ? », « Que devons-nous faire ? », « Que nous est-il permis d'espérer ? », résumées dans celle-ci : « Qu'est-ce qui caractérise l'être humain ? »

Il n'y a rien d'étrange à ce que la discussion de concepts philosophiques soit attrayante pour les enfants et les adultes, puisque qu'il s'agit des concepts centraux et généraux faisant partie de notre quotidien ; c'est en outre une discussion qui laisse libre cours à une attitude fondamentale de recherche. En même temps, cela suppose une force intellectuelle, puisque cela oblige à penser à ce qu'on dit et à le ressentir, tout en s'efforçant d'acquérir plus de rigueur et de précision. L'activité philosophique suscite par-là même certaines réticences, étant donné qu'elle tend fréquemment à mettre en doute notre conception du monde, nous obligeant à la justifier avec des arguments. Exprimer nos opinions quand cela se présente ne suffit pas. Il convient que nous puissions rendre compte de leurs fondements et justifier nos dires. Socrate, à qui nous devons peut-être le plus dans la configuration du dialogue philosophique comme pivot central de la philosophie, était conscient de l'attractivité et de la répulsion que provoquaient chez ses concitoyens ses questions et réflexions constantes. Un de ses interlocuteurs dans le dialogue *Ménon* comparait l'effet des questions philosophiques qu'il posait avec celui de la piqûre d'un poisson torpille. Dans le cadre d'une communauté de recherche philosophique, les personnes se sentent libres de pouvoir dire ce qu'elles pensent, ce qui les incite à participer toujours davantage parce qu'elle savent que leurs opinions seront prises sérieusement en considération ; elles savent bien sûr aussi que leurs interlocuteurs, notamment celui ou celle qui joue le rôle de facilitateur de la discussion, les amèneront à poser de nouvelles questions destinées à clarifier le sens de ce qui s'est dit et à exiger une justification argumentée de leurs opinions. Ce qui n'est pas toujours agréable, ainsi que le montre l'analogie avec le poisson torpille. À ce propos, un de mes étudiants a parfaitement synthétisé cette réticence ; à une question à propos du thème dont nous discutions, celui de l'identité de la personne, sa réponse fut claire et nette : « Je ne réponds pas parce qu'il me faudra à nouveau poser une autre question »[1]. Il ne désapprouvait pas la première question, mais il était quasiment certain qu'elle serait suivie d'une autre, plus compliquée et plus personnelle.

Il convient d'insister sur le caractère central des questions secondes, car ce sont elles qui sont marquées d'un caractère philosophique. Ce qui se passe habituellement en classe, c'est que le professeur pose à ses élèves des questions essentiellement destinées à vérifier leurs connaissances, c'est-à-dire à voir s'ils ont mémorisé le contenu essentiel de son cours en l'ayant compris et en lui ayant donné du sens. Lorsque l'enseignant(e) a posé une question à l'élève, il(elle) lui signale si sa réponse est correcte ou non. Ce n'est pas du tout ce qui se passe dans une discussion philosophique. Dans ce cas, une question est posée et, avant qu'une réponse soit donnée par un élève, se formule immédiatement une nouvelle question qui est sans doute beaucoup plus complexe que la précédente et grâce à laquelle on peut confirmer ou non ce qu'on sait. Ces questions secondes s'adressent à des problèmes de caractère général dans lesquelles est questionné le sens des concepts que nous manions ou la valeur de vérité des réponses que nous donnons. C'est ce qui se passe, pour donner un exemple, quand on se pose

1. F. G. Moriyon, *Pregunto, dialogo, aprendo. Como hacer filosofia en el aula*, Madrid, Ediciones de la Tarre, 2006.

des questions sur ce qu'est vraiment la vie ou quand nous prétendons chercher l'origine de l'Univers, ou qu'on se questionne sur le critère sur lequel nous baser pour décider qu'une affirmation donnée est vraie. À ces questions plus spécifiquement philosophiques, il faut également donner une réponse, même si la tâche est plus difficile. Ce sont celles qui concernent la réalité, avec ses traits fondamentaux d'unité, de vérité, de bonté ou de beauté ; celles qui rejoignent des problèmes quotidiens mais également très généraux et hautement discutables. Celles qui conduisent aux grandes questions kantiennes ou à la réflexion sur les fins, pour reprendre un terme d'Ortega y Grasset.

Cette question de fin est le type de question habituellement abordé dans une activité philosophique. Un exemple peut éclairer la différence. Si quelqu'un demande pourquoi le soleil est plus grand et plus rouge à son coucher, la réponse est relativement simple quand on la pose à des gens qui possèdent des notions de physique, concrètement à ceux qui connaissent la relation entre la lumière et sa propagation. Maintenant, si quelqu'un demande pourquoi le professeur de science dit que la terre tourne autour du soleil tandis que celui-ci reste immobile, alors que ce qu'on voit, c'est clairement le contraire, il ne s'agit pas simplement d'une question à laquelle on peut répondre en recourant à la science, même si, sans les connaissances scientifiques, il serait impossible d'y répondre. Il s'agit bien d'une question philosophique dans le sens qu'elle nécessite un éclaircissement sur le concept d'expérience et sur la valeur qu'on lui accorde dans les sciences dites expérimentales. La science affirme ce qui contredit notre expérience la plus claire et la plus immédiate : chaque jour, nous pouvons voir se lever et se coucher le soleil, tandis qu'aucune donnée de notre expérience n'avalise la thèse selon laquelle la terre bouge. C'est là que les philosophes posent une question épistémologique, qui est en même temps une question de métaphysique pure, au moins dans le sens que nous sommes en recherche à propos de la réalité qui nous entoure : en réalité, qu'est-ce qui bouge, est-ce la terre ou le soleil ? Notre connaissance se limite-t-elle à respecter les apparences ou à prétendre décrire le monde tel qu'il est dans la réalité ? Que signifie la « réalité » ?

La personne qui veut faire de la philosophie en classe avec ses élèves rompt dans un certain sens avec le modèle habituel d'enseignement, pas avec celui qui est défendu ici. Son activité centrale ne consiste plus vraiment à proposer des réponses puisque c'est essentiellement la responsabilité de chaque élève, tandis qu'elle-même pose les questions pertinentes et adéquates et exige des élèves des questions toujours plus rigoureuses aux réponses provisoires qui sont proposées. Parfois apparaissent dans le dialogue philosophique des questions comme celles-ci : Qu'est-ce qui te fait dire cela ? Comment le sais-tu ? Qu'est-ce qui te permet de le supposer ? Peux-tu nous donner la preuve de ce que tu dis ? Que cherches-tu à exprimer par là ? Quel est le sens de tes paroles ? Quelle conclusion devons-nous tirer de ce que tu viens de dire ? Sur quels faits bases-tu ton opinion ? Quelle autorité peux-tu citer pour appuyer ton point de vue ? Pourquoi considères-tu que cette personne a une quelconque autorité en la matière ? Quelle relation y a-t-il entre ce que nous disons et ce qu'a dit – ou ce que dit – cette autre personne ? Ce que tu viens de dire maintenant est-il cohérent avec ce que tu as dit précédemment ? Qu'est-ce qui découle de ce que tu viens de dire ?

Si l'on adopte un tel dialogue philosophique, s'ensuivra quelque chose de très important : si l'enseignant(e) qui a facilité ce dialogue se montre toujours plus tolérant(e) envers les opinions émises par ses élèves, sans refuser de n'en explorer aucune, il/elle se montre également tolérant(e) envers le processus de l'argumentation et exige que soient fournies de bonnes raisons, que les concepts soient utilisés avec précision, que des ambiguïtés soient évitées, qu'on ne s'enfonce pas dans des contradictions... Pour s'exprimer avec une métaphore courante dans le cadre du programme de *Philosophie pour Enfants*[1], le professeur garde une attitude de sphinx quand les élèves émettent une opinion, c'est-à-dire qu'il ne manifeste ni approbation ni désapprobation devant les idées pouvant souvent sembler étranges lorsqu'on questionne des vérités ou des valeurs présentées comme ayant du sens ; en même temps, il reste inflexible quand il s'agit d'évaluer la qualité argumentative de ce qui a été exposé. Alors, la charge de la preuve incombe à celui qui donne une opinion et il devient clair qu'en utilisant le critère de l'argumentation bien fondée, toutes les opinions n'ont pas la même valeur. Si le dialogue philosophique exige un respect profond à l'égard de tous ceux qui y participent, il n'exige pas le même respect pour des opinions non fondées ou émises précipitamment ou négligemment, sans rigueur ni précision. Dans le roman qui inaugure le programme de *Philosophie pour Enfants*, Lipman a introduit un chapitre dans lequel le professeur facilite une discussion à propos de l'exigence du salut au drapeau en début de la journée d'école aux États-Unis ; ce qui constitue un bel exemple de cette combinaison de profond respect pour les idées de ses élèves et pour la liberté qu'ils doivent avoir de les exprimer publiquement, et de l'exigence rigoureuse qu'ils argumentent bien ce qu'ils affirment.

1. M. Lipman, *Harry Stottelmeier's Discovery*, Montclair, IAPC, 1968 ; trad. fr. P. Belaval, *La découverte d'Harry Stottelmeier*, *op. cit.*

Retournons maintenant au nœud de la proposition socratique. L'apprentissage ne peut se faire que si l'on a admis au préalable son ignorance par une question posée. Celui qui croit avoir les réponses ne commence nullement un processus de recherche et se ferme le chemin pour apprendre ou pour accroître ses connaissances. Comme l'a bien signalé Walter Kohan dans son analyse de l'œuvre de Socrate[1], la position initiale clairement provocante de la philosophie, c'est d'admettre qu'on ne sait pas, d'inviter l'autre personne à renoncer à ce qu'elle croit déjà savoir et à retrouver la curiosité et l'étonnement originels par quoi il est possible de rechercher ensemble la vérité, tout en admettant la possibilité de ne jamais aboutir à une réponse définitive. En outre, le propre de ce processus consiste à passer dialectiquement du doute à la question et de là à une réponse ; cette dernière ne s'offre pas comme un point final, mais comme un moment d'arrêt provisoire qui, à son tour, va susciter de nouveaux doutes, de nouvelles interrogations, de nouvelles réponses. Au lieu de consister à apprendre les réponses correctes, l'enseignement est l'art d'apprendre à se poser des questions, donnant la priorité à l'attitude de recherche et au désir de poursuivre l'investigation. Et ainsi, ce programme de *Philosophie pour Enfants* prétend récupérer et approfondir ce qu'on trouve déjà en germe dans l'enfance. Les enfants savent qu'ils ne savent pas, le monde titille leur curiosité et leur étonnement et ils ne sont pas préparés à trouver des réponses. Pour des raisons complexes, notamment celles qui viennent d'un projet sans doute insuffisant ou erroné de l'éducation, les enfants cessent de poser des questions et s'ennuient à rencontrer les réponses qui leur vaudront la reconnaissance des adultes et de leurs professeurs. La généralisation de la recherche philosophique favorise le processus inverse, c'est-à-dire que, par ses caractéristiques intrinsèques, elle rend possible que se maintienne cette attitude initiale, que l'on accepte de prêter attention à son doute afin de discuter de ce qui paraît certain et universellement accepté et qu'on apprenne surtout à questionner, une des compétences cognitives les plus complexes et les plus difficiles, mais aussi les plus fécondes.

Un autre trait spécifique du dialogue philosophique tel que nous l'entendons ici est d'une importance décisive. La philosophie se dit toujours à la première personne, celle de celui qui pose une question et qui cherche la réponse ; il n'y a que les questions et les réponses des autres qui provoquent en moi le processus d'apprentissage si je les assume comme

1. W. Kohan, *Filosofia, la paradoja de aprender y ensenar*, Buenos Aires, Libros del Zorzal, 2008.

miennes, si elles me conviennent, ici et maintenant. Pour montrer que c'est un travail qui ne peut se faire en solitaire, retournons une fois de plus à Socrate : philosopher est quelque chose que l'on fait toujours avec d'autres, dans un dialogue entre personnes qui partagent une même inquiétude pour explorer les frontières du quotidien qui s'est transformé en un problème ; ou dans un dialogue qui tend à rendre problématiques les certitudes qui peuplent notre vie quotidienne. Mais il y a une chose que nous devons toujours faire, chacun de nous, sans déléguer à quiconque et sans nous limiter à accepter les réponses données par d'autres personnes. Chacun doit élaborer sa propre conception du monde, donner sens à sa vie, répondre aux questions fondamentales qui sont constitutives d'une vie digne d'être vécue. Une fois encore, nous nous trouvons devant un défi qui rompt avec les pratiques éducatives habituelles et avec beaucoup de choses enracinées, où l'on ne recherche pas un apprentissage significatif ni adéquat, celui dans lequel on peut découvrir qui l'on est, qui on souhaite être et dans quel genre de monde on veut vivre. Comme l'a bien dit Kant, suivant fidèlement en cela le projet socratique, quand on entame un dialogue philosophique, chacun élabore un projet auquel personne ne peut rester indifférent : « Osez savoir ! » Il s'agit, soit de cesser de recourir à des tuteurs, soit de repousser des réponses validées par des autorités, qui procurent surtout la tranquillité ; accepter de croître et de mûrir et ce n'est qu'ainsi qu'on réussira si l'on ose penser pour soi-même en faisant usage de sa raison. Cela ne peut se déléguer ; le faire suppose une démarche personnelle, contraignante au point de signifier renoncer à se prendre au sérieux et assumer que l'on soit un protagoniste de sa propre vie. Kant nous presse d'admettre quelque chose qui peut être dur, mais qui est inéluctable : personne ne peut répondre à notre place aux grandes questions et à celles qui se jouent pour donner du sens à notre existence.

Un film récent qui a connu un grand succès expose cela avec grande clarté. Il s'agit de *Matrix*, actualisation explicite de l'allégorie de la caverne de Platon, autre texte emblématique pour entrer dans ce qu'implique l'activité philosophique. Il comporte une scène très parlante, où le protagoniste apprend à piloter un hélicoptère de combat, apprentissage typiquement instrumental. Dans un univers hautement technologique, il parvient à connecter à son cerveau un programme d'ordinateur grâce auquel, en un laps de temps très bref, il se transforme en un pilote chevronné. Hautement improbable actuellement, c'est une possibilité réalisable dans le futur, si elle se limite à deux restrictions fondamentales : d'une part, nous parlons d'un apprentissage strictement instrumental ; d'autre part, nous nous centrons sur le champ d'un apprentissage limité à la transmission de contenus et de procédés connus de celui qui enseigne, mais non de celui qui apprend.

La situation change radicalement quand le protagoniste est confronté à un apprentissage d'une grande profondeur : dans ce cas, le défi consiste à répondre à la question plus immédiate, plus urgente et plus inéluctable, celle à laquelle nous sommes confrontés en tant qu'êtres humains, où nous avons à répondre qui nous sommes, ce qui est la même chose que répondre qui nous voulons être en tenant compte d'où nous partons. Ici, pas d'ordinateur possible, il n'y a pas de hâte, comme n'existe pas non plus de possibilité que quelqu'un d'autre nous dicte la réponse. Comme le protagoniste, Néro, nous pouvons tous recourir à l'aide de quelqu'un d'autre, Morphée en l'occurrence mais, curieusement, son projet se réduit à provoquer en nous le doute et la réflexion, comme pour nous aider à avoir le courage de poursuivre. En outre, dans cet aspect crucial de l'enseignement, ce que partagent réellement l'initiateur et l'initié, c'est une même ignorance ; rien n'est su ni décidé d'avance et c'est la tâche éducative qui nous incombe d'abord. Il est certain que le disciple, encore dans l'enfance ou dans l'adolescence, a des problèmes importants et urgents à propos de sa propre identité, et l'adulte considère ces problèmes et ces doutes comme authentiques ; sa plus grande expérience lui permet probablement une plus grande conscience par rapport aux aspects problématiques et à l'insuffisance des réponses, mais pas nettement plus.

Le dialogue philosophique réalisé en classe, au sein d'une communauté de recherche, se transforme ainsi en un processus important, irremplaçable, pour développer l'intelligence et apprendre à penser. Une école qui se préoccupe sérieusement d'apprendre aux enfants à penser de manière autonome, à développer une pensée critique, créative, vigilante, doit être une école dans laquelle la philosophie dispose d'un temps propre. En même temps, dans toutes les matières, il convient de dédier un moment pour discuter des concepts centraux qu'on manie fréquemment, sans quoi les élèves n'ont pas réellement l'occasion d'en discuter et d'y réfléchir. Tout ce que j'ai écrit dans cet article prétend révéler les traits qui caractérisent la discussion philosophique avec la conviction que c'est un modèle didactique fondamental pour le développement et l'amélioration des compétences et habiletés cognitives et affectives de caractère général et fondamental. Je prétends en outre offrir une orientation ouverte, mais aussi normative, grâce à laquelle des personnes peu familiarisées avec l'activité philosophique seront mises en contact avec d'autres critères qui les aideront dans leur pratique enseignante, permettant de la revoir et de l'améliorer. Faciliter un dialogue philosophique, c'est quelque chose que tout le monde, en principe, peut apprendre.

Voici ce qu'il y a de spécialement enrichissant à introduire ce dialogue philosophique dans notre activité d'enseignants : autant pour les élèves que pour nous, cela constitue une expérience hautement gratifiante qui apporte une fraîcheur évidente à la relation pédagogique, en transformant un enseignement formel, simplement aménagé par le hasard de la routine et par l'ennui répétitif, en une expérience ouverte et stimulante. Je poursuivrai par deux autres choses qui sont particulièrement intéressantes dans l'activité philosophique. La première, c'est qu'elle est liée à un effort personnel qui est très utile, puisqu'il s'agit de compétences que nous utilisons dans la recherche du sens de notre vie personnelle ; deuxièmement, elle nous offre l'occasion d'explorer ces problèmes essentiels qui constituent le thème central de la tradition philosophique occidentale à laquelle nous appartenons, thèmes qui sont encore au centre de notre vie. Et plus ou moins, ces thèmes sont également présents dans d'autres traditions culturelles, avec leurs sources propres et leurs différences, mais qui sont au fond très proches. Cette présence de la philosophie à l'école contribue donc à améliorer les compétences cognitives et affectives des élèves, à développer leur intelligence générale et à leur faciliter la compréhension dans d'autres domaines de la connaissance. Dans ce sens, le dialogue philosophique ouvre la possibilité d'atteindre cet objectif général qui est d'apprendre à penser, sans permettre que cela reste un objectif trop vague ou trop imprécis. Ce sont les concepts philosophiques et la réflexion à leur propos qui rendent possible cet apprentissage fondamental de la pensée. De là, comme l'indiquent des études, pratiquer la philosophie à l'école aide à obtenir des résultats meilleurs dans les autres disciplines, concrètement en langues et en mathématiques, deux branches fondamentales de tout leur cursus scolaire. Si, grâce à la discussion philosophique, ils tirent un bénéfice académique, en plus, comme nous l'avons dit plus haut, cela contribue à un enrichissement personnel des élèves et à la consolidation de compétences indispensables pour une société démocratique.

Félix García MORIYON
Professeur de Philosophie Université Alcala de Henares (Madrid),
Filosofia para Niños
Traduit par Nicole Decostre

BIBLIOGRAPHIE

ABBOT (A.), « Professional Ethics », *The American Journal of Sociology*, 1983.

APA, « APA Statements on the Profession : The Teaching of Philosophy », *Proceedings and Addresses of the American Philosophical Association*, 1998, p. 69, 96-100.

ARENDT (H), *Between Past and Future*, Enlarged Ed., New York, Penguin, 1977 ; trad. fr. P. Lévy, *La Crise de la culture*, Paris, Gallimard / Folio essais, 1972, 1989.

– *Considération morales*, Paris, Payot et Rivages, 1996.

– *Eichmann in Jerusalem, A Report on the Banality of Evil*, New York, Viking, 1968 ; trad. fr. L. Lotringer, *Eichmann à Jérusalem*, Paris, P.U.F., 1981.

– *The Life of the Mind*, M. McCarthy (ed.), New York, Harcourt Brace Jovanovitch, 1978 ; trad. fr. L. Lotringer, *La Vie de l'esprit*, Paris, PUF, 1981.

– *Qu'est-ce que la politique ?*, trad. S. Courtine-Denamy, « Les déserts et les oasis », Paris, Seuil, Points Essais, 2001.

– *Lectures on Kant's Political Philosophy*, R. Beiner (ed.), Chicago, University of Chicago Press, 1982 ; trad. fr. M. Revault d'Allonnes, *Juger*, Paris, Le Seuil, 1991.

– *Men in Dark Times*, Harcourt Brace Jovanovitch, New York, 1968 ; trad. fr. E. Adda, *Vies politiques*, Paris, Gallimard, 1974.

ARISTOTE, *Éthique à Nicomaque*, trad. fr. J. Tricot, Paris, Vrin, coll. Bibliothèque des Textes Philosophiques – Pocket, 1990.

– *Constitution d'Athènes*, éd. et trad. G. Mathieu et B. Haussoullier, Paris, Belles-Lettres, 1941.

– *Éthique à Eudème*, éd. et trad., préface et notes d'E. Lavielle, Paris, Poche, 1999.

AVRAMIDES (A.), « Davidson and the new skeptical problem », *in* U. M. ZEGLEN (ed.), *Donald Davidson : Truth, Meaning and Knowledge*, London & New York, Routledge, 1999, p. 136-154.

BABBIT (S.), *Artless Integrity : Moral imagination, agency and stories*, USA, Rowman & Littlefield publishers, 2000.

BAGGINI (J.), *What's it all about ? : philosophy and the meaning of life*, Oxford University Press, Oxford, New York, 2005.

BAKHTIN (M. M.), *Per una filosofia dell'atto responsabile*, Pensa, Lecce, Manni, 1986-2009.

BARROW (R.), « Some Observations on the Concept of Imagination », *in* K. EGAN, D. NADANER (eds), *Imagination and Education*, Megraw-Hill, Australia, Open University Press, 1988.

BARROWS (T.), *Dialogic*, « Participation and the Potential for Philosophy for Children », *Thinking Skills and Creativity*, 5, 2, 2010, p. 61-69.

BELENKY *et al.*, *Women's Ways of Knowing : The Development of Self, Voice and Mind*, New York, Basic Books, 1986.

BENHABIB (S), *Situation of the Self*, Routledge, New York, 1992.

BENJAMIN (W.), *Illuminations*, H. Arendt (ed.), Shocken Books, N Y, 1969.

BERGERON (L.), PLESSIS-BÉLAIR (G.), LAFONTAINE (L.) (dir.), *La place des savoirs oraux dans le contexte scolaire d'aujourd'hui*, Québec, Presses de l'Université du Québec, 2005.

BETTELHEIM (B.), *The Uses of Enchantment*, Thames and Hudson, London, 1976 ; trad. fr. T. Carlier, *Psychanalyse des contes de fée*, Laffont, 1976, réédition Pocket 1999.

BICKLE (J.), « Multiple Realizability », *The Stanford Encyclopedia of Philosophy*, automne 2008.

BIGGERI e BELLANCA, *L'Approccio delle capability applicato alla disabilita : dalla teoria dello sviluppo umano alla pratica*, Università di Firenze, 2011. *Cf.* www.umanam-ente.org

BONVIN (J. M.) et FARVAQUE (N.), *Amartya Sen. Une Politique de la liberté*, « Le Bien commun », Paris, Michalon, 2008.

BOUCHARD (N.) et DANIEL (M. F.), *Penser le dialogue dans l'éducation éthique*, Québec, Les Presses de l'Université du Québec, mars 2010.

BRANDOM (R.), « Some Pragmatist Themes in Hegel's Idealism : Negotiation and Administration in Hegel's Account of the Structure and Content of Conceptual Norms », *European Journal of Philosophy*, 7, 2, 1999, p. 164-189.

BRIMI (H.), « Academic Instructors or Moral Guides ? Moral Education in America and the Teacher's Dilemma », *The Clearing House*, 2009.

BRIGHOUSE (H.), *School Choice and Social Justice*, New York, Oxford University Press, 2000.

BROWN (P. M.) and STILLSON (V. G.), « New Jersey Center for Character Education Finds Positive Results Across the State », *Character Education and Civic Engagement, Technical Assistance Center, E-Newsletter*, 2008, 3, p. 3.

BRUNER (J.), *The culture of Education*, Harvard, Harvard University Press, 1996 ; trad. fr. Y. Bonin, *L'Education, entrée dans la culture : les problèmes de l'école à la lumière de la psychologie culturelle*, Paris, Retz, 1997.

CALDIN (R.), *Introduzione alla pedagogia speciale*, Cleup, Padova, 2001.

CAMENISCH (P. F.), « Goals of Applied Ethics Courses », *The Journal of Higher Education*, 1986, 57, p. 496-497.

CAMHY (D. G.), UNTERMOSER (M.), « Philosophical Dialogue in Environmental Education », *in* CAMHY (D. G.), BORN (R.), *Encouraging Philosophical Thinking. Proceedings of the International Conference on Philosophy for Children*, Conceptus-Studien 17, Berlin, Academia Verlag, 2005.

CANEVARO (A.), *La logica del confine e del sentiero*, Erickson, Trento, 2007.
– *Parole che affiorano*, Erickson, Trento, 2008.
— et MANDATO (M.), *L'integrazione e la prospettiva inclusiva*, Roma, Monolite, 2004.
CARBADO (D. W.), FISK (C.), GULATI (G. M.), « After Inclusion », *Annual Review of Law and Social Science*, 2008, 4, p. 83-102.
CARR (D.), « Cogitamus Ergo Sumus : The Intentionality of the First-Person Plural », *The Monist*, vol. 69, 4, 1986, p. 523.
CAVELL (S), *The claim of Reason : Wittgenstein, Skepticism, Morality and Tragedy*, New York, Oxford University Press, 1979 ; trad. fr. S. Laugier et N. Balso, *Les voix de la raison - Wittgenstein, le scepticisme, la moralité et la tragédie*, Paris, Seuil, 1996.
COHEN (E. D.), *What would Aristotle do ? : self-control through the power of reason*, Prometheus Books, Amherst, New York, 2003.
CONBOY (K.) (*et al.*), *Writing on the Body : Female Embodiment and Feminist Theory*, New York, Columbia University Press, 1997.
CRITCHLEY (S.), *Continental Philosophy : A Very Short Introduction*, Oxford, Oxford University Press, 2001.
CUTROFELLO (A.), *Continental Philosophy*, Routledge, 2005.
CZIFFRA (C. L.), *Les Relations perverses*, Paris, Eyrolles, « Comprendre et Agir », 2012.
DANIEL (M. F.), *La Philosophie et les enfants : les modèles de Lipman et Dewey*, De Boeck et Belin, 1997.
– *Pour l'apprentissage d'une pensée critique au primaire*, Québec, Les Presses de l'Université du Québec, 2005.
– *Dialoguer sur le corps et la violence : un pas vers la pré*vention, Québec, Éd. Cornac, 2009.
– *Les Contes d'Audrey-Anne*, Québec, Éd. Cornac, 2002.
– *Pour l'apprentissage d'une pensée critique au primaire*, Québec, Les Presses de l'Université du Québec, 2005.
— et AURIAC E., « Philosophy, Critical thinking and Philosophy for Children», *Educational Philosophy and Theory*, 43, 5, 415-435, 2009.
— et DELSOL A., « Apprendre à dialoguer de manière critique en maternelle. Une étude de cas québécoise ». *Psychologie de l'interaction : Les interactions à l'école : Où en sommes-nous ?*, 2010, p. 64-97.
— *et al.*, « Developmental dynamics of a community of philosophical inquiry in an elementary school mathematics classroom », *Thinking, The Journal of Philosophy for Children*, vol.15, 1, Montclair State University Press, N. J., 2000, p. 17-24.
— *et al.*, « Modeling the development process of dialogical critical thinking in pupils aged 10-12 years », *Communication Education*, 54, 4, 2005, p. 334-354.
— *et al.*, *Les Aventures mathématiques de Mathilde et David*, Québec, Éd. Cornac, 1999.

— *et al.*, *Philosopher sur les mathématiques et les sciences*, Québec, Éd. Cornac, 2004.

DANIS et SOLAR, *Apprentissage et développement des adultes*, Montréal, Éd. Logiques, 1998.

DAVIDSON (D.), *Subjective, Intersubjective, Objective*, Oxford, Clarendon Press, 2001.

– « Rational animals », *Dialectica, 36*, 1982.

– *Problems of rationality*, Oxford, Oxford University Press, 1995.

– « Dialectic and dialogue », *in* PREYER (G.), SIEBELT (F.) & ULFIG (A.) (eds), *Language, mind and epistemology*, Kluwer Academic Publishers, Dordrecht, 1994, p. 429-437.

– « Knowing one's own mind », *Proceedings and Addresses of the American Philosophical Association, 60*, 3, 1987, p. 441-458.

– « Mental Events », in *Essays on actions and events*, 2d ed., Oxford, Clarendon, 1970; trad. fr. P. Engel, *Actions et événements*, Paris, P.U.F., 1993.

– *Truth, language, and history : Philosophical Essays, volume 5*, Oxford, Oxford University Press, 1995.

DE BOTTON (A.), *The Consolations of Philosophy*, New York, Pantheon Books, 2000.

DELORS (J.), *L'éducation, un trésor est caché dedans*, Rapport UNESCO, Paris, Odile Jacob, 1996.

DEWEY (J.), *My Pedagogic Creed*, 1897; trad. fr. Ou Tsui Chen, *Mon Credo pédagogique* Paris, Vrin, 1931, rééd. 1958.

– *Comment nous pensons*, trad. fr. O. Decroly, Paris, Flammarion, 1925.

– *The Quest for Certainty : A Study of the relation between knowledge and action*, New York, Capricorn Books, 1960.

– *Democracy and Education*, 1916; trad. fr. G. Deledalle, *Démocratie et éducation*, Paris, Armand Colin, « Nouveaux Horizons », 1975 et 1990.

– *Experience and Education*, Collier Books, New York, 1938; trad. fr. G. Deledalle, *Expérience et Éducation*, Paris, Armand Colin, 1990.

– *Theory of Valuation*, Chicago, University of Chicago Press, 1939; trad. fr. A. Bidet, L. Quere, G. Truc, 2011, « Dewey (John), La formation des valeurs », Paris, La Découverte, « Les empêcheurs de penser en rond ».

– « The Need for a Recovery of Philosophy », in J. A. BOYDSTON (ed.), *The Middle Works of John Dewey, 1899-1924*, Vol. 1, 1899-1901; trad. fr. P. Di Mascio, *Reconstruction en philosophie*, Éditions Farrago, Université de Pau, 2003.

– « The School and Society », *The Educational Situation*, Carbondale, University of Illinois Press, II, 1917, p. 3-48.

– *On Education. Selected Writings*, Chicago, University of Chicago Press, 1974.

DFID, *Re-defining Post-Literacy in a Changing World*, Research Report, 29, London, DFID Press, 1999.

DISCH (L. J.), *Hannah Arendt and the Limits of Philosophy*, Ithaca, Cornell University Press, 1994.

DUPIN (F.), « L'Avenir de l'éducation entre école et société », *Le Philosophoire, L'Éducation*, 33, 2010.

DURKHEIM E., *The Rules of Sociological Methods*, 1950, The Free Press, New York.

EAGLETON (T.), *The Meaning of Life*, New York, Oxford University Press, 2007.

EGAN (K.) and NADANER (D.) (eds), *Imagination and Education*, McGraw-Hill, Australia, Open University Press, 1988.

ELLIS (A.), HARPER (R. A), *A new guide to rational living*, Prentice-Hall, Englewood Cliffs, N. J., 1975.

ÉPICURE, *Lettre à Ménécée*, trad. fr. d'O. Hamelin, revue et corrigée, Paris, Fernand Nathan (coll. « Les Intégrales de Philo », n° 7), 1984. Rééd. 1992. Édition augmentée, 1998.

FISHER (R.), « Philosophical Intelligence: Why Philosophical Dialogue is Important in Educating the Mind. », *in* M. HAND (ed.), *Philosophy in Schools*, Continuum International, New York, 2008, p. 96-104.

FOSL (P.), « Show me the money », *The Philosopher's Magazine*, 2009, p. 44, 81.

FREDIANI (A. A.), *Planning for Freedoms: The Contribution of Sen's Capability Approach to Development Practice*, Practical Action Briefing, 2008.

FREIRE (P.), *Pédagogie des opprimés*, Paris, Maspéro, 1974.

GALLAGHER (S.), *How the body Shapes the Mind*, Ohio, Oxford University Press, 2005.

GARCIA MORIYÓN (F.), *Pregunto, dialogo, aprendo. Como hacer filosofía en el aula*, Madrid, Ediciones de la Torre, 2006.

GHEDIN (E.), *Benessere disabili. Un approccio positivo all'inclusione*, Napoli, Liguori, 2009.

GLASER (J.), « Thinking Together: Arendt's Visiting Imagination and Nussbaum's Judicial Spectatorship as Models for a Community of Inquiry », *Thinking, The Journal of Philosophy for Children*, vol. 14, 1, Montclair State University Press, N. J., 1998, p. 17-24.

GOLDBERG (E.), *Les prodiges du cerveau: Ou comment l'esprit se bonifie avec l'âge*; trad. fr. P. Reignier, Laffont, coll. Santé et Médecine, 2007.

GOODMAN (R.), FISHER (W.) (eds), *Rethinking Knowledge: Reflections across the Disciplines*, Albany, SUNY Press, 1995.

GOULD (J. B.), « Better Hearts: Teaching Applied Virtue Ethics », *Teaching Philosophy*, 2002, 25, 1.

GREENE (M.), « What Happened to the Imagination », *in* K. EGAN, D. NADANER (eds), *Imagination and Education*, Megraw-Hill, Australia, Open University Press, 1988.

GREGORY (M.), « Normative Dialogue Types in Philosophy for Children », *Gifted Education International*, Vol. 22, N°s. 2/3, 2006, p. 160-71.

– *Philosophy for Children Practitioner Handbook*, Institute for the Advancement of Philosophy for Children, Montclair, N. J., 2008.

– « Pragmatist Value Inquiry », *Conteporary Pragmatism*, 2006, 3, p. 107-128.

GROSJEAN-DOUTRELEPONT (M.-P.), « Apprendre à penser la citoyenneté et à juger par soi-même », dans *La Philosophie pour Enfants. Le modèle de Matthew Lipman en discussion*, Cl. LELEUX (dir.), Bruxelles, De Boeck, 2005.

GUPTARA (P.), TIPPETT (K.), « The Gods of Business » in *Speaking of Faith*, Vol. 2009, American Public Media, 2006.

HABERMAS (J.), *Die Einbeziehung des Anderen*, Frankfurt-am-Main, Suhrkamp Verlag, 1996.

HACKING (I.), « The looping effect of human kinds », *in* SPERBER (D.), PREMACK (D.) & PREMACK (A. J.) (eds), *Causal cognition : A multi-disciplinary approach*, Oxford, Clarendon Press, 1995.

HADOT (P.), *La Philosophie comme manière de vivre*, Paris, Albin Michel, 2001.

– *Qu'est-ce que la philosophie antique ?* Paris, Gallimard, 1995.

HALL (S.), « The question of cultural identity », *in* D. H. and T. M. S. HALL (eds), *Modernity and its futures*, Oxford, The Open University, 1992.

HAMMOND (K. R.), *Beyond Rationality : The Search for Wisdom in a Troubled Time*, Oxford, Oxford University Press, 2007.

HANDLER (J.), « The Paradox of inclusion : social citizenship and active labormarket policies », *Paper for the Law & Society Annual Meeting*, Budapest, 4-8 juillet 2001.

HEWITT (M.), « Inclusion from a general educator's perspective », *Preventing School Failure*, 43, 3, 1999.

HUME (D.), *Traité de la nature humaine*, trad. fr. A. Leroy, Paris, Aubier, 1946.

HUXLEY, (A.), *Brave New World*, Harlow, Essex, Penguin Readers, 2008. (Proper Studies, 1927) ; trad. fr. *Le meilleur des mondes*, Paris, Plon, Pocket, 1932.

ILLETTERATI (L.), *La Filosofia come esperienza del pensiero e scienza della libertà*, Cleup, Padova, 2009.

INAYATULLAH, « Deconstructing and Reconstructing the Future : Predictive, cultural and critical epistemologies », *Futures*, Butterworth and Co., vol. 22, 2, mars 1990.

JOHNSON (M.) « Knowing Through the Body », *Philosophical Psychology*, 1, 1991, p. 3-18.

– *The Body in the Mind*, Chicago, University of Chigago Press, 1990.

KANE (N.), *Collaborative Teaching Methods for General Education Classroom Environments*, SPE 431, ASU West, 2001.

KENNEDY (D.), « Communal Philosophical Dialogue and the Intersubject.», *International Journal for Philosophical Practice*, 2004, 18, p. 203-18.

– « Young Children's Discourse and the Origins of the World : A Reading of Essences », in *When We Talk : Essays on Classroom Conversation*, R. REED (ed.), Analytic Press, 1992.

KOHAN (W. O.), *Filosofía, la paradoja de aprender y enseñar*, Buenos Aires, Libros del Zorzal, 2008.

– *Filosofia Infanzia*, Perugia, Morlacchi, 2005.

KOHLBERG (L.), LEVINE (C.), HEWER (A.), *Moral Stages : A Current Formulation and a Response to Critics*, Basel, New York, Karger, 1983.

LABELLE (J. M.), « Réciprocité éducatrice et conduite épistémique développementale de la personne, in DANIS et SOLAR, *Apprentissage et développement des adultes*, Montréal, Éd. Logiques, 1998, p. 105.

LAGO-BERNSTEIN, « The Community of Inquiry and the development of self-esteem », *Thinking, The Journal of Philosophy for Children*, 9, 1, Montclair State University Press, N. J., 1990, p. 12-17.

LAKOFF (G.), *The Body in the Mind*, Chicago, University of Chicago Press, 2006.

LAMARRE (C.), FILLION (M.), « Deux Capsules Reflect », *Le Monde alphabétique*, 20, 2000.

LAVERTY (M. J.), « Philosophy for Children and/as Philosophical Practice », *International Journal of Applied Philosophy*, 2004, p. 18, 141.

LE CUNFF (C.), « Enseigner ce que parler veut dire », in BERGERON (L.), PLESSIS-BÉLAIR (G.), LAFONTAINE (L.) (dir.), *La place des savoirs oraux dans le contexte scolaire d'aujourd'hui*, Québec, Presses de l'Université du Québec, 2005, p. 199-222.

LEMAÎTRE (F.), « L'Approche Reflect-Action expliquée, *Le Monde alphabétique*, 20, 2009.

LEONARD (J.), « The Adventures of Doris Lessing », *New York Review of Books*, LIII, 19, 30 novembre 2006, p. 42.

LEPORE (E.), LUDWIG (K.), *Meaning, truth, language, and reality*, Oxford, Oxford University Press, 2005.

LEVINSON (N.), « The Paradox of Natality: Touching in the Midst of Belatedness », *in* MORDECHAI (G.) (ed.), *Hannah Arendt and Education: Renewing Our Common World*, Boulder Co., Westview Press, 2001, p. 35.

LICKONA (T.), « Character Education: Seven crucial issues », *Action in Teacher Education*, 1998, 20, p. 77-84.

LIPMAN (M.), *Thinking in Education*, Cambridge University Press, 1990; trad. fr. N. Decostre, *À l'École de la pensée*, « Enseigner une pensée holistique », Bruxelles, De Boeck, 1995-2006-2011.

– *A Life Teaching Thinking*, Montclair, N. J., IAPC, 2008.

– *Harry Stottlemeier's Discovery*, Montclair, I.A.P.C., 1968; trad. fr. P. Belaval, *La Découverte d'Harry Stottlemeier*, Paris, Vrin, 1978.

– « Renforcer le raisonnement et le jugement par la philosophie », trad. N. Decostre, dans *La Philosophie pour Enfants. Le modèle de Matthew Lipman en discussion*, Cl. LELEUX (dir.), Bruxelles, De Boeck, 2005.

— et SHARP (A. M.), *Pixie, Looking for Meaning*, Montclair, N. J., The First Mountain Foundation, 2d ed., 1984.

— et SHARP (A. M.), *Mark, Recherche sociale*, trad. fr. N. Decostre, Berne, Peter Lang, 2009.

— et SHARP (A.M.), *Lisa, Recherche éthique*, trad. fr. N. Decostre, Berne, Peter Lang, 2011.

— et SHARP (A. M.), OSCANYAN (F. S.), *Philosophy in the Classroom*, 2d ed., Philadelphia, Temple University Press 1980.

LYNCH (J.), *Education and Development: Tradition and Innovation*, London, Cassel, 1997.

MCDOWELL (J.), « Comment on Robert Brandom's Some Pragmatist Themes in Hegel's Idealism », *European Journal of Philosophy*, 1999, 7, 2, p. 190-193.

MALPAS (J.), http://plato.stanford.edu/entries/davidson/.

MARINA (J.A.), « La Actitud filosófica como novena competencia », *Aprender a pensar*, Centro de Estudios sobre Inovacion y Dinamicas educativas, Madrid, juin 2009.

MARINOFF (L.), *La Philosophie, c'est la vie*, trad. fr. F. Faure, Éd. Table Ronde, 2004.

MARSH (H.), CRAVEN (R.) & MCINERNEY (D.) (eds), *Self-processes, learning and Enabling Potential*, Charlotte, 2008.

MARTIN (J.), « Educating communal agents : Building on the perspectivism of G. H. Mead », *Educational Theory*, 57, 4, 2007, p. 435-452.

— et SUGARMAN (J.), THOMPSON (J.), *Psychology and the question of agency*, State University of New York Press, Albany, New York, 2003.

MCGINN (C.), & HOPKINS (J.), « Mental states, natural kinds and psychophysical laws », *Proceedings of the Aristotelian Society*, Supplementary Volumes, 52, 1978, p. 195-236.

MACINTYRE (A.), *After Virtue*, Notre Dame, University of Notre Dame Press, 1981 ; trad. fr. L. Bury, *Après la vertu*, Paris, P.U.F., 1997.

MEAD (G. H.), *Mind, Self, and Society*, C. W. MORRIS (ed.), Chicago, University of Chicago, 1934; trad. fr. D. Cefaï et L. Quéré, *L'Esprit, le soi et la société*, Paris, P.U.F., 2006.

MILLER (F. A.), KATZ (J. H.), *The Inclusion Breakthrough : Unleashing the Real Power of Diversity*, San Francisco, Berrett-Koehler Publishers, 2002.

MISHRA (P.), *An End to Suffering : The Buddha in the World*, Hardcover-Picador, 2004; trad. fr. M. Freely, A. Dawe, *La fin de la souffrance, le bouddha dans le monde*, Buchet-Chastel, 2006.

MOREHOUSE (R.), *Cornel West And Prophetic Thought, Reflections on Community within Community of Inquiry*, « Analytic Teaching », 1994, Vol. 15, No. 1, p. 42.

MORIN (E.), *Les sept savoirs nécessaires à l'éducation du futur*, Paris, Seuil, 2000.

NAGEL (T.), « What is to Become a Bat ? », *Philosophical Review*, LXXXIII, 4, october 1974 ; trad. fr. P. Engel, « Quel effet cela fait-il d'être une chauve-souris ? », dans *Questions mortelles*, Paris, P.U.F., 1983.

– *Le Point de vue de nulle part*, trad. fr. Sonia Kronlund, Paris, L'Éclat, 1993.

NELSON (G.), « Understanding and Politics », *Partisan Review*, Boston University, 20, juillet-août 1953, p. 377-92.

NJCCE, NJC.F.CE., « New Jersey Core Curriculum Content Standards : Alignments with Character Education / Social Emotional Learning », *Rutgers*, The State University of New Jersey, Piscataway, 2007.

NUSSBAUM (M.), *Frontiers of Justice*, Harvard, Harvard University Press, 2006.

– *The Therapy of Desire : Theory and Practice in Hellenistic Ethics*, Princeton, Princeton University Press, 1994.

– « Therapeutic Arguments : Epicurus and Aristotle », *in* M. SCHOFIELD & G. STRIKER (eds), *The Norms of Nature*, Cambridge University Press, 1986, p. 13-47.

– *Poetic Justice*, Beacon Press, 1997.

ONU, Programme des "Volontaires", 2006, chap. 2.

– *Déclaration sur le Développement social*, 1995.

– *Dialogue participatif : vers une société stable, sûre et juste pour tous*, 2007.

PARKS (S.), *The Critical Years*, Josse Bass, 1999.

PEIRCE (C. S.), « How to Make our Ideas Clear ? *Popular Science Monthly*, novembre 1877, p. 1-15.

PHILLIPS (C.), *Socrates Café : A Fresh Taste of Philosophy*, W. W. Norton & Co., New York, 2001.

– *Six Questions of Socrates : a Modern-day Journey of Discovery Through World Philosophy*, New York, W. W. Norton, 2005.

– *Socrates in love : philosophy for a die-hard romantic*, New York, W. W. Norton & Co., 2007.

PINCOFF (E.), « Quandry Ethics », *Mind, New Series* », 1971, 80, p. 552.

POPPER (K.), *La Société ouverte et ses ennemis*, trad. fr. J. Bernard et P. Monod, Paris, Seuil, 1979.

PREYER (G.), SIEBELT (F.) & ULFIG (A.) (eds), *Language, mind and epistemology*, Kluwer Academic Publishers, Dordrecht, 1994.

PRITCHARD (M. S.), « Moral Diversity and Moral Education », *Analytic Teaching*, 1995, 15, p. 11-18.

– « On Becoming a Moral Agent : From Aristotle to Harry Stottlemeier », *Thinking : The Journal of Philosophy for Children*, 1991, 9, p. 16-24.

PUTNAM (H.), « 12 Philosophers – And Their Influence on Me », *American Philosophical Association Proceedings and Addresses*, 2008, p. 82.

QUAGHEBEUR (K.), MASSCHELEIN (J.), NGUYEN (H. H.) (eds), « Paradox of participation : giving or taking part ? », *Journal of Community & Applied Social Psychology*, 14, 3, p. 154-165.

QUIGLEY (J.), « Psychology and grammar: The construction of the autobiographical self », *Theory and psychology*, Dublin, Elbaum, Trinity College, 2001.

RAABE (P. B.), *Philosophical counseling : Theory and practice*, Praeger, Westport, Conn., 2001.

RAMDAS (L.), « Literacy and empowerment : A définition for literacy », *Convergence*, 20 (3-4), 1987.

RATHS (L. E.), HARMIN (M.), SIMON (S. B.), *Values and Teaching*, Charles E. Merrill, Columbus, OH, 1966, seconde édition, 1978.

RAWLS (J.), *A Theory of Justice*, New York, Oxford University Press, 1971 ; trad. fr. C. Audard, *Théorie de la justice*, Paris, Seuil, 1997.

REED (R.) (ed.), *When We Talk, Essays on Classroom Conversation*, Canberra, Australian Government Publishing Service, 1992.

REZNITSKAYA (A.), « Empirical Research in Philosophy for Children : Limitations and New Directions », *Thinking : The Journal of Philosophy for Children*, 2005, 17, p. 4-13.

— et ANDERSON (R. C.), DONG (T.), LI (Y), KIM (I.-H.), KIM (S.-Y.), « Learning to Think Well : Application of Argument Schema Theory to Literacy Instruction », *in* C. C. BLOCK and S. PARIS, (eds), *Comprehension Instruction : Research-Based Best Practices*, Guilford Press, New York, 2008, p. 196-213.

RICE (E. F.), *The Renaissance idea of wisdom*, Greenwood Press, Westport, Conn., 1973.

RICH (F.), « Awake and Sing ! », *New York Times*, New York City, april 12th 2009.

ROGERS (A.), *Re-Thinking and Adult Literacy and Post-Literacy : From an International Perspective*, Conférence présentée au Roby Kidd Memorial, New Delhi, Uppingham Press, 2002.

RONDHUIS (T.), *Sociale Wetenschappen Proefschriften*, Utrecht, Utrecht University, 2005.

RORTY (R.), *Objectivity, Relativism and Truth : Philosophical Papers*, I, Cambridge University Press, Cambridge, 1991 ; trad. fr. J.-P. Cometti, *Objectivisme, relativisme et vérité*, Paris, P.U.F., 1994.

– *Philosophy and the Mirror of Nature*, Princeton N. J., Princeton University Press, 1979.

– *Contingency, Irony an Solidarity*, New York, Cambridge University Press, 1989 ; trad. fr. P. E. Dauzat, *Contingence, ironie et solidarité*, Armand Colin, 1997.

– *Philosophy and Social Hope*, London, Penguin Books, 1999.

RYCHLAK (J. F.), WILLIAMS (R. N.) and BUGAJ (A. M.), « The heuristic properties of dialectical oppositionality in predication », *Journal of General Psychology*, 113, 1986.

SAITO (M.), « Amartya Sen's Capability Approach to Education : A critical exploration », in *Journal of Philosophy of Education*, 37, 1, 2003, p. 17-33.

SANTI (M.), « Philosophizing and Learning to Think : Some Proposals for a Qualitative Evaluation », *Thinking*, 1993, Vol. 10, N°. 3.

— et ILLETTERATI (L.), « Improvisation between performance art and life world », *in* SANTI (M.) (ed.), *Improvisation between technique and spontaneity*, Cambridge, Cambridge Scholar Publisher, 2010.

– *Improvisation between technique and spontaneity*, Cambridge, Cambridge Scholar Publisher, 2010.

SCHNAPPER (D.) et BACHELIER (C.), *Qu'est-ce que la citoyenneté ?*, Paris, Gallimard, Folio, 2000.

SEN (A. K.), *Development as freedom*, New York, Knopf, 1999 ; trad. fr. M. Bessières, *Un nouveau Modèle économique. Développement, justice, liberté*, Paris, Odile Jacob, 2000.

– *Identité et violence, l'illusion du destin*, Paris, Odile Jacob, 2007.

– *La Démocratie des autres. Pourquoi la liberté n'est pas une invention de l'Occident*, trad. fr. M. Begot, Paris, Payot, Rivages Poche, 2005.

– *Social exclusion, Concepts, Application, and Scrutiny*, Manila, Asian Development Bank, 2000.

SHARP (A. M.), « The Classroom Community of Inquiry as Ritual: How We Can Cultivate Wisdom », *Critical and Creative Thinking*, 2007, 15, p. 3-14.

– « Pedagogical Practice and Philosophy: The Case for Ethical Inquiry », *Analytic Teaching*, 1987, p. 7, 4-7.

SIMON (S. B.), HOWE (L. W), KIRSCHENBAUM (H.), *Values Clarification : A Handbook of Practical Strategies for Teachers and Students*, Revised Edition, New York, Warner Books, 1995; trad. fr. S. B. Simon, *À la rencontre de soi-même, 80 expériences de clarification des valeurs*, 1972, Québec, Institut de Développement Humain, 1972.

SMITH (M.), « The Human theory of motivation », *Mind - New Series*, 1987.

SMITH (S.), « Education for Judgment. An Arendtian Oxymoron ? », *in* MORDECHAI (G.) (ed.), *Hannah Arendt and Education : Renewing Our Common World*, Boulder Co., Westview Press, 2001, p. 68.

SOHAIL (I.), « Deconstructing and Reconstructing the Future : Predictive, cultural and critical epistemologies », *Futures*, Butterworth and co, 22, 2, Mars 1990, p. 115-141.

SOMMERS (C. H.), « Teaching the Virtues », *Imprimis*, Hillsdale College, 1991, p. 20.

SPLITTER (L. J.), « Authenticity and constructivism in education », *Studies in Philosophy and Education*, 28, 2, 2009, p. 135-151.

— et SHARP (A. M.), *Teaching for Better Thinking: The Classroom Community of Inquiry*, Melbourne, the Australian Council for Educational Research, 1995.

— et SHARP (A. M.), « Caring for the self as one-among-others », *Thinking : The Journal of Philosophy for Children*, IAPC, Montclair, 2010, p. 33-39.

STERNBERG (R. J.), « Schools should nurture wisdom », *in* B. Z. PRESSEISEN (ed.), *Teaching for intelligence*, Skylight Training and Publishing, Arlington Heights, IL, 1999, p. 55-82.

– *Wisdom, Intelligence, and Creativity Synthesized*, New York, Cambridge University Press, 2003.

STEVENS (W.), *Harmonium*, New York, Knopf, 1916; trad. fr. C. Malroux, « Six paysages significatifs », Paris, Corti, 2002.

– *L'Ange nécessaire*, « Essai sur la réalité et l'imagination », trad. fr. S. Bechka-Zouechtiagh et C. Mouchard, Paris, Corti, Circé, 1997.

STRAWSON (P. F.), *Individuals : An Essay in Descriptive Metaphysics*, London, Routledge, 1959; trad. fr. A. Shalom and P. Drong, *Les Individus : Essai de métaphysique descriptive*, Paris, Seuil, 1973.

SUTTON-SMITH (B.), « Search of the Imagination », *in* K. EGAN, D. NADANER (eds), *Imagination and Education*, Megraw-Hill, Australia, Open University Press, 1988.

TAPIA (A. T.), *The Inclusion Paradox : The Obama Era and the Transformation of Global Leadership*, Neuchâtel, Hewitt Associates, 2009.

TAYLOR (Ch.), « The Dialogical Self », *in* R. GOODMAN and W. FISHER (eds), *Rethinking Knowledge*, Albany Suny Press, 1995.

TERZI (L.), « Beyond the dilemma of difference : The capability approach to disability and special educational needs », *Journal of Philosophy of Education*, 39, 3, 2005, p. 443-459.

– « A capability perspective on impairment, disability and special needs : Towards social justice in education », *Theory and Research in Education*, 3, p. 197–223.

TOIBIN (C.), « A thousand Prayers », *New York Review of Books*, Vol. LIII, #19, 30 novembre 2006.

UNESCO, *La Philosophie, une école de la liberté. Enseignement de la philosophie et apprentissage du philosopher. État des lieux et regards pour l'avenir*, Paris, 2007.

– *L'analphabétisme, un problème qui concerne aussi l'Europe*, http://portal.unesco.org/fr/ev.php-, 2009.

– *Teaching Philosophy*, Milan, 2011.

UNTERHALTER (E.), « Crossing disciplinary boundaries : the potential of Sen's capability approach for sociologists of education », *British Journal of Sociology of Education*, 24, p. 665–669.

— et BRIGHOUSE (H.), « Distribution of what ? How will we know if we have achieved Education for All by 2015 ? » Paper presented for the Third Conference on the Capability Approach *: From Sustainable Development to Sustainable Freedom*, Pavia, Italy, 7-9 septembre 2003.

VALDIVIESLO (S.), « Functional literacy, functional illeteracy : The focus on an ongoing social debate», *Convergence*, 39 (2-3), 2006.

VERNON (M.), « Philosophy and the Art of Living », *Philosophy Now*, Septembre / Octobre 2008, p. 32.

- *Wellbeing*, Acumen, Stocksfield, 2008.

WAITHE (M. E.) et OZAR (D. T.), « The Ethics of Teaching Ethics », *The Hastings Center Report*, 20, 1990, p. 17-19.

WALKER (M.), « Towards a capability-based theory of social justice for education policymaking », in *Journal of Education Policy*, 21, 2, 2006, p. 163-185.

WARNOCK (M.), *Imagination*, London, Faber and Faber, 1976.

WEBER (B.), « Hope instead of Cognition ? The community of philosophical inquiry as a culture for human rights based on Richard Rorty's understanding of philosophy », *Thinking*, 18, 4, 2008.

WHITEHEAD (A. N.), *The Aims of Education and Other Essays*, The Free Press / MacMillan, Inc., New York, 1929, 1967.

WHITMAN (J. P.), « Exploring Modal Character in a Philosophy Class », in *Teaching Philosophy*, 1998, 21, p. 171-182.

WITTGENSTEIN (L.), *Le Cahier bleu et le Cahier brun*, trad. fr. M. Goldberg et J. Sackur, Paris, Gallimard, 1996.

YALOWITZ (S.), « Anomalous monism », *The Stanford Encyclopedia of Philosophy*, automne 2008.

YELL (M.), DRASGOW (E.), « A legal analysis of inclusion », in *Preventing School Failure*, 43, 3, 1999.

YOUNG-BRUEHL (E.), *Hannah Arendt : For Love of the World*, Yale University Press, New Haven, 2004; trad. fr. J. Roman, E. Tassin, *Hannah Arendt, La passion de comprendre*, Paris, Desclée de Brouwer, 2000.

ZAKARIA (F.), The Future of Freedom, illiberal democracies at home and abroad, Norton Paperback, 2004, trad. fr. D. Roche, *L'avenir de la liberté. La démocratie illibérale aux États-Unis et dans le monde*, Paris, Odile Jacob, 2003.

ZEGLEN (U. M.) (ed.), *Donald Davidson : Truth, Meaning and Knowledge*, London & New York, Routledge, 1999.

TABLE DES MATIÈRES

INTRODUCTION : La philosophie et le dialogue au cœur de l'éducation.
par Marie-Pierre GROSJEAN 7

À la rencontre de l'autre. Apprendre à juger dans une classe transformée en Communauté de recherche.
par Ann Margareth SHARP 21

Education morale et pratique de la sagesse.
Par Maughn Rollins GREGORY 37

Esprit, langage et éducation : l'apport de Donald Davidson
par Laurance SPLITTER 67

Pour une philosophie inclusive ?
par Marina SANTI 103

Citoyenneté démocratique et délibération comme processus émancipateur chez Matthew Lipman et Amartya Sen
par Isabelle JESPERS 137

Développer une Communauté de recherche internationale
par Daniela CAMHY 157

L'imagination incarnée dans la recherche philosophique
par Jen GLASER 165

Dialogue philosophique, pensée critique et conscience humaine. Comment la Philosophie pour enfants donne une voix aux adultes analphabètes
par Marie-France DANIEL 189

Quelques tendances idéologiques du programme de Philosophie pour enfants. Analyse de Mark, Recherche sociale
par Sven COPPENS 211

Le dialogue philosophique
par Félix Garcia MORIYON 227

BIBLIOGRAPHIE 241

TABLE DES MATIÈRES 255

Achevé d'imprimer par Corlet Numérique - 14110 Condé-sur-Noireau
N° d'Imprimeur : 113156 - Dépôt légal : novembre 2014 - *Imprimé en France*